· 2022年河南省哲学社会科学规划高校思想政治理论课研究专项
《新媒体时代大学生培育和践行社会主义核心价值观研究》
（编号：2022ZSZ007）阶段性成果
· 2021年国家社会科学基金重大项目“中国共产党人百年伦理精神研究”
（21&ZD030）阶段性成果
· 河南省普通高等学校人文社会科学重点研究基地
——河南财经政法大学道德与文明研究中心成果

# 构建“三全育人”
# 大思政格局的理论与实践

范益民◎著

中国经济出版社
CHINA ECONOMIC PUBLISHING HOUSE
北 京

**图书在版编目（CIP）数据**

构建“三全育人”大思政格局的理论与实践 / 范益民著. -- 北京：中国经济出版社，2024. 7. -- ISBN 978-7-5136-6868-2

Ⅰ. G641

中国国家版本馆 CIP 数据核字第 20240RL845 号

责任编辑 叶亲忠
责任印制 马小宾
封面设计 华子图文

**出版发行** 中国经济出版社
**印 刷 者** 北京鑫益晖印刷有限公司
**经 销 者** 各地新华书店
**开　　本** 710mm×1000mm　1/16
**印　　张** 14.25
**字　　数** 210 千字
**版　　次** 2024 年 7 月第 1 版
**印　　次** 2024 年 7 月第 1 次
**定　　价** 88.00 元
**广告经营许可证** 京西工商广字第 8179 号

**中国经济出版社** **网址** http://epc.sinopec.com/epc/ **社址** 北京市东城区安定门外大街 58 号 **邮编** 100011
本版图书如存在印装质量问题，请与本社销售中心联系调换（联系电话：010-57512564）

# 前言

PREFACE

党的十八大以来，以习近平同志为核心的党中央站在中华民族伟大复兴的战略全局的高度，对大学生思想政治教育进行了整体性和全方位构建。习近平总书记多次强调："高校思想政治工作关系高校培养什么样的人、如何培养人以及为谁培养人这个根本问题。"这一根本问题是元命题、元叙事。如何回应这一元问题、元叙事？"大思政"格局的应运提出，是思政教育观念的一次深刻革命，是新时代下高校育人工作的行动指南。"三全育人"（即全员、全过程、全方位育人）作为加强和改进新形势下高校思想政治工作的基本原则之一，近年来不断在理论和实践中得到强化。如何提升新时代高校思想政治教育的实效性？如何在中华民族伟大复兴的漫漫征程中，贡献更多的高校育人磅礴之力？显然扎实梳理"三全育人"的理论渊源、演进逻辑、实践成就以及推进过程中的"瓶颈"，深入构建"三全育人"的育人机制，就成为一个重要的时代课题。当下高校育人工作繁花似锦，蒸蒸日上，取得了新伟业。高校思政育人工作实现了跨越式发展，育人理念更加精准，理论创新与实践创新双轮驱动、相向而行，线上与线下育人高度融通，育人空间从校内延伸到校外，做到了政治性与学理性、价值性与知识性、理论性与实践性、统一性与多样性、主导性和主体性、灌输性和启发性等多维度的统一，全面落实"守好一段渠、种好责任田"的育人要求，进一步完善思政育人机制，推动了思政育人高质量发展。这是高校思想政治工作发展难得的历史性机遇，更是高校思政工作者肩负的历史使命和时代重托。

著者从构建“三全育人”大思政格局的学理阐述出发，全面梳理了高校“三全育人”的历史演进，尝试探究了高校构建“三全育人”大思政格局的原则，总结了高校“三全育人”大思政格局的丰富实践。基于定性和定量相结合的研究方法，分析了高校“三全育人”大思政格局发展面临的困境，最后提出了纾解困境之法。

# 目录

CONTENTS

# 第一章 构建“三全育人”大思政格局的理论基础

## 第一节 “三全育人”与大思政格局的多维度解读

### 一、“三全育人”的含义与特征

习近平总书记在全国高校思想政治工作会议上指出：“要坚持把立德树人作为中心环节，把思想政治工作贯穿教育教学全过程，实现全程育人、全方位育人，努力开创我国高等教育事业发展新局面。”① 这是新时代构建“三全育人”大思政格局的重要依据。

**（一）“三全育人”的含义**

1. 全员育人

“全员”是指育人是校内全体职工的责任，也是全体员工工作的重要内容。一方面，从高校视角来说，全员包括高校的各类教师，如思政课教师、专业课教师、就业指导教师、心理健康教师等，也包括学校的各类工作人员，如校领导、院系领导、党建与思政专职工作队伍、学生自身、辅导员等，还包括各非思政专业人员，如教辅人员、管理部门人员、服务部

---

① 习近平．习近平在全国高校思想政治工作会议上强调：把思想政治工作贯穿教育教学全过程 开创我国高等教育事业发展新局面［N］．人民日报，2016-12-09（1）．

门人员、后勤人员等对育人产生间接影响的群体。[①] 另一方面，高校校外的多种力量也是全员育人不可或缺的组成部分，如家长、企业、社会力量。他们可以与学校协同，共享资源，进而形成家校社育人体系。“全员育人”更多地着眼于大学生育人队伍的构建，从育人主体上强调育人队伍的重要性。高校所有工作人员都是全员育人的重要组成部分，都应提升自己的思想认识，明确自身的责任与育人方向，协同发力，共同育人。当然，每个岗位的工作职责不同，育人的方式与方法也各不相同、各有侧重，但都应依据自身岗位特点与岗位职责，做好学生思政教育工作，悄无声息地将育人目标渗透到工作生活之中，实现“育人无处不在、育人无时不在、育人无人不能”[②]。

2. 全过程育人

全过程育人着眼于时间维度阐释育人工作。它把思政工作内嵌于大学生学习及就业过程中，涵盖其生活、学习。这也显示，思政工作不止步于课堂，也覆盖学生的社会实践、就业准备工作，涉及学生生活的方方面面。因此，全过程育人立足思政教育的持续性与一致性。高校不能局限于课堂知识的灌输，而要聚焦全过程育人要求，吸纳各种育人资源，对大学生开展精准思政教育，连接大学生生活的各个环节（学习、实践、生活）。同时，全过程育人也要依赖系统的思政教育资源，依靠大思政格局，高效运用各种教育资源，对标大学生成才成长，彰显思政育人价值。

3. 全方位育人

全方位育人的要义就是充分利用多维空间，吸纳空间中蕴含的丰富育人元素，打造出育人的立体空间。随着科技的迭代发展，既有线下育人空间已经被打破，网络成为育人的“第二空间”。网络空间信息繁多，大学生可以从网络空间汲取多种信息，这对大学生的成长、成才产生了深远的影响。线上教育已然成为高校全方位育人的重要途径。然而网络空间中既

---

① 周艳红．“三全育人”视域下高校“大思政”新格局构建研究［D］．南昌：南昌大学，2023.

② 梁伟，马俊，梅旭成．高校“三全育人”理念的内涵与实践［J］．学校党建与思想教育，2020（4）：36-38.

有的负面信息成为大学生全面、健康成长的阻碍，影响了思政教育功能的高效实现。全方位育人要以线下育人为基，勇于拓展线上育人新空间，着眼于立德树人这个主要任务，打通线上与线下育人堵点、漏点、盲点，对大学生进行全方位思政教育。这就需要高校在构建思政大格局的基础上，协调多种教育资源，优化线下与线上育人空间，对大学生开展思政教育，培养与形塑其正确的价值观，不断提升其政治素养，强化其政治认知。

从逻辑发展视角来说，全员育人（全体职工）、全过程育人（全时段）、全方位育人（全空间）从不同维度开展育人工作，是大思政格局构建的重要组成部分，三者紧密相连，各有侧重，共同形成和组建了大思政格局的育人合力。全员育人是全过程育人及全方位育人的基石，唯有全员（全体职工）都积极进行育人，都把育人作为自己工作的重要内容，全过程育人、全方位育人才有实现的可能，才有可能让“立德树人”这个主要思政教育任务贯穿于高校教育的全过程与全方位，优化全过程育人及全方位育人的环境，形成积极向上的育人氛围。全过程育人让全方位育人及全员育人有了可靠的抓手。全员育人需要大思政格局内在的资源支持，如课程的开设、教育资源的调配、课程思政的加入、校园文化的建设、社会实践活动的融合等，联结校内及校外各种思政教育资源，需要各种思政教育主体的参与，也需要在整个过程各个时间段开展育人工作。在大思政格局构建中，全过程育人推动全员育人与全方位育人依照思政教育规律及学生发展规律开展育人工作，推进大学生思政教育真正实现。全方位育人为全过程育人与全员育人提供助力与保障。在思政大格局构建中，全方位育人延伸了全员育人的主体，引导社会各界有识之士都参与大学生思政教育，形成社会支持对大学生开展思政教育的良好氛围。同时，全方位育人也让全过程育人有了重要的推进力量。全社会都参与大学生思政工作，大学生思政教育被纳入大学生成长、成才的整个进程之中，时时处处有教育，使培育高素质的社会主义建设者与接班人有了多维保障，最终能够达成目标（如图 1-1 所示）。

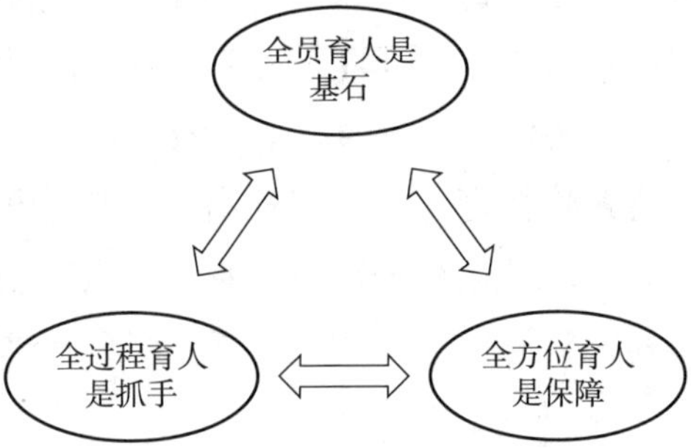


图 1-1 “三全育人”逻辑关系

## （二）“三全育人”的特征阐释

“三全育人”具有以下三方面的特征：

1. 系统性

“系统是由相互作用、相互依赖的若干要素结合而成，是具有整体性功能的有机体”①。大思政格局下，高校“三全育人”是多种资源的统合，进而引领大学生提升认识，形塑其价值观，形成育人大格局。“三全育人”是高校思政育人的一种理念，更是践行思政育人的有效手段。高校如要发挥“三全育人”的持久性与有效性，必须系统化地整合资源，发挥资源的合力。因此从主体视角来说，“三全育人”强调各个育人主体都参与到育人工作中，相互协同，优势互补，打造高校育人共同体，推动育人的各项任务及目标顺畅落地。系统性的思维要发挥作用，高校就要完善“三全育人”的系统运作机制，协同多种育人主体的力量，通过要素、物质、能量和信息的交换，构建推动各方力量同向同行的育人系统，② 团结协作促进“立德树人”根本任务的实现。

2. 全程性

大学是提升大学生各项才能、锻造大学生各种能力的重要场域。依照构建“三全育人”大思政格局的要求，依照大学生成长、发展规律，高校

① 武娜娜，蔡金杰．新时代高校思想政治三全育人模式研究［J］．湖北开放职业学院学报，2019，32（8）：106-107.

② 艾楚君，焦浩源．试论高校思想政治教育协同机制的构建［J］．思想教育研究，2019（6）：15-19.

要采取多种方式调动大学生群体自我教育的积极性与主动性，激发他们自我教育的潜能，充分发挥他们的主观能动性。大学生的成长与发展是一个动态的过程，我们的思政教育（包括三全育人）也是一个不断调整、创新、更新、完善的过程，既要面向全体大学生，依据他们群体发展特点及规律来更新与完善，也需要根据不同专业的发展与变化，把思政教育从课堂延伸到课外，从线下延伸到线上，从学校延伸到社会。全程性旨在发现思政教育的各个堵点与漏点，让高校思政人员与其他工作人员、社会各界有识之士都参与到育人工作中，运用思政教育的各种资源，落实“立德树人”的重要任务。同时大学生也要自觉学习马克思主义中国化最新成果，以习近平新时代中国特色社会主义思想武装头脑，不断提升自身素质，坚定政治信仰，以极大的热情投身到中国特色社会主义伟大事业中，为中国式现代化建设贡献自己的力量。

3. 全面性

“三全育人的重心在于‘全’”①。高校构建“三全育人”大思政格局，重要目标是服务学生，助力学生提升素质，实现全面发展。高校构建“三全育人”大思政格局就是调动各种要素，依照社会发展对人才的要求，培育德智体美劳全面发展的高素质人才，使他们明确时代使命，弄懂弄通马克思主义的世界观和方法论，增强应对未来各种挑战的能力。同时，高校构建“三全育人”大思政格局还要推进全员育人。为了提升学生素养，高校育人工作不仅需要思政教师主动作为，还需要其他任课教师、党政工作者、辅导员、教务工作者、后勤等全体人员积极参与，形成育人的系统合力、开放性格局，着力打造一个良性的育人系统，提升整体育人效能。

## 二、大思政的内涵与特征

近年来，大思政已经成为学术界一个新理论术语，成为思想政治教育发展的一个新领域，在高校思想政治工作中的分量不断提升。一方面，大思政为高校思想政治工作的改革、发展和创新提供了新理论视角，并且成为高校思想政治教育的目标。另一方面，大思政格局下高校思政工作须协

① 武娜娜. 高校思想政治教育“三全育人”研究［D］. 石家庄：河北师范大学，2020.

同创新，把思政元素嵌入育人的多个环节。

### （一）大思政内涵

对于何为大思政，目前国内学术界还未有统一定论，但是基本都认同大思政既是历史的命题，又是时代的课题。随着高等教育改革的大发展，大思政不断被赋予新内涵。党的十八大以来，习近平总书记高度重视教育工作，从理论和实践上科学回答了“培养什么人、怎样培养人、为谁培养人”等一系列根本问题，为新时代高校育人工作提供了基本遵循。基于此，本书提出，“大思政”主要指在高校内部力量、社会多方力量、政府多个部门、各个用人单位、大学生家长的共同参与下，形成育人合力，激发大学生开展自我教育的意识，提高大学生自我教育的能力，有效运用各种育人资源（课程、政策、人力、文化），将思想政治工作的领导架构、组织架构、管理体制、队伍建设、机制保障等各方面资源系统整合在一起，与思想政治教育的“十大”育人体系有机结合，全面落实“立德树人”根本任务，打造系统、协同、多元、多维的大思政育人格局。“大思政”格局之表征在于“大”，即社会各方面、高校各方面都积极参与；其核心在于“合”，即发挥各方面思想政治教育的最大力量，形成合力。[①] 概言之，大思政从本质内涵上，是一种以学生为本教育观、一种多维协同工作观、一种应然状态。

大思政是一种以学生为本教育观。“费尔巴哈把宗教的本质归结于人的本质。但是，人的本质不是单个人所固有的抽象物，在其现实性上，它是一切社会关系的总和”[②]。可以说思想政治教育是马克思主义人的本质论的具体体现，马克思主义人的本质论为大思政提供了理论价值与实用价值。思想政治教育本质上是做人的思想工作，通过思想引导大学生，影响大学生的观念，进而引导他们的社会行为。习近平总书记在全国高校思想政治工作会上指出，“高校思想政治工作必须围绕学生、关照学生、服务学生，不断提高学生思想水平、政治觉悟、道德品质、文化素养，让学生

---

① 诸云，程慧，李艳．大思政格局下高校研究生“1+N”培养模式探究与实践［J］．南京理工大学学报（社会科学版），2022，35（1）：81-85.

② 中共中央马克思恩格斯列宁斯大林著作编译局．马克思恩格斯选集（第一卷）［M］．北京：人民出版社，2012：135.

成为德才兼备、全面发展的人才”①。

大思政是一种多维协同工作观。习近平总书记强调，“要坚持把立德树人作为中心环节，把思想政治工作贯穿教育教学全过程，实现全程育人、全方位育人，努力开创我国高等教育事业发展新局面”②。构建“三全育人”大思政格局需要落实多维协同工作方法，这也是落实思政育人的重要抓手。高校是构建“三全育人”大思政格局的最重要力量，也是“三全育人”开展与落地的引发力量。高校要以构建“大思政”为目标，结合“三全育人”要求，调动与使用校内一切可以利用的育人资源，深挖校外各种可能的育人资源，优化组合，选取最优教育资源，善用历史题材，构建立体化、全方位、全过程、全员性的育人平台，打造素质教育的“育人资源库”，使大学生群体能够自由查询所需的资料，开展自我教育，促进自身发展。

大思政是一种应然状态。随着中国进入新时代，全球化、信息化、多极化、多元化影响着国内高校的教育环境和大学生的价值观念。习近平总书记强调，高等教育的目标应该是“为人民服务、为中国特色社会主义服务、为改革开放和社会主义现代化建设服务”③，高校构建“三全育人”大思政格局是新时代的需求，是维护高校意识形态安全的必然要求，更是高校教育发展的应然状态。构建大思政格局，才能真正引导大学生成为把握未来、富有朝气、堪当民族复兴大任的时代新人。

### （二）大思政特征

#### 1. 全体参与性

大思政超越了狭义的育人观，构建了广义的育人观。广义育人观的一个显著特征是全体参与性。狭义的育人观一般指的是大学生的日常管理工作，包括日常生活学习管理、纪律管理、思想政治教育等，其目的就是保

① 教育部课题组．深入学习习近平关于教育的重要论述［M］．北京：人民出版社，2019：20.

② 习近平．习近平在全国高校思想政治工作会议上强调：把思想政治工作贯穿教育教学全过程 开创我国高等教育事业发展新局面［N］．人民日报，2016-12-09（1）.

③ 张国祚．深刻把握“四个服务”的科学内涵［N］．光明日报，2017-06-30（11）.

障好大学生正常的学习生活，维护好学校学生政策的正常执行，维持好高校正常的教学生活秩序。而广义的大学生思想政治教育，把大学生工作的范畴从常规的管理拓宽到教育教学、人才培养、后勤服务、安全保卫等高校各个方面，这就意味着学生思想政治工作不能仅仅是某一部门、某部分人的事情，而应该是高校各个部门、全体教职员工的事情，即是全体参与的工作。

2. 系统优化性

系统论提出，系统由各部分组成。系统内部各要素要优化组合，实现整体功能最优。思想政治教育是一个动态的大系统，可以分为若干各具功能、各显特色的子系统。大思政就是让思想政治教育各子系统达到整体的育人效果，通过优化思想政治教育的各子系统功能，达到优化的系统功能最大化。要做好高校的思想政治工作，就需要通过整体系统的思维，统筹做好思想政治各项工作。大思政格局下要统筹做好规划，包括各类思政工作人员的配备、各类部门的工作、思政工作的内容等，以利于发挥目标一致、方向一致、协同一致的效能。通过这些举措，帮助大学生实现从客观到主观、时间到空间、梦想到现实的统一。各个要素各司所职、各具特色、互有联络，为高校大思政工作塑造一个立体化、多维化的育人体系。

3. 信息共享性

随着大数据成为信息化社会的标志词，它的应用和发展影响着社会的方方面面，大学生的学习、生活等多方面也受到较大影响。大数据掀起了广泛的思想变革，带来了巨大的技术创新，影响着思想政治教育的方式方法。在构建“三全育人”大思政格局背景下，高校可以采用云计算、大数据、元宇宙、5G 等现代信息技术，把形式多元、内涵丰富、方法灵动的工作方式与新思想理念等交流分享给其他群体或成员，让思政工作信息发挥更大的作用，提升育人效能。云计算、大数据、元宇宙、5G 等先进信息技术的广泛应用，反映出思想政治教育的共享性特征，表现为不同主体之间的协同性共享。随着大数据信息技术的广泛运用、信息化平台的共享，思想政治教育将与时俱进，达到教育效果的最优化，通过二者的互融互通，实现大思政格局下信息共享和育人实效的最大化。

4. 育人渗透性

2019年3月18日，习近平总书记在高校思想政治理论课教师座谈会上提出“显性教育和隐性教育相统一”① 的论断。这一论断为大思政教育指明了方向。大思政格局下，思想政治教育讲究的是方法的多元化，是对传统一元灌输法的超越。育人的渗透性侧重于渗透面、渗透点、渗透力的运用，通过春风化雨、润物细无声的方式，将思想政治教育渗透到大学生的心田。大思政格局下，无论是在育人方式还是育人方法上，都更凸显人文化、情感化，是对学情之新、实践之新的方法之答。显性教育和隐性教育作为思想政治教育的重要手段，在育人上起到十分重要的作用。应该把显性教育与隐性教育有效结合，使二者相互渗透、共同发力，实现效果的最优化，从机制上有效衔接，在育人上灵活结合。

## 第二节　“三全育人”与大思政格局构建的关联性

“三全育人”“大思政”是不同的育人方式，二者育人的视角与育人方式不同，各有侧重，产生与发展的时期也不尽相同。但二者也有诸多的相同点：都是以育人为旨归，均隶属于思政教育，拥有共同的育人思想与育人方法。二者应相互促进，共同助力中国高等教育发展，以培育高素质的未来人才为最终目标。

### 一、相同的育人目标

党的十八大报告指出：“要坚持教育优先发展，全面贯彻党的教育方针，坚持教育为社会主义现代化建设服务、为人民服务，把立德树人作为教育的根本任务，培养德智体美全面发展的社会主义建设者和接班人。”② 立德树人首次出现在党的报告之中，意味着立德树人被提升到更高

① 习近平．用新时代中国特色社会主义思想铸魂育人　贯彻党的教育方针　落实立德树人根本任务［N］．人民日报，2018-03-19（1）．

② 中共中央文献研究室．十八大以来重要文献选编（上）［M］．北京：中央文献出版社，2014：27．

的层面，更应受到各方面的重视。此后，立德树人成为各方关注的重点之一。党的十九大报告中，习近平总书记再次强调：“要全面贯彻党的教育方针，落实立德树人根本任务，发展素质教育，推进教育公平，培养德智体美全面发展的社会主义建设者和接班人。”①

“三全育人”及“大思政”相互协同，是落实立德树人的重要举措与重要载体。高校是社会人才重要来源地，须将立德树人贯穿于思政教育的全过程、全方位，着力解决“怎样培养人”“为谁培养人”“培养什么人”这些重要问题，让这些问题有明确的破解思路。为了解决这些问题，本书提出了构建“三全育人”大思政格局的理念与方法。构建“三全育人”大思政格局应当以育人为中心工作，践行立德树人的重要理念。这一过程中要求高校各部门、每个员工都要尽职尽责，做好自己的本职工作。同时，利用好各种育人资源，对大学生开展思政教育，引导他们树立正确价值观。高校也可以利用课程设置，把课程与思政教育相融通，强化大学生思政教育，做好各项考评，让学生成长过程与思政教育过程相向而行，把立德树人融入整个教育进程。由此来看，大学生的成长不仅在学校小课堂之中，也在社会大课堂之中，成为解决“培养什么人”问题的重要发力点。课堂与社会成长也需要线上线下、课内外、校内外多种教育资源的介入，这样才能构建“三全育人”大思政格局，让育人资源互融互通，为解决“怎样培养人”问题提供思路。

## 二、大思政格局构建蕴含“三全育人”

“大思政”体现思政发展新格局，是思政发展的重要方向，“三全育人”是其构建的重要原则。思政工作强调立德树人是中心，立德树人工作必须借助全员育人、全过程育人、全方位育人来实现，这也是大思政的重要目标指向。2017 年 12 月，教育部在《高校思想政治工作质量提升工程实施纲要》中指出：高校要以全员、全过程、全方位为统领，打造一体化的育人体系。大思政格局立足“三全育人”理念，将“三全育人”方式与

① 习近平．决胜全面建成小康社会　夺取新时代中国特色社会主义伟大胜利：在中国共产党第十九次全国代表大会上的报告［M］．北京：人民出版社，2017：45.

方法演变为思政教育的新模式与新体系。大思政格局在“三全育人”的支持下，能够体现育人的完整性、系统性与总体协同性，是契合时代发展的一种育人系统。为此，高校要依据“全员、全过程、全方位”的运行规律，把“三全育人”各种方法、理念内隐于大思政格局之内，把高校思政育人时空拓展至线上、社会与家庭，使育人具有更强的时效性。

## 三、“三全育人”实践的实现依靠大思政格局

大思政格局是思政建设的重要目标，而“三全育人”目标的实现要依托大思政格局的构建。“三全育人”的每个层面（全员、全方位、全过程）的实现，都需要凝聚合力，要求各个过程的无缝衔接，进而实现全方位联动，达成育人目标。大思政格局涵盖了全员育人的合力，让全员都成为育人的重要力量，进而引发全过程育人，引导全方位育人走向实践，做到理论与实践的有效对接。由此看来，大思政格局使“三全育人”从理论走向实践，充分发挥思政的育人作用，促进“三全育人”更好地开展实践，不断走向成熟。

## 四、“三全育人”与大思政互促互通、协同育人

体系完善是“三全育人”构建与高校大思政实践的推动力量。搭建一体化（全员、全方位、全过程）育人格局与构建大思政格局是加强与完善思政工作的两种方法，可以推进理论与实践层面互通互融、相互促进。从系统化视角来说，一体化（全员、全方位、全过程）育人体系与大思政格局的实践都由层次、要素、环节构成，是一个完整的、环环相扣的、内在联系的系统。从运行层面来说，构建“三全育人”大思政格局需要系统之间各要素联动，相互支持。从过程论来讲，“三全育人”与大思政格局的实现都要依靠思政专业课教学、课程思政、环境文化教育、育人评价、社会教育资源等。从要素层面来讲，构建“三全育人”大思政格局要包括教育的主体、教育的客体、教育的环体、教育的介体等。这些要素能够使“三全育人”得以落地，逐步推进大思政格局的构建，从整体上提升立德

树人能力和思想政治工作实际效果。[①]

## 第三节 构建“三全育人”大思政格局的理论依据

构建“三全育人”大思政格局就是把育人作为价值旨归，不断提升大学生的综合素质。为此，我们要研读与运用相关理论，深度掌握“人”之本质，熟稔育人规律与发展特点，以推动育人工作稳步前进，效能不断提升，效果不断显现。

### 一、马克思主义关于人的全面发展理论

#### （一）人的全面发展理论的阐释

马克思指出，“人的本质在其现实性上是一切社会关系的总和”[②]，人不是单独的人，是社会的人，生存在社会之中，是各种社会网络交织在一起而生成的复杂的社会人。人依赖社会网络生存，同时也是在不断完善与提升自己的生存质量，发展自己方方面面的能力。随着科技进步，人类社会生产力也不断跃迁，社会分工更加细化，社会交往也逐步拓展。这给人类自身提供了更优渥的生存与发展条件，促使个体有了更好的社会条件，获得更多的外部支持。人类有了更多的选择，自由有了更多的外部保障条件，全面发展有了更多的支持力量。这就指向人类发展目标：“社会发展的总体取向、终极趋势就是人的自由全面发展”[③]，成为一个完善的个体，实现共产主义理想，造就一个自由全面发展的社会。

要实现共产主义理想，个体物质满足是基础，精神发展与满足是终极要求。在共产主义社会，人实现物质的极大满足，逐步摒弃了对“物的依

① 冯刚，梅科．深刻把握新时代深化“三全育人”建设的内在规律：“三全育人”综合改革试点工作实施五周年回顾［J］．青年学报，2023（3）：13-19．

② 中共中央马克思恩格斯列宁斯大林著作编译局．马克思恩格斯选集（第一卷）［M］．北京：人民出版社，2012：135．

③ 朱荣英．马克思人的全面发展理论及其中国表征［M］．北京：中国社会科学出版社，2018：15．

赖性”,[1] 人与人之间的人身依附及依赖也逐步被打破，这是物质丰富（生产力极大发展）的必然结果。物质丰富与精神丰盈双向驱动，推进社会向更高层次发展，个人发展有了更加良好的社会环境，个人与社会相互支持、相互成就。由此，才能实现整个社会人的自由发展，达成社会发展与个人发展的有机统一。构建“三全育人”大思政格局要立足学生物质需要与精神丰盈的需要，完善学生群体各种社会关系网络，为他们的全面发展提供支持，提升他们的综合素养，进而促进他们成为全面发展的个体。

### （二）人的全面发展理论的内容

#### 1. 人的全面发展要依托社会关系网络，离不开社会关系网络的支持

“一个种的全部特性、种的类特性就在于生命活动的性质，而人的类特性恰恰就是自由的自觉的活动”[2]。社会关系是个体生存与发展的基础。人要发展就要与他人进行社会交往，以获取信息与发展所需的相关资源，进而形成自己的社会关系网络。个体依托自己所构建的社会关系网络，强化与他人、社会之间的联络，参与各种社会活动，增强互信，在社会中不断认识自己与他人，感知社会变迁，提升自己的认知与能力，拓展视野，突破自身发展瓶颈，不断完善自身。“三全育人”正是基于人的全面发展需要，从各维度、各方面丰富个人社会实践、提升个人精神境界，实现每个大学生自由而全面发展。

#### 2. 人自身物质及精神满足是其全面发展的动能

每个人在社会网络中的地位与角色不同，自身的发展目标也千差万别。而对不同的物质及精神满足的追求是推动其不断发展、提升自身素质的重要动力，也是人类社会不断前进的重要引领力量。高校思政教育致力于对大学生进行物质和精神领域全面教育，尤其是对个人精神品质形成起到了关键作用。

#### 3. 人的全面发展要通过综合素质进行评判

人的全面发展是否实现需要一系列科学化的指标进行评判，这也是人

---

① 中共中央马克思恩格斯列宁斯大林著作编译局．马克思恩格斯文集（第八卷）［M］．北京：人民出版社，2009：52.

② 马克思，恩格斯．马克思恩格斯全集（第42卷）［M］．北京：人民出版社，1979：96.

全面发展的最终依据。高校强调五育（德智体美劳）并举，落实"三全育人"，提升学生总体素质，就是让学生积极在课堂学习、积极参与校内外实践活动，提升认知能力与解决实践问题能力，推动思政育人目标落实，让学生积极为社会发展助力，传递正能量，提升社会文明发展的层次。

4. 促进人的个性发展是人的全面发展中的最高要求①

个体要发展，社会要进步，这是人类发展与演进的大方向。个体的发展历程、发展环境不是一成不变的，而是有自己不同的特色与表征。个人要依据自身条件，依照社会发展与自身需求设计发展方向，进而实现全面发展，实现自己的社会价值。高校构建"三全育人"大思政格局的落实，要立足我国社会发展需要，牢记育人初心与使命，依照大学生群体发展需要，设置个性化的发展"菜单"，使学生不会因过度追求自身利益，忘记国家与社会的需要，成为一个"精致的利己主义者"，自身利益至上，成为一个低级趣味的人，由此缺失社会责任，丧失大局观念，不认同人民利益至上，难以承担国家、社会所赋予的民族复兴大任。构建"三全育人"大思政格局以马克思主义人的全面发展理论为指引，立足立德树人这个育人目标，让学生积极学习国家大政方针，提升自己的思想认识。同时，引导大学生参与社会实践，在实践中把所学理论转化为服务社会、服务人民的具体行动，落实自己的社会责任与担当，实现自己的人生理想，成为中国特色社会主义的可靠接班人，实现德、智、体、美、劳协同发展。

## 二、社会发展合力论

恩格斯从数学视角解读了社会发展各种要素的地位、作用及相互关系，论证了人在社会实践中的作用，尤其是人的合力运行方式及规律。

恩格斯提出："历史是这样创造的：最终的结果总是从许多单个的意志的相互冲突中产生出来的……有无数个力的平行四边形，由此就产生出一个合力，即历史结果。"② 这一历史结果在各人意志的较量中，由力量较

① 陈瑞三，杨飞雪，阚迪．马克思人的全面发展理论对高校思想政治教育工作的启示［J］．辽宁大学学报（哲学社会科学版），2018，46（1）：165-169.

② 中共中央马克思恩格斯列宁斯大林著作编译局．马克思恩格斯选集（第四卷）［M］．北京：人民出版社，1995：697.

强、分力较大的力汇聚在一起从而得到加强，由力量较弱、分力较小的力逐渐消减从而得到削弱。[①] 他指出：“人们总是通过每一个人追求他自己的、自觉预期的目的来创造他们的历史，而这许多按不同方向活动的愿望及其对外部世界的各种各样作用的合力，就是历史。”[②] 恩格斯这种论述更多地着眼于个人发展与社会发展的关系：个人发展依托于社会发展与进步，社会发展依托个人合力，尤其是正向的合力。虽然社会不可能为每一个人的理想提供实现的条件，让其梦想成真，化为现实，但社会发展中每个人的力量都不可或缺，是人类社会发展的合成力量。这是恩格斯的合力论的精髓所在，也是辩证法系统论与整体论的发展，对社会的发展给予了一定诠释。[③] 构建“三全育人”大思政格局也是恩格斯合力论运用的生动阐释。多种力量对大学生开展思政教育，形成育人合力，让高校立德树人有了重要的依靠力量，共同对大学生进行思想、行动的引领，形成强大的育人力量，发挥合力育人作用。

## 三、对西方道德教育理论的借鉴

### （一）美国杜威道德教育论

杜威提出了“以人为本”的观点，重视人的主动性与主体性。社会本位是传统的教育理论，提出社会是第一位的，人是第二位的，人处于社会发展之内，受社会发展支配。杜威指出：传统教育观忽视了人的主体地位，把人与社会的地位颠倒了。人与社会之间的关系是密不可分的，我们既要重视社会的发展，也要注重人的发展。道德教育的开展既要看到社会，也应看到社会中的个人，尊重个体发展的客观规律，实现个体的全面发展[④]。各级教育机构在开展道德教育时，要立足于社会的发展，关注环境对人发展的影响，但不能忽视人的能动与创造作用。人可以改变环境，

---

① 周艳红．“三全育人”视域下高校“大思政”新格局构建研究［D］．南昌：南昌大学，2023.

② 中共中央马克思恩格斯列宁斯大林著作编译局．马克思恩格斯选集（第一卷）［M］．北京：人民出版社，2012：254.

③ 杨娇娇．高校专业课教师在课程思政实践中存在的问题及对策研究［D］．长沙：湖南大学，2019.

④ 姜雪．高校“三全育人”：内涵、路径与机制研究［D］．石家庄：河北师范大学，2021.

创造新环境。要充分彰显人的主体地位，契合人的发展要求，培养社会所需之才。构建“三全育人”大思政格局也是立足中国特色社会主义发展的实践，尊重学生个体的主体地位，依据社会及国家发展需求，做好各层次的育人工作。

杜威还创造性地提出“三位一体”的道德育人方式，即道德教育要结合学校、课程教育、教育方式的实际，促进道德教育和社会实践融通，发挥多方育人的合力。他指出，学校教育是学生道德教育的基础。学校可以把学生学习的知识与校内实践无缝衔接，进而因材施教，对学生开展道德教育，培养学生的道德品质。而课程教育可以把教材内容转化为活生生的道德教育素材，通过各科教材进行道德教育可以“把它们与学生的现有能力与现实社会需要联系起来”①，联结知识与社会，让学生成为社会有用之人。道德教育要融学校教育、知识传授、教学方法为一体，落实“三全育人”，形成多方育人的思政大格局。其中学校教育是基础，思政课程是核心，课程思政是重要推动力，社会实践是能力培养的重要方式；而教学方法贯穿其中，为落实思政课程与课程思政提供了方法选择。唯有灵活多样的方法融入落到实处，才会真正产生育人效果。

### （二）科尔伯格的道德认知与发展论

科尔伯格是西方著名的心理学家。他对道德认知进行了全方位的研究与探索，提出了关于道德认知与发展的理论。其在社会实践中表现为“道德讨论法”和“公正团体法”两种方法。“道德讨论法”与“公正团体法”凸显道德讨论的重要价值与地位，其中教师的引导与教育作用较大，如要设置恰当的话题、把握讨论的进度、创造良好的讨论环境（相互平等、相互协作）、做好总结与升华等。这种方法让学生都有参与的机会，能够较好地提升学生的道德水准，培养他们的责任心与社会公德。构建“三全育人”大思政格局也要以道德认知为起点，创设相应的育人讨论与育人环境，让学生对各种美丑现象形成深刻认识，不断提升自我道德认知，并以此为约束，生活中能够按照内心准则办事，从而帮助高校实现“三全育人”的目标。

---

① ［美］约翰·杜威．德育原理［M］．北京：商务印书馆，1930：17-18.

## 四、党的领导人有关思政教育的理论

中国共产党正式成立后，党的思想政治教育也开始了自己的历程。[①] 不同时代的领导人依据中国高等教育的实际，对思政育人提出了各种理论，并进行实践探索，再不断完善理论。在反思与总结我党育人理论的基础上，我党育人理论及实践实现创造性发展与创新性进步，“在马克思主义科学理论的指导下，在学习宣传贯彻马克思主义及其中国化最新理论成果中走过了百年辉煌历程”。[②] 我党几代领导人依据马克思基本理论，不断创新与丰富思政理论，让思政教育有了深厚的理论支撑。

### （一）毛泽东关于高校思想政治教育的理论

毛泽东有关高校思政教育的理论是基于新民主主义革命及社会主义革命与建设的历史阶段，对社会中的育人工作与经验进行凝练与升华而形成的教育工作理论，成为党和国家这个时期高校思政工作的重要依据。

#### 1. 重视思政教育，做好育人工作

在中国革命的多个时期，青年大学生一直是重要的推进力量。毛泽东结合新中国发展实践与青年大学生的群体特征，以及革命实践经验，战略性地指出青年对中国革命起到“先锋”和“桥梁”的作用。[③] 党对青年大学生做这种定位，说明党和国家十分重视大学生的地位，当然也重视对他们开展思政教育，提出青年大学生思想要不断进步，以思想进步推进政治觉悟提升，实现政治进步。毛泽东对青年大学生有很高的期望，曾寄语中国留苏学生：“希望寄托在你们身上，世界是属于你们的。”[④] 1957 年，毛泽东制定与优化党的教育方针，完善各项育人要求，即“我们的教育方针，应该使受教育者在德育、智育、体育几方面都得到发展，成为有社会主义觉悟的有文化的劳动者”[⑤]。这要求学校优化课程设置，依照学生发展

---

① 陈曦．习近平高校思想政治教育重要论述研究［D］．大连：大连海事大学，2023.

② 王树荫．中国共产党百年思想政治教育基本经验［J］．教学与研究，2021（5）：16-26.

③ 毛泽东．毛泽东选集（第二卷）［M］．北京：人民出版社，1991：565.

④ 毛泽东．毛主席在苏联的言论［M］．北京：人民日报出版社，1957：14.

⑤ 中共中央文献研究室．毛泽东文集（第七卷）［M］．北京：人民出版社，1999：226.

需要合理设置，实现课程育人作用，让党的教育方针有着落。同时，毛泽东认识到高校思政工作的重要地位，认为它是推动国家未来人才素质提升的要素，基于此，他指出："这是无产阶级革命事业的百年大计，千年大计，万年大计。"[①] 这种论述表明，高校思政不应固守已有的思想与理论、方法，应与时俱进，引领大学生认识错误思潮的危害，坚持党的领导与社会主义制度，维护民族独立与团结，勇于承担自己的历史责任，做国家发展的重要推进者。

2. 明晰高校思政教育的内容

一是强化大学生思政教育，提升教学效果。毛泽东强调政治教育的重要性，如大学生丧失正确的政治方向，学习知识就毫无用处，难以成为革命事业接班人。毛泽东还明确指出，"党委应当指导青年大学生思想"以及"加强学校政治思想教育"[②]。为落实这个任务，各级领导干部责无旁贷，必须带头采取各种方式强化大学生的思政教育，做好育人工作。

二是强调培养大学生为人民服务的精神。毛泽东依据社会发展趋势与中国革命经验，认为大学生要有自己的价值观要求，即"为人民服务"，做好为人民服务的思想与实践准备。他认为，"为人民利益而死，就比泰山还重；替法西斯卖力，替剥削人民和压迫人民的人去死，就比鸿毛还轻"[③]。

三是要艰苦奋斗，自立自强。新中国成立后，我国经济与社会都需要大力发展，面临诸多难题与挑战。为此，他言简意赅地提出，大学生要"团结奋斗，用自己的双手创造出一个富强的国家"[④]。新时代，高校思政教育仍需加强大学生的政治方向教育、为人民服务教育与艰苦奋斗教育，倡导大学生爱党、爱国、爱人民，勤俭节约、艰苦奋斗，培养正确的价值观。

3. 高校思政教育要契合大学生特点

毛泽东在《青年团的工作要照顾青年的特点》一文中提出：思政教育要讲究方法，避免强制灌输方法的滥用，尊重学生的主体地位，依照大学

---

① 中共中央文献研究室．建国以来重要文献选编（第十九册）［M］．北京：中央文献出版社，2011：61.

② 中共中央文献研究室．毛泽东文集（第七卷）［M］．北京：人民出版社，1993：247.

③ 毛泽东．毛泽东选集（第三卷）［M］．北京：人民出版社，1991：1004.

④ 中共中央文献研究室．毛泽东文集（第七卷）［M］．北京：人民出版社，1999：226.

生自身特点采取合理的方法开展思政教育，提升教育的有效性。毛泽东也非常注重社会实践的教育方式，他提出思政教育可以把理论与实践结合，融入工农劳动实践之中。1957 年毛泽东指出，“一定要研究当前的情况，研究实际的经验和材料，要和工人农民交朋友”①。理论不应停留在书本之中，必须让理论融入实践，用理论解决实践中的问题，在实践中完善理论，发挥理论指导实践的作用，促进理论与实践互促互动。

### （二）邓小平关于高校思政育人的理论

立足改革开放与现代化建设实践，邓小平依据大学生发展新特点，围绕“培养什么人，怎样培养人”的主题来论述高校思政教育的育人作用，提出科学的育人方法。

1. 三个面向的育人目标确立

基于改革开放的社会主义实践，邓小平提出高校思政育人须坚持“教育要面向现代化、面向世界、面向未来”②。这一提法立足国内变化与世界发展趋向，以国内视角、战略性眼光及全球视野来明晰高校思政育人的实践目标与发展方向。依据这个要求，国家教委在 1986 年的相关文件（《国家教育委员会关于加强高等学校思想政治工作的决定》）中指出：高等教育的重要地位及重要作用——人才培育与国家、社会命运关系密切，不可小觑。“高等学校必须从我国的实际出发，面向现代化、面向世界、面向未来，确定培养目标”③。三个面向指出了高校思政育人重要目标，也是培育高素质现代人才的评价依据，进而引领高校转换育人思路与方法，提升育人效果。

2. 确立培养四有新人的依据：坚持四项基本原则不动摇，坚守育人底线

这个时期，高校把培养四有新人（有理想、有道德、有文化、有纪律）作为思政育人的重要任务与目标。一要坚持正确政治方向。这是高校

---

① 中共中央文献研究室．毛泽东文集（第七卷）［M］．北京：人民出版社，1999：272-273.

② 邓小平．邓小平文选（第三卷）［M］．北京：人民出版社，1993：35.

③ 教育部思想政治工作司．加强和改进大学生思想政治教育重要文献选编（1978—2014）［M］．北京：知识产权出版社，2015：48.

思政育人最根本、最重要的问题，也是高校思政育人的出发点与立足点。党的十一届三中全会总结了我国高校育人的成就，肯定了高校思政对培养人才作用巨大，同时指出：高校思政育人仍面临错误思潮的滋扰，影响大学生正确道德认识与价值观的确立。面对这种新情况，邓小平提出，"学校应该把坚定正确的政治方向放在第一位"①。二是要讲清四项基本原则的重要内涵。邓小平指出，高校思政教育要立足中国社会发展实践，对照学生发展需要，从多方面讲述四项基本原则的核心要义，引导学生理解中国走社会主义道路的正确性与必然性，认识坚持改革开放对中国实现社会主义现代化的重要作用，认识二者关系。针对资产阶级自由化的错误思潮，邓小平提出，高校思政要分析资产阶级自由化思潮的危害，引导大学生认识其本质。三是强化大学生的道德教育。对于道德教育，邓小平认为，大学生须"热心于改革开放，有艰苦奋斗的精神，努力为人民服务，为实现具有中国特色的社会主义现代化而献身"②。改革开放是一项未有前人探索过的伟大事业，是决定当代中国前途命运的关键，我们在探索与实践中难免遇到一些问题与挑战。作为大学生要以辩证思维认识问题，要树立远大理想，发扬艰苦奋斗精神，奉献社会，与人民同甘共苦，为社会主义建设贡献自己的力量。

3. 高校思政育人要采取切实可行的方法

邓小平提出：高校思政育人要依据学生发展实践，推动育人与劳动密切结合，"红"与"专"相互融通。一是思政要解决社会问题，直面社会实际，立足社会实践。他指出，"教育一定要联系实际"③。思政育人要讲透理论，充分发挥理论的作用；同时，理论要深度联系实际，转化为实践的指导力量，解决问题，提升学生的素质。二是思政育人要落实学生全面发展的要求，将"红"与"专"有机融通。他认为，"专并不等于红，但红一定要专"④。伴随和平与发展的时代主题与我国改革开放的现实国情，

① 邓小平．邓小平文选（第二卷）[M]．北京：人民出版社，1994：104.

② 何东昌．中华人民共和国重要教育文献（1976—1990）[M]．海口：海南出版社，1998：2617.

③ 邓小平．邓小平文选（第三卷）[M]．北京：人民出版社，1993：144.

④ 邓小平．邓小平文选（第二卷）[M]．北京：人民出版社，1994：262.

高校思政育人必须紧跟时代发展方向，服务时代发展需要，引导大学生做好思政学习，提升服务社会的技能，弘扬改革开放精神，开拓创新，学有所成，为中国改革开放贡献力量。

### （三）江泽民关于高校思政育人的理论

江泽民注重高校思政育人问题的研究，在《关于加强和改进思想政治工作的若干意见》中强调，“越是深化改革、扩大开放、发展社会主义市场经济，越要重视思想政治工作”①。该时期，我国改革开放进一步发展，社会主义建设取得了一个又一个的巨大进步，出现了新特点、新趋势，这些变化对高校思政育人的多个层次产生了深远影响。江泽民顺势而为，提出了自己有关思政育人的理论。

1. 高校思政育人地位重要

我国改革开放不断推进，西方文化对青年大学生产生了影响，让他们的思想发生了一定的变化，在此情景下，我国需强化大学生思政教育，做好他们的思想工作。江泽民提出，“思想政治教育，在各级各类学校都要摆在重要地位，任何时候都不能放松和削弱”②。思政教育要优先开展，要与素质教育的落实相结合，要结合科教兴国战略的要求来开展。思政教育要优先，就必须正确处理思政教育与学科教育的关系，落实“德育为先”，提升思政教育的效果。

2. 高校思政教育要做好三个层面的育人工作

江泽民对高校思政育人的内容做出了明确的阐释：一是强化大学生马克思主义理论及党的理论的教育。思政教育让大学生主动学习马克思主义理论，提升自己的理论素养，发挥理论改造自己与改造世界的作用。而学习党的基本路线能让大学生掌握党的理论的重要内容，自觉参与到社会主义建设中来。二是做好爱国、爱集体与爱社会主义的育人教育。江泽民指出，爱社会主义的核心内容就是爱国、爱党、爱人民，是相辅相成的。三是做好大学生品德与法制纪律教育。在党的十四届六中全会上，江泽民就

① 中共中央文献研究室．十五大以来重要文献选编（中）［M］．北京：中央文献出版社，2011：203.

② 江泽民．江泽民文选（第二卷）［M］．北京：人民出版社，2006：332.

明确指出社会主义道德风尚的形成既要靠教育，也要依托法制。两者不能偏颇，顾此失彼，要互相配合，形成合力，提升大学生的品德与法制纪律素养。

3. 强调对大学生的思想教育，并在思想教育中强化纪律法治教育

江泽民指出思想品德教育和纪律法治教育是青年大学生树立三观（世界观、人生观、价值观）的重要条件。要通过开展品德教育和纪律法治教育让青年大学生遵规守纪，提升思想认识水平，树立正确的价值观。

4. 采取有效的教育方法

江泽民指出，高校思政育人要与精神文明及物质文明发展相协调，提升教育效果。在教育方法上，他强调不能采用一种方法，依据实践要求，可以运用互联网信息技术，让家庭、社会参与到大学生思政育人工作中来。同时，社会各部门要优化大学生的实践育人通道，开辟多个渠道，让大学生参加社会劳动，深入工厂、学校、农村进行实践，把理论与实践结合起来，突破传统思想政治教育思维，在互联网时代充分发挥信息技术对高校思想政治教育的积极作用。①

### （四）胡锦涛关于高校思政育人的理论

这一时期，全面小康是全党与全国人民的共同目标，基于此，胡锦涛提出了自己的高校思政育人理论。

1. 高校思政育人地位重要，它是实现党与国家中心任务的重要支撑

胡锦涛强调，高校思政育人要突出大学生主体地位，调动他们的主动性，让他们积极参与。要注重理想的培育。胡锦涛指出，高校思政育人的"核心是解决好培养什么人、怎样培养人的重大问题"，以"提高服务国家服务人民的社会责任感""促进全面发展""探索创新精神"与"实践能力"为重点开展思想政治教育。② 这深刻揭示了高校思政育人的价值，提供了高校思政育人的重要途径，化为"四个新一代"的育人指向，内容更具体，育人目标更为聚焦。

---

① 江泽民．江泽民文选（第二卷）[M]．北京：人民出版社，2006：589-590.

② 胡锦涛．胡锦涛文选（第三卷）[M]．北京：人民出版社，2016：420.

2. 高校思政育人应在爱国、爱集体与爱社会主义基础上不断拓展，强化育人的时代性与创新性

一是强化理想信念教育。胡锦涛提出，“思想政治工作的核心是理想信念教育”①。理想信念是青年大学生发展之基，是他们发扬艰苦奋斗精神，战胜成长、成才中挫折的重要精神动能，引导青年大学生不断前进，超越自我。二是做好爱国主义的教育。爱国是爱社会主义的重要表现，也是青年大学生思政育人重要目标之一。时代在变，爱国教育应该增添新内容，这是爱国教育与时俱进的重要体现。我们要弘扬和培养民族精神，让青年大学生有更可靠的精神动力。三是做好道德教育，提升大学生道德认识。胡锦涛指出，“要把德育观念融入学校课堂教学、学生管理、学生生活全过程，创新德育观念”②。正确的道德认识是大学生成人、入世的重要条件，也是大学生全面发展中不可或缺的一环。高校在思政育人过程中，应充分、全面强化大学生道德教育，确立道德教育内容，引导大学生规范自己的行为，做好道德评价。同时，高校要结合重大社会事件，引导大学生开展道德大讨论，提升道德认知水平，树立正确的是非观，作出正确的道德选择，提升道德素养。四是大学生思政育人要以全面发展的人为最终要求。科学发展观强调以人为本，注重人的发展。胡锦涛强调，“要把育人为本作为教育工作的根本要求”③。高校思政育人要以学生为本，为学生服务，研究学生的各项需要，提升大学生参与思政教育的积极性，让他们成为自我教育的主体。

3. 育人方法要尊重差异，灵活运用

一是突出内在差异，做好思政教育，提升育人效果。胡锦涛十分注重教育方法的可行性与科学性。他指出，思政教育要看到青年大学生群体差异与个体需要的不同，不能采取一种方法来开展思政教育，那样育人效果会大打折扣。他强调要尊重差异，把个性问题与群体问题统合起来，采用

---

① 中共中央文献研究室．十六大以来重要文献选编（中）［M］．北京：中央文献出版社，2006：636.

② 胡锦涛．胡锦涛文选（第三卷）［M］．北京：人民出版社，2016：421.

③ 胡锦涛．胡锦涛文选（第三卷）［M］．北京：人民出版社，2016：420.

切实可行的方法。他指出，“要关爱每一名学生，关心每一名学生的成长进步，以真情、真心、真诚教育和影响学生”①，要多做学生的思政工作，声情并茂，让思政教育深入学生内心，引导学生积极实践，产生实效。二是提升思政育人的实效性。思政教育要与时俱进，适应网络时代思政教育要求，采用网络思政的教育方法。互联网是信息技术发展的产物，高校要利用信息技术的优势，通过各种方法，应用技术开展网上思政教育，把思政教育延伸到网上，提升思政教育的感染力与影响力，让网络成为思政教育的有效力量。三是鼓励青年大学生多参加社会实践，发挥实践育人功能。思政教育不能止于课堂的理论教育，还应有社会实践活动的加持，这是高校思政的延伸，也是思政育人功能的拓展。社会实践活动可以激发大学生服务社会、参与社会建设的积极性，提升知识运用能力，促进自身素质不断提升。

## 五、习近平总书记关于构建高校“三全育人”思政大格局的重要论述

习近平总书记强调：“三全育人”的提出使高校思想政治教育贯穿高校人才培养的全员、全过程、全方位，从而构筑高校“三全育人”思政大格局。②“三全育人”成为高校大思政育人重要途径。

### （一）全员育人：各主体协同育人，形成育人合力

1. 学校各部门、育人队伍积极参与

高校构建大思政育人格局需要学校全体成员的参与，包含学校内部的各个部门、多支育人团队的参与，各自做好自己的工作，分工合作，一起履行育人职责。高校中的教学、组织、学工、就业、宣传、科研及其他职能部门要以立德树人要求为运行准则，积极承担自己的育人职责。这些部门要协同思政部门落实育人职责，力求实现高校各部门、每个员工都自觉参与到育人工作之中，形成全员育人的局面，促进思政育人大格局的形成。

---

① 姜华宣，张尉萍，肖甡．中国共产党重要会议纪事（1921—2001）［M］．北京：中央文献出版社，2006：1031.

② 陈曦．习近平高校思想政治教育重要论述研究［D］．大连：大连海事大学，2023.

2. 家校社协同育人，拓展育人空间

新时代，高校思政育人不应单打独斗，而应顺应时代发展，做好宣传，引导家庭、社会、政府参与育人工作，拓展育人主体与育人空间。“办好教育事业，家庭、学校、政府、社会都有责任”①。落实立德树人根本任务，学校思政教育与课程思政教育是主渠道，家庭、社会、政府等主体同样担负教育职责，他们也是思政教育不可忽视的力量。思政教育需要良好的学校环境，更需要良好的社会、家庭环境的协助。家庭、社会、政府的参与可以优化大学生的育人环境，让多元主体锚定立德树人总目标，同频共振，强化育人方法的实施，形塑良好的育人环境，发挥环境育人的效果。

## （二）全过程育人：对大学生时时教育

习近平总书记提出，高校思政育人不能随意为之，而要遵循育人规律，依照学生成长特点，做好全过程育人工作。全过程育人强调育人的事件连续性，涵盖大学生成长、成才的全过程，内含学生的课堂教学、课程育人、就业与社会实践，确保思政育人内隐于学生的整个成长进程，实现“时时育人”，时间上无间断。

1. 对标立德树人要求，健全高校育人系统

高校要充分发挥自身的优势，用好各种育人资源，打造课程教学（思政专业课、课程思政）、学术传播、社会实践等育人平台，同时，依托最新的网络技术（AI、AR、VR 等），完善网络思政育人体系，优化网络育人环境，做好网络治理，开展文化传播、心理健康教育等课程，提升管理水平，做好对学生的服务，打通各个时间段的育人堵点，落实全过程育人。

2. 依照大学生成长、成才规律，落实立德树人，发挥思政育人的重要功能

高校要完善思政育人的相关制度，树立治理思维与过程优化思维，进一步修订与完善大学生的教学、服务与管理的相关制度，以制度破解全过

① 习近平．坚持中国特色社会主义教育发展道路　培养德智体美劳全面发展的社会主义建设者和接班人［N］．人民日报，2018-09-11（1）．

程育人的问题，推进思政育人工作内嵌于大学生成长全过程。思政育人不但在校内，也在校外，是一种持续性的育人，服务于学生自身发展。

3. 健全思政育人体制机制，使思政育人有可靠的保障

在思政育人进程中，高校应做好工作机制的优化，完善顶层设计，做好各种制度的推进工作，如领导机制、协同育人机制、考核评价机制等，把立德树人的隐性要求化为各个职能部门的考核指标，让思政育人的效果能够看得见，能够推进高校治理体系的优化，规范高校办学行为。

4. 全过程育人要依据大学生特点，遵循他们的认知规律，打造一体化的思政育人平台与育人格局

习近平总书记强调，要把统筹推进大中小学思政课一体化建设作为一项重要工程。思政育人也要依据学生身心特点与发展需要，设置不同的课程与教学内容、教学目标，体现各自的特色。同时，要做好不同阶段思政课的衔接，提升思政育人的有效性，体现思政的阶段性、一致性、贯通性，促进思政育人螺旋式上升、内涵式发展，落实大中小学思政课一体化育人要求。

### （三）全方位育人：打造思政育人大格局，优化育人体系

习近平总书记指出，“‘大思政’我们要善用之，一定要跟现实结合起来”，“思政课不仅应该在课堂上讲，也应该在社会生活中来讲”①。全方位育人要由课堂延伸到社会之中，融入各种育人要素，形成多要素的“系统育人”大格局。高校要认真学习与领会习近平总书记重要讲话的核心要义，积极贯彻落实全方位育人。为此，教育部出台了“三全育人”相关的实施文件，提出了构建“十大育人体系”。这为落实“三全育人”提供了思路与基本遵循，也是落实“三全育人”的重要指导。“十大育人体系”立足新时代我国高校思政育人的实践，聚焦立德树人总目标，倡导高校校内外各种资源都要参与育人的全过程，育人工作要贯通高校工作的方方面面，进而构建全员性的育人大格局，提升育人效能。

---

① 杜尚泽．“大思政课”我们要善用之（微镜头·习近平总书记两会“下团组”·两会现场观察）［N］．人民日报，2021-03-07（1）．

## 六、赫尔曼·哈肯的协同理论

### （一）理论内涵

协同（synergetics）一词源于古希腊语，意为合作之学。① 德国科学家赫尔曼·哈肯（H. Haken）依据自己的教育教学实践，提出了协同理论。协同理论可用于研究由性质千差万别的各样系统（诸如生态、分子、粒子、细胞等）所构成的多元系统。② 协同学是吸收与借鉴多学科理论的成果，具有跨学科性，是一个方兴未艾的学科。协同理论由三个理论组成，即自组织原理、伺服原理、协同效应。

1. 自组织原理

从组织性质来说，组织包括他组织和自组织。从协同理论视角来说，自组织是系统不断发展演进的结果，如无序的组织逐步成为有序组织，或既有的组织结构被打破，在外力或内部力量的推动下由平衡向不平衡方向发展而后形成新的平衡，形成新组织。无论自然界还是人类社会的组织都是自组织，这些组织都以自身的物质、信息、能量与外界进行交流，协同维持自身的存在。自组织是一种开放、发展的体系，非平衡是自组织不断演进的重要力量。

2. 伺服原理

伺服原理运作以“序参量”为核心，是协同理论存在的基础。在阐释伺服原理之前，有必要对协同理论中的核心概念——序参量加以解释。③ 系统的状态由序参量来表现，序参量则描述了系统的转化过程，即从无序发展为有序，各个系统之间动态发展、动态平衡，协同维持系统的运作。高校“三全育人”中，各个系统都有自己的定位，在党的领导下，制定思政育人的各项方针政策，大力落实立德树人的要求，培养全面（德智体美劳）发展的时代新人。而课程思政与课程教学内容、教学目标、课

---

① ［德］赫尔曼·哈肯．协同学：大自然构成的奥秘［M］．凌复华，译．上海：上海译文出版社，2005：123-124.

② ［德］赫尔曼·哈肯．高等协同学［M］．郭治安，译．北京：科学出版社，1989：1.

③ 朱小芳．高校思想政治工作“三全育人”实践路径研究［D］．西安：陕西师范大学，2022.

程设置、员工参与等都要以上面的要求为参照，合理设计，协同发力。

3. 协同效应

协同效应是在开放的自组织内，大量的微观系统与宏观系统之间相互交融，使各个组成部分发生协同，产生合力，形成新事物或新现象。哈肯强调，协同学是用来研究复杂系统的理论，其中多要素协同是事物变化的推进力量，进而引领事物向更高级、更复杂的模式发展，产生 1+2+3>6 的效果，实现事物的良性运行。否则，事物发展受限，新事物、新模式有可能运行失败。

### （二）协同理论与构建“三全育人”大思政格局的契合度

1. 协同理论内含两个系统，即微观与宏观系统，“三全育人”大思政格局也具有这两个系统

构建“三全育人”大思政格局牵涉各个微观系统（大学生、思政教育、家庭教育）与宏观系统（社会实践系统、政府系统）等。这些系统存在多个层次、多个要素、多个不同主体、多个发展环节，是融复杂性及综合性为一体的系统，需要各方协同，多元共振。

2. 协同理论认为系统有开放性与非线性特征

自组织具有开放性特征，它与外界不断开展能量、信息、物质的交换，各子系统自成一体，也与外界进行交换，非线性特征明显。开放性是自组织获取外部力量以发展变化的重要条件，而非线性是系统之间、系统内子系统发展的内部推进力量。构建“三全育人”大思政格局也有开放性与非线性特征。其开放性特征表现为：一是育人主体的开放性。高校思政育人主体不局限于思政教师，也包含辅导员、其他课程教师与其他高校工作人员，还有家庭、社会力量，这是全员参与的育人工作；从部门来说，育人不只是高校思政部门的职责，教务部门、就业部门、宣传部门、团委、学工部门等也有共同的育人职责，是高校多个部门参与、协同育人的工作。育人主体与育人部门不断扩大，开放性特征十分明显。二是全程育人的开放性。全程育人需要各个过程紧密相连，不能出现空缺或断点。为此，全程育人把思政育人延展到课程中，推进课程思政的落实，使育人工作渗透到各个专业课程，甚至学生就业中，与社会教育相融通。三是全方

位体现开放性特征。全方位覆盖思政育人的各个方位，如课内与课外、线上与线下、校内与校外，突破课堂育人的空间限制，把各个方面资源协同起来，发挥合力。四是“全”也是开放性的应有之义。时代在发展，社会在进步，国家对人才的需要也不断发展变化，但对高素质人才的要求没有变，只不过其中的内涵发生了很大的变化。新时代，全面发展的人成为育人目标，而高素质人才的内涵也变成德智体美劳协同发展，综合素养不断提升。因此，“全”全面反映了构建“三全育人”大思政格局自身的特点，既有开放性，更具包容性，吸纳一切优质资源来开展育人工作，提升育人的实效性。此外，在现实世界中非线性相互作用客观地、普遍地存在于系统内部与系统之间。[①]“三全育人”大思政格局也是一个复杂的非线性系统。这种特点可以让高校有效整合并优化组合各种育人资源，消除资源协同壁垒和“孤岛”效应，实现资源利用的最大化。

3. 协同理论与构建“三全育人”大思政格局的相互融通性

协同理论既有对微观系统的分析，更有对宏观系统的研究，是微观与宏观的综合分析，是对系统理论的补充与延伸。客观来说，协同理论为我们探索人类社会各种现象、大自然发展规律提供了新思路与新理论。当前，协同力量为社会科学与自然科学提供了新的研究视角与研究方向，使这些领域研究取得了丰富成果，其实用性与契合性得到了多方实例确证。构建“三全育人”大思政格局引入协同理论，可以厘清其中复杂系统之间的关系，引导系统打破分割、对立的情势，保持开放性，主动协同，发挥各个要素的作用。

## 第四节　构建“三全育人”大思政格局的价值意蕴

目前，教育的介体、环体等都发生了巨变。思政育人需要转型升级，构建“三全育人”大思政格局也要重新谋划、重新布局。因此，思政育人要守正创新，要稳中求变。构建“三全育人”大思政格局不但要创新育人

① 武杰．跨学科研究与非线性思维［M］．北京：中国社会科学出版社，2004：397.

模式与路径，也要立足新时代，开拓进取，为培养高素质时代新人提供新思路、培育新动能。

## 一、创新思政育人新模式

当前，思政教育的主要任务是创新思政课改革，把思政课从“干巴巴”的教学状态转为充满活力、朝气蓬勃的活力课程。[①]“干巴巴”表明教学以理论灌输为主，方法单一，理念落后。这些特点导致课堂气氛不热烈、学生没有学习兴趣、教学效果不佳，使学生对思政课产生畏难情绪，不想潜心学习理论，更缺少实践活动的支持，拉低了育人效果。构建“三全育人”大思政格局的提出正是在破解这些问题基础上，进一步完善思政课育人方法，促进思政课改革创新，把思政课的相关理论讲透、用活，与社会实践相融通，形塑育人新平台与新模式，开创思政育人新局面，形成育人协同合力。一是构建“三全育人”大思政格局体现辩证思维，是辩证法在思政育人中的实践运用。习近平总书记指出，“我们的事业越是向纵深发展，就越要不断增强辩证思维能力”[②]。辩证法是我们深刻分析与认识问题的重要科学方法。构建“三全育人”大思政格局面临复杂多样的问题，应当运用辩证方法来分析问题、解决问题，进而推进思政育人迈出新步伐，提升育人效果。践行联系的思维方法，把思政工作同与其相联系的要素对接起来（思政课老师、辅导员、课程思政等），推进师生不断互动，关联性不断增强，相互促进。构建“三全育人”大思政格局突破了既有思政育人手段，不断拓展思政育人新方法，逐步形成了以思政课为主导、其他思政育人资源为辅助的模式，不断拓展育人渠道，形成育人新局面。二是构建“三全育人”大思政格局体现系统思维的方法。《人民日报》曾经提出，“‘大思政’是一门社会各界参与的大课，是一个复杂的系统任务，学校单一主体实施还不行，需社会各方参与，协同发力。高校要以系统观念为指导，狠抓共管，打造党委领导、党政齐抓、相关部门做好其任务、

① 周艳红．“三全育人”视域下高校“大思政课”新格局构建研究［D］．南昌：南昌大学，2023.

② 中共中央文献研究室．习近平关于协调推进“四个全面”战略布局论述摘编［M］．北京：中央文献出版社，2015：87.

社会各界协同配合的育人新格局，健全讲好‘大思政’的保障促进体制机制，汇聚全社会的育人合力”①。构建“三全育人”大思政格局是一项完整的系统工程，系统思维必然内嵌于此。系统思维就是调动思政育人的多种资源，让多种力量运用思政资源开展育人工作，每个育人主体都是大思政格局这张网络上的一个重要节点，共同围绕育人这一目标开展系统工作。这些资源及人员作用的发挥需要借助科学的方案、周密的安排，进而使“大思政”育人达到预设的实效。三是构建“三全育人”大思政格局注重实践，凸显实践思维的重要地位。构建“三全育人”大思政格局不仅注重思政课程知识的讲授，引导学生掌握各种思政理论，更注重理论知识与实践的对接。构建“三全育人”大思政格局是在理论讲深、讲透基础上，引导学生开展社会实践，如课堂中的理论实践探索、社会实践活动探索，让理论与实践深度融合，规避理论教育的枯燥、低效，让理论指导实践，发挥实践的育人作用。

## 二、明晰思政育人新方向

习近平总书记强调，思政教育工作不能固定不变，要依据时代发展变化与学生发展特点做到因时而进、因势而新、因事而化，开拓创新。新时代，高校思政育人面临许多新挑战：多元文化对大学生的侵袭、西方错误思潮的渗透、网络多媒体庞杂信息的滋扰、精致利己主义的干扰、严峻的就业形式等。这些因素要求高校思政育人不能因循守旧，要依据总书记的指示，因时创新、因事转换、因势开拓前进，不断引领新时代思政育人取得新进展。构建“三全育人”大思政格局是破解问题的关键，也是新时代思政育人发展与创新的重要目标。“教育的目的不是在于告诉学生一个真理或道理，而是在于教学生如何从实践中发现真理或道理”②。构建“三全育人”大思政格局可以引领青年大学生主动以马克思主义理论联系社会实践，运用理论来分析与解决实践问题，探析实践问题的本质，进而培育大学生的四个自信（道路自信、理论自信、制度自信、文化自信），使思政

① 田丽，赵婀娜，黄超，等．大思政，总书记心中的一件大事［N］．人民日报，2022-05-22（1）．

② ［法］卢梭．爱弥儿［M］．北京：商务印书馆，1999：184-187.

育人方向明晰、目标统一。

## 三、推进高校“内涵式发展”

高等教育内涵式发展，是党的十八大以来我国在高等教育现代化发展方面提出的重要目标和要求。[①] 高等教育内涵式发展可以引领高校在构建“三全育人”大思政格局中确立目标，谋划好构建“三全育人”大思政格局的价值指向与旨归，突出“思想意识”的引导与渗透方法。高校内涵式发展的思想，不断改变着既有育人观念和方法，注重思政育人的质量和效果，是高校全面发展的重要支撑点，也是我国高等教育体系完善的重要引领力量。在此情形下，“价值观”“思想”“意识”日益受到重视，成为高校思政育人的内核。

高等教育内涵式发展需要高校厘清思想教育与素质教育的关系：二者都是其内涵式发展的重要支撑力量，都要落实，缺一不可。高校思政育人是高校内涵式发展不可或缺的部分，如无思政育人功能，则高校无思想，尤其是先进思想，失去了精神之源，毫无生机，是一种不完美的高等教育。构建“三全育人”大思政格局能够把思政育人、理论灌输、素质教育完美结合，打造有情、有味、有深度的育人格局。在构建“三全育人”大思政格局思想指导下，高校思政工作可以拓展与内隐到教育各个层面、各个场域，实现人、时间、空间三维一体涵盖，做到思政育人与日常育人的相互促进，实现“立德树人”目标。这种格局让高校内涵式发展有了厚实的基石，即理论灌输、技能教育、价值观教育不断融合，育人质量不断提升，进而体现育人工作的丰富性、有效性与立体性。在高等教育内涵式发展中，“三全育人”大思政格局能够提升思想政治工作质量，推动高校全面发展，以“立德树人”为基本发展目标，健全各项育人制度，优化工作格局。同时，在“三全育人”大思政格局构建中，高校能够借助思想育人的“思想”动能，优化服务体系与服务内容，使青年大学生接受更优质的高等教育，使其素质得到全面提升与发展。如此一来，青年大学生素质提升与育人效果提升同时实现，高校内涵式发展实至名归。

---

① 李沐曦．新时代高校“三全育人”理论与实践研究［D］．长春：吉林大学，2023.

## 四、拓展思政育人新路径

我国进入新发展阶段，对高素质人才的培育面临更多的任务与新挑战。此时，培养高素质人才是高校育人的重要任务。高校集学术、教育资源于一体，应当为社会发展培育与输送高素质人才，成为人才培育的蓄水池与基地。为实现这个目标，高校要转换教育理念，大力推进“三全育人”大思政格局构建，顺应经济高质量发展、科技迭代演进进行优化，培育大学生的科技、经济等多方面素养，契合社会发展趋势，为全面育人服务。其中，思政教育是培育“道德”及政治素养的重要抓手，是人的精神不断丰盈的重要推手。由此可见，思政育人是全面发展培育人才的重要一环。从马克思主义视角来说，人的发展既是物质不断丰富的过程，也是人精神不断满足的过程，是精神与物质双向发展并实现的过程，可以推进人超越自我、丰富自我，成为一个自由全面发展的个体。这类个体的个体需要与社会需要高度一致，能够以个体发展推进社会进步，进而实现人生价值，服务于社会，奉献于社会。

人是社会之人，在社会中不断进化完善。在社会化进程中，人要不断学习才能获得生存所需知识及技能，并融合社会实践完善自己的知识与技能，与社会深度契合，成为社会发展的力量。在此情势下，人化为真正的社会之人，个体与社会不断融合、不断联系、不断相互促进。其结果是：人的个人价值逐步实现，社会也不断发展，完善人自身发展的各种条件，优化发展环境。对个体来说，要获取社会资源，必须正确处理“个体与环境”“自我与他我”之间的关系，做好自己的社会定位。这种角色的形成需要多种力量的推动与多方面的助力。诚如马克思所言：“我们在社会上的关系，还在我们有能力对它们起决定性影响以前，就已经在某种程度上开始确立了。”① 这明确提示我们，个人的发展不能只看眼前，更应谋划长远与将来。

高校是人才培育的高地，要培育的是社会主义的建设者和接班人。我国进入新时代，各项制度优势不断显现，社会环境不断优化。新时代的青

① 中共中央马克思恩格斯列宁斯大林著作编译局．马克思恩格斯全集（第40卷）[M]．北京：人民出版社，1979：5.

年大学生更加理性与平和，对权威不再盲目膜拜，而是转向认真思考，不断探索。他们对道德问题的解决和调适，更倾向于根据自己对道德法则的理解。[①] 他们更加重视自身与社会的契合点，“把个人之小我融入群体、人民和祖国之大我之中”,[②] 正确处理个人与社会发展的关系，既要自身发展，更要依照社会需要，设计自身的发展道路，体现社会发展趋势。这种个人与社会的关系，让个人的发展呈现多样性、个性化、多层性特点，其原因在于个人生存环境与社会环境相互影响、相互推进。这种相互融通中，个体要求社会发展尽量满足与支持自身发展。在此情景下，个体可以顺应社会发展潮流，依照社会发展规律调整自身发展方向，推动个体价值的逐步实现。如个体不顾社会环境的实际，逆潮流而动，违背社会发展规律，则个人与社会之间必然产生矛盾，社会成为个人发展的阻碍，个人与社会矛盾不断激化，个体价值难以实现。因此，个人发展要与社会发展相适配，个体价值才能为社会所认可，这也是高校育人的价值旨归。而思政育人与个人价值实现之间有其内在的联系——思政为个人价值实现提供精神动力，引导人塑造正确的价值观，提升人的思想认识与道德素质水平，让人不断完善自身、发展自己，成为一个有思想、有见识的独立个体，将个人发展融入社会发展之中，为社会所认同。新时代，高校构建“三全育人”大思政格局就要以育人为基础，引领人融入社会，主动认同社会主义核心价值观，发展自己，逐步实现自己的人生价值。

习近平总书记在党的二十大报告中强调：“培养造就大批德才兼备的高素质人才，是国家和民族长远发展大计。”[③] 人才关乎中国未来，关乎民族复兴大业。人才是世界各国发展最重要的竞争资源，也是各国关注与培育的焦点之一。新时代，育人有明确的目标，即培育德智体美劳全面发展的高素质时代新人。大学是培育未来高素质人才的重要基地，做好立德树人责无旁贷、责任重大。这个任务既是国家发展、未来竞争的需要，也是青年大学生实现自我价值的内在需要。

---

① 鲁洁．德育现代化实践研究［M］．南京：江苏教育出版社，2003：160.

② 骆郁廷．理想信念是中国共产党凝聚力的核心［J］．思想教育研究，2021（4）：6.

③ 习近平．高举中国特色社会主义伟大旗帜　为全面建设社会主义现代化国家而团结奋斗：在中国共产党第二十次全国代表大会上的报告［M］．北京：人民出版社，2022：36.

“三全育人”大思政格局的构建进一步优化思政育人理念，消除思政课育人的“孤岛”现象，引领各方力量都参与育人工作，使课程思政育人工作有了落脚点，全员参与育人。同时，线上与线下、课内与课外、家庭与社会，全方位育人逐步落地，立德树人成为人们的共识，也是人们育人的重要目标。在特殊时期，“三全育人”大思政格局的构建有了更好的应用场景：思政育人可以结合特殊场域，让青年大学生利用所学的理论去参加社会实践，深入工厂、农田、社区、边疆、红色基地等，活学活用，解决实际问题，为人民服务，提升自身的社会责任与社会服务能力。因此，时代的变化让思政育人有了更广阔的育人空间与时间，价值观确立与知识理论讲授有了更好的素材。这可以化解思政育人面临的各种难题，弥补思政育人的社会实践“短板”，让理论与实践对接有更多的切入点、更多的热点与亮点，可以引领思政育人转变观念及育人模式，通过大平台、大视野、大师资提升人才的政治认识与政治素质，促进人才全面发展，为培育时代新人提供新道路。因此构建“三全育人”大思政格局是培养时代新人的重要途径，使立德树人有了坚实的依托。

## 本章小结

概念是研究的逻辑起点，也是研究的基石。本章首先从“三全育人”与大思政的内涵解读入手，厘清了“三全育人”与大思政之间的逻辑关系：二者有着相同的目标，相互融通，相互促进，协同育人。本章着重探讨了构建“三全育人”大思政格局的多个理论基础，既有马克思恩格斯提出的人的全面发展理论和社会发展合力论、党的领导人提出的思政教育理论与协同理论，也有西方的道德教育理论。这些理论从不同视角阐释构建“三全育人”大思政格局的必要性与时代价值，厚植了“三全育人”实践的理论底蕴。

# 第二章 高校“三全育人”的历史演进

当今世界“百年未有之大变局”在加速演进，立足于新时代教育强国建设，我国高校思想政治教育就要“统筹中华民族伟大复兴战略全局和世界百年未有之大变局”①。特别伴随着“中国奇迹”的出现，在综合国力的较量中，青年大学生在价值观的塑造方面势必面临着重大的时代性挑战，该群体思想政治教育成败，关乎着民族的伟大复兴。“中国共产党立志于中华民族千秋伟业，百年恰是风华正茂”②。思想政治工作是贯穿百年大党“矢志践行初心使命”“筚路蓝缕奠基立业”“创造辉煌开辟未来”③ 的生命线。“党和国家事业发展对高等教育的需要，对科学知识和优秀人才的需要，比以往任何时候都更为迫切”④。也正如习近平总书记所谈到的：“历史和现实都告诉我们，青年一代有理想、有担当，国家就有前途，民族就有希望，实现我们的发展目标就有源源不断的强大力量。”⑤ “掌握思想教育，是团结全党进行伟大政治斗争的中心环节，如果这个任务不解决，党的一切政治任务是不能完成的”⑥。高度重视思想政治教育工作是中国共产党的优良传统，一部百年奋斗史也是中国共产党人勇于探索思想政治教育规律的历史。中国共产党在领导和推动高等教育发展的百年奋斗和实践中，逐步形成了独具特色的高校思想政治教育理论体系。在这一砥砺

① 习近平．在庆祝中国共产党成立 100 周年大会上的讲话［J］．求是，2021（14）：3.
② 习近平．习近平谈治国理政（第四卷）［M］．北京：外文出版社，2022：277.
③ 习近平．在党史学习教育动员大会上的讲话［J］．求是，2021（7）：4-17.
④ 习近平．习近平在清华大学考察时的讲话［N］．人民日报，2021-04-20（1）.
⑤ 2013 年 5 月 4 日，习近平总书记同各界优秀青年代表座谈。
⑥ 毛泽东．毛泽东选集（第三卷）［M］．北京：中央文献出版社，1991：1094.

奋进的进程中，特别是针对以大学生为主要群体的青年知识分子，围绕各个时期的特点，形成了丰富而又厚重的思想政治教育理论。“三全育人”的提出，不是凭空捏造、虚无缥缈的，而是遵循深厚历史规律的。

## 第一节　高校“三全育人”历史演进的学术梳理

任何一个思想理念或政策措施都不是凭空产生的，都必然有其产生的依据、时代背景及发展轨迹。本节立足新中国成立以来的发展历史，俯瞰整个高校思想政治教育史，围绕时代跃迁，深描各个阶段呈现出的鲜明特征。梳理“三全育人”理念的建构历史、演进逻辑、发展进路、未来主题，有利于清晰定位“三全育人”教育理念的重大意蕴。这对于从更宽广视域理解“大思政课”，更加精准回答好时代之问、教师之问、学生之问，具有重大现实意义。正如习近平总书记所指出的：“思政课建设长期以来形成的一系列规律性认识和成功经验，为思政课建设守正创新提供了重要基础。”①

遵循中国共产党发展壮大的时间轴和考虑到“三全育人”的育人主体等因素，结合已有的研究成果，遵循历史的展开逻辑，尝试为我国高校“三全育人”的历史演进粗浅梳理出以下若干阶段：新民主主义革命时期（1921—1949 年）、社会主义革命时期（1949—1956 年）、社会主义建设时期（1956—1978 年）、改革开放和社会主义现代化建设新时期（1978—2012 年）以及中国特色社会主义新时代（2012 年至今）。

### 一、新民主主义革命时期（1921—1949 年）

1921 年，中国共产党一经成立，实际上就已经开始了思想政治工作的探索。通过史料梳理可以清晰发现，早在 1921 年 7 月，在党的一大通过的《中国共产党第一个纲领》中就规定要加强党对宣传工作的领导。我党历来重视知识分子思想工作，尤其延安时期党理论化水平亟待改善，为扭转

① 吴晶，胡浩．习近平 2019 年 3 月 18 日主持召开学校思想政治理论课教师座谈会并发表重要讲话［EB/OL］（2019－03－19）［2024－05－01］．http：//www. xinhuanet. com/politics/leaders/2019-03/18/c_1124250454_2. htm.

在革命实践中对马克思列宁主义学习、研究方面的主观主义错误，确保新民主主义革命走向胜利，中国共产党人勇于进行理论创新，开展了著名的延安整风运动，使党的学风等均发生了质的变化。如 1941 年毛泽东在《反对主观主义和宗派主义》中明确指出，"掌握思想教育是我们第一等的业务"①。1943 年 12 月 22 日，任弼时在中共中央书记处会议上指出，抗战初期到延安的（包括到抗大学习的）知识分子共四万余人，不包括西北局系统。② 这些知识分子中大学文化程度的占 19%，高中文化程度的占 21%，初中文化程度的占 31%。涌入革命圣地延安的知识分子，以往接受更多的是资产阶级教育，小资产阶级意识浓烈。1945 年《关于若干历史问题的决议》指出："半殖民地半封建的中国，是小资产阶级极其广大的国家。我们党不但从党外说是处在这个广大阶层的包围之中；而且在党内，由于十月革命以来马克思列宁主义在世界的伟大胜利，由于中国现时的社会政治情况，特别是国共两党的历史发展，决定了中国不能有强大的小资产阶级政党，因此就有大批的小资产阶级革命民主分子向无产阶级队伍寻求出路，使党内小资产阶级出身的分子也占了大多数。此外，即使工人群众和工人党员，在中国的经济条件下，也容易染有小资产阶级的色彩。"③ 他们"虽然有一股革命热情，向往共产主义，但对于如何实现这个伟大革命思想，却是模糊的"④。要帮助他们实现从"旧我"向"新我"的转变，更加适应革命工作的需要，一方面需强化马克思主义理论的教育宣传，主要通过马列学院、中国抗日军政大学、陕北公学、中共中央党校等学校课堂开展正面灌输教育，帮助他们克服小资产阶级思想对他们的影响，增强了他们对于马克思主义理论的认同。例如 20 世纪 40 年代的延安大学就开设了三类政治理论课，分别是跟马列主义基本原理密切相关的"社会发展史""中国革命运动史"和毛泽东同志的相关著作，如《新民主主义论》《论联合政府》等。⑤ 另一方面需强化学习与日常劳动教育的关系，注重环

① 中共中央文献研究室，中央档案馆．建党以来重要文献选编（一九二一 — 一九四九）（第十八册）［M］．北京：中央文献出版社，2011：593.

② 中共中央文献研究室．任弼时年谱［M］．北京：中央文献出版社，2004：454.

③ 毛泽东．毛泽东选集（第三卷）［M］．北京：人民出版社，1991：991.

④ 吴介民．延安马列学院回忆录［M］．北京：中国社会科学出版社，1991：2.

⑤ 董纯才．中国革命根据地教育史（第 2 卷上）［M］．北京：教育科学出版社，1991：184.

境因素对共产主义战士的塑造。正如马克思在《关于费尔巴哈的提纲》中所指出的：“环境的改变和人的活动的一致，只能被看作是并合理地理解为革命的实践。”① 当时“延安所有的机关学校过着军队式的生活。青干校的学员每天早上6时随军号起床，跑步。早饭后工作或学习。午饭后午睡，工作，学习。晚饭后自由活动，工作或学习。晚10时，熄灯号响了，大家休息”②。这些高度自律的生活场域，补上了理论与现实之间的落差，厚植了广大知识分子的理论素养，坚定了将革命进行到底的必胜信心。这对于规范广大知识分子的行为、塑造坚强的革命意志发挥了重大作用。

1945年抗日战争胜利后，结合新形势的迅猛发展，解放区适时对教育制度进行了整顿调整。一方面承续了抗日根据地的优良传统，继续贯彻和落实“干部教育第一”的政策；另一方面在新形势下与时俱进，抢占思想政治工作的主阵地。如东北解放区规定各高校必须学习马列主义理论及毛泽东思想，“政治课时间占全部授课时间的10%~15%”③。在中华人民共和国成立前夕，各大解放区还相继成立了人民革命大学，围绕思想观念、世界观以及革命人生观专门对知识分子进行教育改造。比如学校采取马克思主义科学理论“以历史唯物主义为中心，结合学生思想实际”的教育方针，将“学校作为‘思想战场’或‘政治工场’来办事”④，主要对学生进行思想政治教育，在课程设置上“以三个问题为主题，即劳动创造世界、阶级斗争和国家学说，配合中国革命基本问题及政治形势、国际主义、党史党纲党章等学习”⑤。这对于帮助解放区的学生树立起正确的世界观、人生观和价值观，以及为新中国建设培养干部做出了巨大贡献⑥。

1921年共产党正式成立时，实际上就有了思想政治工作的实践。在当时的时代条件下，中国共产党的育人工作主要围绕服务战争展开，中心任

---

① 中共中央马克思恩格斯列宁斯大林著作编译局．马克思恩格斯文集（第一卷）［M］．北京：人民出版社，2009：500.

② 任文．延安时期的日常生活［M］．西安：陕西师范大学出版总社有限公司，2014：29.

③ 董宝良．中国近现代高等教育史［M］．武汉：华中科技大学出版社，2007：243.

④ 中共中央文献研究室，中央档案馆．建党以来重要文献选编（一九二一 — 一九四九）（第二十六册）［M］．北京：中央文献出版社，2011：619.

⑤ 董纯才．中国革命根据地教育史（第3卷）［M］．北京：教育科学出版社，1993：71.

⑥ 于丽娜．新民主主义革命时期高校思政课课程建设探究［J］．河南科技学院学报，2023（12）：4.

务就是要广泛宣传马克思主义理论，宣传党的纲领和政治主张，激发广大群众的阶级觉悟，鼓舞民众的斗志，动员广大群众参与到反对帝国主义和封建主义的斗争中。这个时期的思想政治教育更多是宽泛意义上的，还没有与党的其他工作、任务区分开来，不够清晰明了，甚至在一定时期，对待知识分子的政策出现了一定的偏差。比如 1923 年 6 月恽代英指出："学生与其他知识界人，除极少数永远保持革命精神者以外，其余确不可恃。"[①] 但纵览新民主主义革命时期，党的思想政治工作始终被放在重要位置，在改造民众思想、激扬民众斗志中发挥了强大精神作用。

诚然，受时代影响，思想政治教育的探索主要在党内、党领导的军队和党局部执政的地区展开，在其他地区的思想政治教育活动还处于"非法"状态，从事党的宣传工作还会"被抓到监牢里，甚至有杀头的危险"[②]。从学术史视角也发现：新中国成立前思想政治研究还主要聚焦于共产党领导人思想、党史或某一问题的单一维度。这既是这一时期的独特历史特点所决定的，也是在这一历史横切面下积累的弥足珍贵的宝贵经验，彰显了中国共产党百年思想政治教育"变"与"不变"的规律。

## 二、社会主义革命时期（1949—1956 年）

新中国刚刚成立，百废待兴，正处在从新民主主义向社会主义转变的时期，最鲜明的特征就是中国社会发生了剧烈的大变革、大调整。新的国家观念的建构和社会制度层面上发生的千年巨变所带来的影响和冲击是史无前例的。纵览百年党史，这一时期更多属于初步摸索时期。较之以前，中国共产党在国内的地位发生了历史性变化，经过 28 年浴血奋战，作为全国性执政党登上了历史舞台，围绕全国的大学生思想政治工作，独立自主地开展了思想政治教育，属于肇始期。[③] 作为执政党，面对的环境是全新的，经受的挑战和考验也是极大的。"中国的革命是伟大的，但革命以后

① 恽代英．恽代英文集（上卷）［M］．北京：人民出版社，1984：348.

② 刘少奇．刘少奇选集（下卷）［M］．北京：人民出版社，1985：80.

③ 杨美丽．新中国成立初期党对大学生思想政治教育的实践探索与当代启示［J］．渭南师范学院学报，2022（8）：1.

的路程更长，工作更伟大，更艰苦”①。中国共产党人没有骄傲自满，保持头脑清醒，继续发扬革命时期的优良传统，以“进京赶考”的考生心态，对中国社会进行着革新。西方学者塞缪尔·P. 亨廷顿在其名著《变化社会中的政治秩序》中论述道：“那些在实际上已经达到或者可以被认为达到政治高度稳定的处于现代化之中的国家，至少拥有一个强大的政党。”② 年轻的共产党初心不移，围绕建设新中国，展现出了强大的社会领导力，为这一时期思想秩序的确立打下了良好的基础。大变革、大动荡的独特性和发展规律决定了这个时期的思想政治教育的育人宗旨：破旧立新，培养新人。

中国共产党作为全国性执政党，彰显出了强烈的历史担当和强大社会统筹力。在这一时期，从巩固新生政权的角度，强化全民思想政治教育具有极其重大的现实意义。中国共产党通过深化对全国人民的思想政治教育，增进了人民对新生政权的认同，尤其整合了不同社会阶层利益，凝聚了人心，形成了建设新中国的共识。在中国共产党团结带领下，1950—1953 年的镇压反革命运动一举荡平了残存在大陆的敌、特等反革命势力，基本肃清了历代剿灭不了的反动会道门等黑社会组织，实现了社会的空前团结安宁，这样的成就是史无前例的；进行了伟大的抗美援朝战争，英勇的志愿军战士们以钢铁之躯捍卫了共和国的政权。1953—1956 年，在党的领导下，通过三大改造，中国人民消灭了在中国延续几千年的封建剥削制度，实现了制度上的重大变革，顺利平稳地确立了社会主义基本制度，实现了中华民族有史以来最为广泛而深刻的社会变革。伴随着第一个五年计划的顺利完成，国内生产力迅速恢复，国泰民安，河清海晏，新生的红色政权得到了进一步巩固。广泛而又深刻的社会巨变，就是最为深刻的爱国主义教育，让广大人民群众强烈感受到了社会主义的来之不易。

其一，社会主义现代化建设需要一大批思想坚定、积极向上的青年大学生的火热投入。中国共产党从这一时期社会的巨大变迁和转型的时代背

---

① 毛泽东．毛泽东选集（第四卷）［M］．北京：人民出版社，1991：1438.

② 塞缪尔·P. 亨廷顿．变化社会中的政治秩序［M］．刘为，匡蓉蓉，王冠华，等译．北京：生活·读书·新知三联书店，1989：12.

景出发，结合大学生的思想现实状况和成长特点，不断清除遗留的腐朽的封建思想、国民党统治留下的落后反动的思想、资产阶级腐朽思想等对当时大学生的影响。比如 1950 年 2 月《人民日报》刊载了北京市人民电台对一年来师生教育情况的总结："当国家接管旧的教育机构时，有不少师生，因为一向受了国民党反动派的蛊惑和歪曲宣传，对共产党和人民政府心存疑虑，对中国和苏联之间的关系以及土地改革存在着一些误解。"① 这一时期意识形态领域多元并存，激荡交锋，复杂严峻，需要帮助师生澄清混乱的思想、消除复杂的思想给他们所带来的不利影响。

其二，在共同思想认知的基础上建设新中国，成为新中国成立初期党对大学生思想政治教育的必然要求。为此国家采取了一系列切实可行的措施，增强了大学生对执政党和新政权的认同与支持，调动了他们参与新中国建设和投身社会主义革命的积极性。实际上，早在新中国成立前夕的 1949 年 9 月，中国人民政治协商会议通过了具有临时宪法作用的《中国人民政治协商会议的共同纲领》，其内容的第五章第四十一条就明确指出：中华人民共和国的文化教育为新民主主义的，即民族的、科学的、大众的文化教育。这一革新性的理论为在社会主义土壤中构建马克思主义意识形态的教育体系指明了道路。紧接着，同年 10 月，一份具有里程碑意义的文件——《华北专科以上学校 1949 年度公共必修课过渡时期实施暂行办法》应运而生。该文件详细规划了教育的蓝图，明确提出将马克思主义辩证唯物论、历史唯物论以及新民主主义革命理论列为必修课程。与此同时，政治经济学在华北专科以上学校课程中的地位凸显出来。这一系列变革的宗旨在于剔除旧时代的反动落后思想，代之以马克思列宁主义的理论课程，这是在新中国诞生之初对思想政治理论课的初次尝试和积极探索。② 同年 12 月 30 日，钱俊瑞同志在第一次全国教育工作会议上作总结报告时强调，中华人民共和国的新教育是新民主主义教育，要在吸收已有经验的基础上，解决老区教育的师资和教材问题，进行思想政治教育是新校区安顿好

---

① 翁独健．北京解放一年来的教育：北京市人民政府文教局局长翁独健广播讲词［N］．人民日报，1950-02-02（3）．

② 周艳红．"三全育人"视域下高校"大思政课"新格局构建研究［D］．南昌：南昌大学，2023.

之后要进行的主要工作。[①] 1950 年，全国教育工作会议提出了“教书育人、管理育人、服务育人”的口号。这为新中国成立初期高等教育的育人理念和发展方向确立提供了相应的参考。课程改革势在必行，“改革旧教育，建设新教育，就要对当前学校的课程进行改革，取消反动课程，设立政治课程是改革的首要措施”[②]。为此“解放以后，全国各高校都开设了公共必修的政治课程，开展了轰轰烈烈的思想改造运动，总体上来讲，这种思想政治教育是有效果的，并且成绩是主要方面，新中国成立以来全国广大青年学生之所以能在政治上取得进步，不可否认学校中的思想政治教育起了很大的作用”。[③]

“全部社会生活在本质上是实践的”[④]。以清华大学、金陵大学为代表的一些高校，依托丰富多样的形式，比如实践调研、政策宣讲、生产劳动等开展了卓有成效的实践活动。“一五”计划在机器的隆鸣声中于 1953 年如火如荼地开启，全国人民在工业化的道路上大踏步地前进，所呈现出的热火朝天的景象，鼓舞和震撼着当时的大学生，也指引着中国人民奋力改变新中国的落后面貌。新时代的精神风貌，无疑与旧时代的落后被动形成了鲜明对比，如《中国青年报》1951 年 7 月 27 日所报道的：“当同学们看到抗美援朝总会关于捐献飞机大炮的号召以后，就纷纷讨论如何响应。我们南京大学土木系一年级的三十三个同学，在今年暑假志愿参加了伟大的治淮工程。修治淮河是一件伟大的工程，我们为能参加这样一个伟大工程而感到无比的光荣。”[⑤] 1953 年 9 月过渡时期总路线正式公布后，加强党对共青团的引领就成为当时党对青年思想政治引领政策的核心内容。1953 年 10 月，中共中央发出《关于加强党对青年团的领导给各级党委的指示》，指出在国家进入有计划的经济建设时期之后，共青团的主要任务就是动员

---

① 中共中央文献研究室编．建国以来重要文献选编（第一册）［M］．北京：中央文献出版社，2011：91.

② 钱俊瑞．在学联执委扩大会议报告：改革旧教育　建设新教育［N］．人民日报，1950-02-26（3）.

③ 蒋南翔．论学校中的思想政治教育［J］．新华月报，1950（2）：6-8.

④ 中共中央马克思恩格斯列宁斯大林著作编译局．马克思恩格斯全集（第三卷）［M］．北京：人民出版社，1960：67.

⑤ 利用暑假参加治淮工程把所得的工资捐购武器［N］．中国青年报，1951-07-27（3）.

全体青年团员"积极参加建设祖国的伟大事业"，这就要求各级党委在照顾青年特点、加强青年团组织建设基础上，加强党对共青团的政治领导。[①] 1954年5月，中国共产党举行了第二次全国宣传工作会议，中央宣传部部长习仲勋在这场会议上发表了影响深远的报告——《党的宣传工作为贯彻党的总路线和四中全会决议而斗争》。这篇报告为我国过渡时期的宣传教育工作指明了方向，提出以马克思列宁主义、社会主义理念和党所制定的过渡时期总路线为中心，全面开展党的思想政治教育。这场宣传教育运动不仅规模空前，覆盖全国各个角落，而且历时长久，其深远影响至今仍被人们铭记。它成功地推动了党的思想深入人心，促进了人民群众对新中国的深刻理解和坚定支持。这场运动取得了卓越的成效，堪称新中国成立以来思想政治教育领域的一座丰碑，它的成功在于精准把握了时代的脉搏，将理论与实践紧密结合，使广大人民群众在思想上与党的总路线保持高度一致。[②]

在毛泽东"思想政治工作，各个部门都要负责任。共产党应该管，青年团应该管，政府主管部门应该管，学校的校长教师更应该管"[③] 的要求下，紧扣这一时期时代主题，因时而动，牢牢围绕土地改革、抗美援朝战争、镇压反革命等重大历史性活动，引导大学生积极参与其中，高校借此开展了颇具声色的思想教育实践活动，使学生的思想觉悟得到很大提升，对于新中国大学生的思想教育产生了重大而又深远的影响。在成立不久的新中国，大学生思想政治教育迅速地实现了大学生群体对新国家的热爱和对政党的认同，对他们全身心投入火热的新国家建设产生了巨大作用。

历史是最好的教科书，这一时期大学生思想政治教育工作虽然也存在单向性、灌输性等局限性，但新中国成立以来的早期探索，构建起全面性、权威性的育人格局。这些丰富的思想教育实践以及"应然性"的理论追问，为我国高等教育健康开展及多维度"育人"奠定了厚重基础，当属改天换地。

---

① 中共中央文献研究室．建国以来重要文献选编（第四册）［M］．北京：中央文献出版社，2011：422-425.

② 王树荫．中国共产党思想政治教育史（第二版）［M］．北京：高等教育出版社，2018：151.

③ 中共中央文献研究室．毛泽东文集（第七卷）［M］．北京：人民出版社，1999：226.

## 三、蓬勃发展：社会主义建设时期（1956—1978年）

伴随着社会主义革命的基本完成，社会主义制度基本确立。社会主义革命和建设“为实现中华民族伟大复兴奠定了根本政治前提和制度基础”①。“国内的主要矛盾，已经是人民对于建立先进的工业国的要求同落后的农业国的现实之间的矛盾，已经是人民对于经济文化迅速发展的需要同当前经济文化不能满足人民需要的状况之间的矛盾。党和全国人民当前的主要任务，就是要集中力量解决这个矛盾，把我国尽快地从落后的农业国变为先进的工业国”。② 这一时期，大学生思想政治教育进入蓬勃发展时期。1957年2月27日，毛泽东在最高国务会议上作《关于正确处理人民内部矛盾的问题》的报告，谈到“思想政治工作，各个部门都要负责任。共产党应该管，青年团应该管，政府主管部门应该管，学校的校长教师更应该管。我们的教育方针，应该使受教育者在德育、智育、体育几方面都得到发展，成为有社会主义觉悟的有文化的劳动者”③。面向新社会制度的确立，聚焦于科学认识社会主要矛盾，毛泽东同志创造性围绕思想政治教育的基本内容、方针原则等诸多方面进行了全面的论述和系统的部署，强调思想政治工作需要多个部门共同负责，这里内在地蕴含了“全员育人”的思想，使得社会主义建设时期党处理人民内部非对抗性思想问题的矛盾成为思想政治教育的主题，标志着新中国成立初期党的思想政治教育理论的形成，开启了思想政治教育治国的新阶段。在随后的思想政治工作实践中，中国共产党人以马克思主义辩证唯物论和历史唯物论为理论指导。1957年3月，毛泽东发表了一系列讲话，包括3月7日的《在普通教育工作座谈会上的讲话》、3月8日的《同文艺界代表的谈话》、3月10日的《同新闻出版界代表的谈话》，以及3月12日的《在中国共产党全国宣传工作会议上的讲话》，深入而系统地探讨了思想政治教育的核心理念、实施领域和管理方式，极大地促进了这一理论体系的充实与完善，成为党在

---

① 习近平．在庆祝中国共产党成立100周年大会上的讲话［M］．北京：人民出版社，2021：5.

② 中共中央文献研究室．建国以来重要文献选编（第九册）［M］．北京：中央文献出版社，1994：241-242.

③ 中共中央文献研究室．毛泽东文集（第七卷）［M］．北京：人民出版社，1999：226.

这一领域理论集中化和系统化的显著标志。与此同时，在毛泽东思想的指导下，思想政治教育的制度建设也取得了显著成果。例如，通过《中国人民解放军政治工作条例（草案）》的制定，以及“农业六十条”、“工业七十条”和“高教六十条”等文件的出台，我国开始对社会主义环境下的思想政治教育规律进行开创性的探索。这些举措初步揭示了思想政治教育的本质，还为后续的实践提供了坚实的制度之基。这一时期党的思想政治教育紧紧围绕社会主义经济建设，服务于社会主义建设，对于思想政治教育理论的内容、形式、原则等进行了初步探索，在思想政治教育规范化和制度化等方面进行了一系列富有开创性的尝试，取得了历史性成就。“如果哪一个时候宣传工作接不上气，工作就会发生问题”①。可以说这一时期党对思想政治教育的探索奠定了思想政治教育的理论基础和制度基础。

1961 年 9 月，教育部颁布了《教育部直属高等学校暂行工作条例（草案）》（简称“高教六十条”），具体规定了思想政治教育的目标、任务和要求，阐明了思想政治教育的无产阶级立场以及培育满足社会需要的人才的任务，在高校成立政治辅导处、配备政治辅导员等，这些举措对后来的高校辅导员制度和工作产生深远影响。1964 年，《中央宣传部、高教部党组、教育部临时党组关于改进高等学校、中等学校政治理论课的意见》指出了思想政治理论课的最根本任务，坚决贯彻“少而精”的原则，确定高等学校思想政治理论课的基本构架为形势与任务课、中共党史课、哲学课、政治经济学课，形成了比较系统的高校思政课程体系，在这样一个火热的年代，燃起了大学生投身社会主义建设的高涨热情。

任何事物的发展都不是一帆风顺的，社会主义建设亦是如此。1966 年“文化大革命”爆发后，受“左”的极端错误思想的严重干扰，过分突出政治，以运动冲击一切，把这种运动式的思想政治教育模式推向了极端，② 党对青年的思想政治引领工作遭受严重挫折。很显然“育人”思想拓展在“文革”期间出现了停滞的情况，教育理论和制度一度遭到严重破

① 刘少奇．刘少奇选集（下卷）［M］．北京：人民出版社，1985：85.

② 佘双好，王军．中国共产党百年征程中对思想政治教育的探索与创新［J］．福建师范大学学报（哲学社会科学版），2021（6）：16.

坏，思想政治教育的威信也遭到严重损害，影响了思想政治教育的效果。[①] 这样的重大冲击和破坏是发人深省、令人心痛的。

对于这些方向性的重大错误，中国共产党勇于纠错，通过政策的不断完善，迅速校正党的育人方向。1989 年邓小平在总结经验教训时语重心长地指出：“十年来我们的最大失误是在教育方面，对青年的政治思想教育抓得不够，教育发展不够。”[②] 冷静反思，这也是党的教育事业在这一时期的重大损失，不失为一大遗憾，但也为改革开放新时期育人政策的不偏离提供了难得的历史性教训和经验。

## 四、全面推进：改革开放和社会主义现代化建设新时期（1978—2012 年）

沉舟侧畔千帆过，病树前头万木春。1976 年 10 月一举粉碎了“四人帮”，“文化大革命”得以结束。面对主观主义、急躁冒进的思想长期以来对于思想政治教育领域的干扰破坏，马克思主义与中国实际的“第二次结合”得以再次开启。大学生思想政治教育工作实现了拨乱反正，迎来了久违的春天。党的十一届三中全会召开，“实现新中国成立以来党的历史上具有深远意义的伟大转折，开启了改革开放和社会主义现代化的伟大征程”[③]。党的工作重心也发生了重大转移，从以阶级斗争为纲转移到以经济建设为中心，大力发展生产力。1978 年，发表了《实践是检验真理的唯一标准》，纠正了“两个凡是”错误方针，掀起了一场全国范围内的对真理标准的大讨论。整个社会思想解放、锐意进取，社会发展呈现出了勃勃生机。改革开放带来了思想文化环境的解放，为思想政治教育工作提供了广阔的发展空间。高考制度恢复后，我国高等教育秩序也逐步恢复，面向青年大学生的育人思路也重新被提出并得到热议。党和国家对高校教育的理念和育人目标进行了重点部署和安排。一系列围绕高等教育的有力举措出台，迅速激活了广大知识分子报效祖国、投身社会主义建设的激情和活

① 佘双好，王军．中国共产党百年征程中对思想政治教育的探索与创新［J］．福建师范大学学报（哲学社会科学版），2021（6）：16.

② 邓小平．邓小平文选（第三卷）［M］．北京：人民出版社，1993：287.

③ 习近平．在庆祝改革开放 40 周年大会上的讲话［M］．北京：人民出版社，2018：1.

力。1980年，教育部印发了《改进和加强高等学校马列主义课的试行办法》[①]，规定马列主义课在各专业都是必修课，不能选修或免修。该试行办法被看成新时期重新全面开展马克思主义理论课程建设的起点。20世纪80年代初，有关"思想政治教育是一门科学"的大讨论，也开启了党的思想政治教育专业化、学科化的建设之路。[②] 1982年10月，教育部发出了《关于在高等学校逐步开设共产主义品德课的通知》，提出要把学生培养成又红又专的人才，必须将共产主义思想品德纳入教育计划作为一门必修课。高校思想政治理论课程又有了新的内容，政治理论课的称谓开始演变成马克思主义思想品德和政治理论课，这也是后来"两课"名称的雏形。[③]

为了进一步适应改革开放新时期党的思想政治教育的需要，国家开始着手培养从事思想政治教育工作的专门专业人才。教育部于1984年4月下发《关于在十二所院校设置思想政治教育专业的意见》，明确要求设置思想政治教育专业，决定首先在南开大学、武汉大学等12所院校增设思想政治教育专业，通过专业的力量进行思想政治教育，开启了思想政治教育专业化、职业化的进程。这是具有里程碑意义的重大变化，意味着党的思想政治教育朝着科学化、专业化、专门化方向发展。[④] 1985年，中央下发了《关于改革学校思想品德和政治理论课程教学的通知》，要求高校认真贯彻落实由"马克思主义原理"课、"中国社会主义建设"课、"中国革命史"课以及"世界政治经济和国际关系"课构成高校政治理论课程体系的方案，聚焦于强化学生的共产主义思想品德教育，形成了"85"方案。"85"方案对于及时将党的十二大相关理论融入高校思政课，武装学生头脑，坚守马克思主义思想理论阵地，起到了重要政策支撑和指引作用。1987年5月，中共中央下发《关于改革和加强高等学校思想政治工作的决定》，明确指出，"思想政治教育是一门以马克思主义理论为基础、综合性和实践

---

① 中国教育年鉴编辑部．中国教育年鉴（1949—1981）［M］．北京：中国大百科全书出版社，1984：835.

② 杨晓慧．中国70年思想政治教育科学化发展［J］．社会科学战线，2019（10）：5.

③ 周艳红．"三全育人"视域下高校"大思政课"新格局构建研究［D］．南昌：南昌大学，2023.

④ 黄蓉生，颜叶甜．新中国70年党的思想政治教育的发展历程［J］．马克思主义研究，2019（8）：36-47.

性都比较强的科学”①。这是以党中央的名义对思想政治教育是一门科学加以确定，并对思想政治教育进行马克思主义理论的学科定位，这对于高校思想政治教育的理论化拓展意义重大。

马克思曾指出，“任何真正的哲学都是自己时代的精神上的精华”，“是自己的时代、自己的人民的产物”②。20 世纪末，国际局势云谲波诡，我国面对的世情、国情和党情也在发生着深刻变化。从国际环境来看，经济全球化和世界多极化趋势明显，科技创新不断提速，大国之间不断角力；从国内环境来看，经济快速发展，综合国力不断跃升，人民生活水平显著提高，社会主义制度的优越性不断彰显，人们精神面貌发生着深刻改变。这一背景之下，经济全球化如同一把双刃剑，在带来思想解放、包容多元的同时，对大学生思想观念也产生了巨大的冲击，甚至有不断消减弱化主流价值观的态势，“物的世界的增值同人的世界的贬值成正比”③。小部分大学生在改革开放中动摇对社会主义的信仰，甚至迷失方向，这给新时期下高校思想政治工作带来了很大挑战和压力。所以中共中央开始把素质教育纳入德育的范畴。这一时期，出台关于教育改革纲领性文件的频度和强度持续加大。

1991 年 6 月，共青团中央《关于加强青年工作的意见》第五部分专门强调“必须动员全社会的力量，各负其责，通力协作”。④ 1993 年我国教育部发布了一份具有里程碑意义的文件——《关于新形势下加强和改进高等学校党的建设和思想政治工作若干意见》，提出了一个重要的教育理念，即高校的思想政治教育体系有两大支柱——马克思主义理论课和思想品德课，也就是人们后来所熟知的“两课”。它们被明确规定为塑造学生价值观的主要课程，也是社会主义教育体系中不可或缺的环节之一。对于“两

① 中共中央文献研究室．十二大以来重要文献选编（下）［M］．北京：人民出版社，1988：1419.

② 中共中央马克思恩格斯列宁斯大林著作编译局．马克思恩格斯全集（第 1 卷）［M］．北京：人民出版社，1995：220.

③ 中共中央马克思恩格斯列宁斯大林著作编译局．马克思恩格斯选集（第一卷）［M］．北京：人民出版社，1995：40.

④ 共青团中央办公厅．党的十一届三中全会以来共青团重要文献选编［M］．北京：中国青年出版社，2001：24.

课”的发展策略，文件提出了许多革新性的构想，号召全体教职员工，无论是教师、行政干部还是后勤人员，共同参与“教书育人、管理育人和服务育人”的全方位育人模式。这一理念旨在打破传统的教育边界，让校园的每一个角落都成为培养德才兼备人才的空间，形成一个更加紧密、全方位的教育协作网络，以期在潜移默化中提升学生的政治素养和道德品质。[①] 这一意见精准明确了思想政治理论课程的学科定位，极大推动了高校思想政治理论课程科学化建设。1994 年，我国的教育发展迎来了一次重要转折，《中共中央关于进一步加强和改进学校德育工作的若干意见》颁布。这份文件精辟地阐述了思想政治理论课程的学科定位，即它是教育体系的灵魂，致力于塑造学生的价值观和道德品质。这一理念有力地促进了高校思想政治理论课程的规范化与科学化发展。文件中强调，德育工作并非孤立的，而是一项涉及全社会的宏大工程。它倡导一种协作教育模式，呼吁社会各界共同参与，为学校德育工作提供强有力的支持。为了实现这一目标，教育部门应主导建立一种紧密协作的机制，让学校、家庭与社会教育三者之间无缝对接，共同作用于学生的成长。文件也提出了一种贯穿启蒙至高等教育的连贯教育体系。这一教育序列步步深入，旨在逐步引导学生形成稳固的价值观念。从小学到大学，每一个阶段都有其特定的教育目标和内容，确保了德育工作的连续性和有效性。这一创新性的教育构想，不仅丰富了教育内容，也提升了德育工作的实践性和影响力。

1995 年底，国家教委结合德育的发展要求，在顶层制度设计上迈出了历史性的一步，正式发布了《中国普通高等学校德育大纲（试行）》，这标志着德育工作在规范化和系统化方面取得了开创性的进展。大纲详尽阐述了德育的宗旨、内容、原则，以及实施和评价的方法，为思想政治教育的制度化奠定了坚实基础。1996 年，全国教育工作会议提出了一项重要举措，即加强教师队伍和高校精神文明建设，丰富了高等教育育人理念的内涵。此后，“教书、管理、服务”这三个维度不再是育人实践的仅有路径，教育者开始关注师德建设，倡导文明的校园风气，将师表形象和校园文化

① 教育部社会科学司. 普通高校思想政治理论课文献选编（1949—2008）[M]. 北京：中国人民大学出版社，2008：149-150.

融入日常教育之中，从而开创了多元化育人新时代。随着社会变迁与高等教育的改革不断深入，国家认识到素质教育在育人目标中的不可或缺性，将其正式纳入教育体系，以期培养出更加全面的人才。

20 世纪 90 年代末，我国社会发生复杂而深刻的变化，矛盾叠加，风险挑战增多，思想政治教育面临诸多新情况、新问题。1998 年春季，我国高等教育领域迎来一项重大变革，中宣部和教育部联合发布了《关于普通高等学校开设“邓小平理论概论”课的通知》，宣布自当年秋季起，全国高校将统一开设这一课程。[①] 1998 年 6 月，教育部进一步细化了教学规划，发布了《关于普通高等学校“两课”课程设置的规定及其实施工作的意见》，对专科、本科和研究生阶段的课程做出了全面而详尽的安排，形成了著名的“98”方案，旨在构建层次分明、体系完整的思政教育框架。随着 2002 年党的十六大将“三个代表”重要思想确立为党的指导理论，高校的思想政治教育课程也与时俱进，将十六大精神融入教学内容，极大丰富了高校思想政治理论课程的容量，使“三个代表”重要思想在高校课堂中得到生动诠释。在成功抵制邪教“法轮功”组织的斗争之后，1999 年 9 月，中共中央发布《关于加强和改进思想政治工作的若干意见》，从国家发展的战略高度出发，强调思想政治教育工作必须在党的坚强领导下，依靠全社会的共同努力来开展，以牢牢巩固国家意识形态地位的主导性。这一系列举措，不仅强化了高校的思想政治理论教育，也凸显了国家对意识形态建设的高度重视。[②] 1999 年，中共中央、国务院发布《关于深化教育改革全面推进素质教育的决定》，明确提出“要以培养学生的创新精神和实践能力为重点，努力造就德育、智育、体育、美育等全面发展的社会主义事业建设者和接班人”[③]。这也意味着，我国的教育领域迎来了一场深刻的变革，开启了素质教育的新篇章。这一理念的诞生及其在实践中的运用，引领我国的高等教育迈入了一个新纪元。素质教育——这一崭新的育

① 教育部社会科学司．普通高校思想政治理论课文献选编（1949—2008）［M］．北京：中国人民大学出版社，2008：183.

② 中共中央文献研究室．十五大以来重要文献选编（中）［M］．北京：人民出版社，2001：1040.

③ 汪青松．论江泽民对素质教育思想的发展［J］．当代中国史研究，2001（2）：77-85.

人理念，被赋予了推动社会发展的重大使命，它标志着我国教育战略目标的重大转向。自此，高等教育从应试教育的桎梏中挣脱，朝着素质教育模式转型。

世纪之交，奋进新的征程。中国高等教育规模进一步扩大并跃居世界第一，成为教育大国。我国高等教育面临从规模扩张到内涵提升的发展转向，加强和改进大学生思想政治教育也被赋予更加重要的战略意义。21 世纪初，江泽民提出“党的思想政治工作是经济工作和其他一切工作的生命线，是团结全党和全国各族人民实现党和国家各项任务的中心环节，是我们党和社会主义国家的重要政治优势”①，重申并理顺了思想政治工作与育人工作的逻辑关系，明确了育人不能脱离思想政治教育的基本定位，高校被赋予了“素质+思政”的育人方向。②

世纪之交，虽然和平与发展依然是时代主题，但是国际政治格局多极化趋势明显。伴随着中国力量的出场、社会发展的日新月异，国外的各种思潮蜂拥进入国内，外部环境的巨大变化直接影响到了青年大学生的意识形态发展动向。高校作为培养青年人才的主要阵地，自然也成为意识形态冲击的主要区域。面对这一现实问题，国家需要培养一大批中国特色社会主义事业的合格建设者和可靠接班人。2004 年 10 月，中共中央、国务院发布了《关于进一步加强和改进大学生思想政治教育的意见》，进一步明确了大学生思想政治教育在高校教育工作中的重要地位，以及大学生思想政治教育工作开展的指导思想和原则，指明思想政治教育的发展思路和目标。

在 2005 年的大学生思想政治工作大会上，胡锦涛提出了齐抓共管的高校思想政治工作理念，第一次提出了“全员育人、全方位育人、全程育人”的工作机制和方法。2005 年 3 月，中宣部、教育部在《关于进一步改进高等学校思想政治理论课的意见》实施方案中正式提出了新的课程设置方案，同时课程名称简称为“思政课”，本科课程精简成“4+1”。“05”方案正式形成，高校思政课程体系趋于稳定。经过几十年的不懈努力和持续耕耘，无论是思政课程建设各个阶段的实施方案，还是育人方式的变革

① 江泽民．江泽民文选（第三卷）［M］．北京：人民出版社，2006：74.
② 李沐曦．新时代高校“三全育人”理论与实践研究［D］．长春：吉林大学，2022.

调整，均体现出了中国共产党对于高校思想政治工作一以贯之的高度重视，更彰显出了思想政治教育在理论上的与时俱进。至此，我国高等教育系统内逐渐形成了相对完整的育人思想和体系，即“全员、全方位、全过程”的理念，倡导通过人、环境、过程三大要素对大学生开展思想道德教育，让大学生树立正确的世界观、人生观、价值观，使其在意识形态等方面符合社会主义发展的时代要求。此后，高校在实践中努力推动形成党委统一领导、党政群团齐抓共管，全体教职员工全员育人、全方位育人、全过程育人的工作机制。①

简言之，在这一时期，中国共产党思想政治教育立足于改革开放和社会主义现代化建设实际，服务于经济建设这一中心工作，消解了“文化大革命”给高校思想政治教育工作带来的重大冲击，喊出“思想政治教育是一门科学”的口号，走上了科学化、系统化、制度化、专业化的发展道路。高校育人工作进入了快速发展的新阶段，与改革开放以来国家经济实力的迅速攀升相互成就，极大地推动了改革开放、全面建成小康社会，以及思想政治教育学科建设的顺利开展，实现了新中国成立以来党的历史上具有深远意义的伟大转折，为社会主义物质文明和精神文明建设做出了突出贡献。② 需要说明的是，中国共产党人高度重视党的创新理论如何大众化问题，尤其改革开放新时期，持续地在党政领导干部中间如火如荼开展了以“讲学习、讲政治、讲正气”为主要内容的“三讲”教育，实施“科教兴国”战略，学习邓小平理论，宣传“三个代表”重要思想，树立和落实科学发展观，加强公民道德建设，推动构建社会主义和谐社会。这些全国范围的教育活动，提升了全国上下党员干部的理论水平，也为高校思想政治教育的理论化发展提供了丰厚的养分。

## 五、创新发展：中国特色社会主义新时代（2012 年至今）

教育、人才和科技是社会主义现代建设的基础性和战略性支撑。随着时代的变迁，我国的高等教育从精英化向大众化转型的特征更为显著。在

① 黄绍华．高校“三全育人”的理论意涵与实践进路［J］．高校辅导员学刊，2022（4）．

② 徐茂华，潘艾冬．中国共产党思想政治教育：百年回顾及基本经验［J］．重庆理工大学学报（社会科学版），2022（3）：32．

这个崭新的阶段，中国高等教育的重心已转移到注重质量内涵和特色发展上，即保持合理的规模、优化教育结构、强化独特的学术优势，并建立健全支持体系，以质量提升为核心理念，推动内涵式发展。这一变革使高校的思想政治工作面临前所未有的挑战与机遇，要求其在适应高等教育大众化的同时，提升工作的精准度，以满足新时代大众更高层次的教育需求。党的十八大召开，中国特色社会主义进入新时代，这是中国社会发展“新的历史方位”①。国无德不兴，人无德不立。党的十八大报告指出，“要坚持教育优先发展，全面贯彻党的教育方针，坚持教育为社会主义现代化建设服务、为人民服务，把立德树人作为教育的根本任务，培养德智体美全面发展的社会主义建设者和接班人”②。这是首次将立德树人写进党的代表大会报告中。“未来属于青年，希望寄予青年”。新时代，统筹世界百年未有之大变局和中华民族伟大复兴的战略全局，高校思想政治教育要服务于社会主义现代化强国建设和实现中华民族伟大复兴中国梦的战略要求，为国育人，为党育才，着力于为坚定“四个自信”、统揽“四个伟大”、统筹推进“五位一体”整体布局、协调推进“四个全面”战略布局提供奋勇前进的精神力量。③

面对激烈的思想文化交流交融交锋，青年大学生呈现出较为明显的精神物化等现象，这一时期更为重视思想理论教育和价值引领，在多元思想文化中确立主导。高校思想政治工作更加注重举旗帜、聚民心、育新人，用党的创新理论成果铸魂育人。2013 年 8 月，全国宣传思想工作会议在北京召开。会议强调，“经济建设是党的中心工作，意识形态工作是党的一项极端重要的工作，宣传思想工作就是要巩固马克思主义在意识形态领域的指导地位，巩固全党全国人民团结奋斗的共同思想基础”④。社会主义核心价值观是我党对核心价值体系的高度升华与凝练，向世界展示了中国特

---

① 习近平．习近平谈治国理政（第三卷）[M]．北京：外文出版社，2020：8.

② 中共中央文献研究室．十八大以来重要文献选编（上）[M]．北京：中央文献出版社，2014：27.

③ 习近平．在庆祝中国共产党成立 100 周年大会上的讲话 [N]．人民日报，2021-07-02（2）.

④ 徐京跃，华春丽．习近平在全国宣传思想工作会议上强调　胸怀大局　把握大势　着眼大事　努力把宣传思想工作做得更好 [N]．人民日报，2013-08-20（1）.

色社会主义的鲜明价值指向，以及中国共产党人的新理念与新智慧。2013年9月4日，中共教育部党组发布的《中共教育部党组关于在教育系统深入学习贯彻全国宣传思想工作会议精神的通知》强调，要将推动落实“三全育人”作为推进教育系统宣传思想工作的重点任务。[①] 2013年12月，中共中央办公厅印发《关于培育和践行社会主义核心价值观的意见》。这是以社会主义核心价值培育和践行为主题的思想政治教育实践活动的纲领性文件，从教育引导、舆论宣传、文化熏陶、实践养成、制度保障、政策导向、法律健全、生活引导等诸多方面，对社会主义核心价值观培育和践行作出规定，“使核心价值观的影响像空气一样无所不在、无时不有”[②]，构筑了思想政治教育新模式的实践形态。新时代高校大学生社会主义核心价值观的培育，同革命战争年代、改革开放前甚至改革开放初期，已不可相提并论，主要是因为外部的传播生态出现了翻天覆地的变化，信息传播渠道已从单一封闭走向了多元开放，如果我们仍用传统模式、传统思维、传统方式来培育社会主义核心价值观，将难以为继。《关于培育和践行社会主义核心价值观的意见》的出台对于改进与强化大学生思想政治教育、提升我国的文化软实力、推动文化强国战略实施、提升国家文化安全水平具有重要的实践意义。[③] 2015年1月，中共中央办公厅、国务院办公厅印发《关于进一步加强和改进新形势下高校宣传思想工作的意见》，从宣传思想工作的宏观视角，对高校思想政治教育的重要地位、指导思想、方针原则、主要任务、途径方法和队伍建设予以明文规定。

新时代，中国共产党思想政治教育坚持用习近平新时代中国特色社会主义思想铸魂育人，增强青年学生做中国人的志气、骨气、底气，并引导一代代青年学生以实现中华民族伟大复兴为己任，把青春奋斗融入党和人民事业，成为实现中华民族伟大复兴的中坚力量。2016年12月7日，习近平总书记在全国高校思想政治工作会议上强调，高校思想政治工作必

---

① 张烁．把思想政治工作贯穿教育教学全过程，开创我国高等教育事业发展新局面［N］．人民日报，2016-12-09（1）．

② 习近平．习近平谈治国理政（第一卷）［M］．北京：外文出版社，2018：165．

③ 范益民．新媒体时代大学生思政教育实效性研究：基于社会主义核心价值观视角［M］．北京：中国经济出版社，2023：8．

须坚持立德树人，把思想政治工作贯穿到教育教学的全过程，着力解决好“培养什么样的人、如何培养人以及为谁培养人”等根本问题，实现全程育人和全方位育人，培育德智体美劳全面发展的新时代青年，为社会主义现代化建设服务。这是对思想政治教育全面系统、专业精细的论述，完整勾勒了新时代思想政治教育新模式的雏形。

2018 年 5 月，教育部办公厅发布了《关于开展“三全育人”综合改革试点工作的通知》，标志着新时代“三全育人”建设迈入以点带面的示范阶段，也标志着新时代高校思想政治教育工作进入了一个具有里程碑意义的发展阶段。2018 年 9 月，习近平总书记在全国教育大会上强调，“思想政治工作是学校各项工作的生命线，各级党委、各级教育主管部门、学校党组织都必须紧紧抓在手上”①，并深入贯彻落实。强调思想政治工作绝不是单纯一条线的工作，而应该是全方位的，无处不在、无时不在的，融入式、嵌入式、渗入式的，不能搞成“两张皮”。② 必须充分发挥家庭和学校的协同作用，给孩子讲好“人生第一堂课”，帮助孩子“扣好人生第一粒扣子”。

2019 年 3 月 18 日，习近平总书记在北京主持召开学校思想政治理论课教师座谈会，这是学校思想政治理论课建设史上具有里程碑意义的大事件。习近平总书记的重要讲话为新时代办好思想政治理论课提供了根本遵循。这次重要讲话中谈到：思政课是落实立德树人根本任务的关键课程，思政课教师队伍在这一过程中责任重大。思政课教师必须具有政治要强、情怀要深、思维要新、视野要广、自律要严、人格要正六方面的基本素质，力争成为大先生，引导学生积极向上。习近平在这次座谈会上还系统提出“八个相统一”的教育规律，即要坚持政治性和学理性相统一，要坚持价值性和知识性相统一，要坚持建设性和批判性相统一，要坚持理论性和实践性相统一，要坚持统一性和多样性相统一，要坚持主导性和主体性

---

① 习近平．习近平在全国教育大会上强调：坚持中国特色社会主义教育发展道路　培养德智体美劳全面发展的社会主义建设者和接班人［N］. 人民日报，2018-09-11（1）.

② 佘双好．习近平关于高校思想政治工作重要论述的发展过程及基本观点探析［J］. 思想政治教育研究，2020（2）：7-12.

相统一，要坚持灌输性和启发性相统一，要坚持显性教育和隐性教育相统一。[①] 这次会议所形成的一系列关于育人规律和模式的重要论述极具开拓性，是对新时代为什么办好思政课以及怎么办好思政课等问题的理论回应，也标志着新时代思想政治教育模式的形成和深入，对于时代新人的培育具有重要的方法论意义，成为新时代“三全育人”的重要理论遵循。

党的十九届四中全会通过的《中共中央关于坚持和完善中国特色社会主义制度、推进国家治理体系和治理能力现代化若干重大问题的决定》要求“加强和改进学校思想政治教育”。这表明，要把高校思想政治工作上升到党和国家发展全局的高度来谋划，提升到高等教育最为核心的位置来考量。[②] 2020 年 1 月，教育部通过了《新时代高等学校思想政治理论课教师队伍建设规定》，对教师队伍结构做了具体的调整，为建设更强的教师队伍提供了指导建议。2021 年 7 月，中共中央、国务院印发《关于新时代加强和改进思想政治工作的意见》，明确指出，“思想政治工作是党的优良传统、鲜明特色和突出政治优势，是一切工作的生命线”[③]，新时代必须深入开展思想政治教育，落实立德树人的根本任务。2021 年 11 月，教育部印发了《高等学校思想政治理论课建设标准（2021 年本）》，明确将建设“大思政课”列为思政课程评价的重要指标之一，突出实践教学。党和国家不断完善“三全育人”理念和模式，形成了体系完备、内容丰富的“三全育人”机制。2022 年 7 月，教育部印发了《全面推进“大思政课”建设的工作方案》，强调要突出主渠道建设，强化实践育人，大力推进思政教育信息化，加强队伍建设，拓展工作格局，为整合社会各方面力量搭建“大思政课”建设平台制定了路线图和实施方案。至此，“三全育人”从理念的明确提出发展到大力推进实施，国家教育主管部门通过顶层设计精心谋划，深入推进“三全育人”综合改革，促进其落实落细，切实提高高校

---

① 习近平．用新时代中国特色社会主义思想铸魂育人　贯彻党的教育方针　落实立德树人根本任务［N］．人民日报，2019-03-18（1）．

② 佘双好．党的十八大以来高校思想政治工作的主要成就、基本经验与发展趋势［J］．思想理论教育，2022（9）：13．

③ 中共中央，国务院．关于新时代加强和改进思想政治工作的意见［N］．人民日报，2021-07-13（1）．

思想政治工作质量。2024 年 5 月 11 日，时隔五年，习近平总书记再次对学校思政课建设做出重要指示，意义重大，影响深远。指示深刻指出"坚持思政课建设与党的创新理论武装同步推进，构建以新时代中国特色社会主义思想为核心内容的课程教材体系，深入推进大中小学思想政治教育一体化建设"。①

基于文本政策的考察，我们可以清晰看到，党的十八大以来，伴随着高等教育的持续深化改革和社会主义现代化强国建设，党和国家在"三全育人"方面的相关文件日渐增多，政策制定进入发展快车道。这些政策文件在"三全育人"的育人宗旨、实施原则、落实路径等诸多方面进行了全方位布局，围绕构建完备的大思政格局逐渐形成了日渐清晰的路线图和行动目标。在一系列政策的支持下，我国在高校"三全育人"实践方面的顶层设计和详细行动方案逐步形成，"大写意"正悄然变为"工笔画"。高校思想政治工作运行模式也正在发生着深刻变化，"三全育人"理念逐渐深入人心、形成共识，并深植于教育主管部门和高校的实践之中。新时代高校"三全育人"进入成熟阶段。这一时期，高校思想政治教育发展趋势在以往的基础上全面创新，三全育人、课程思政、大中小思政一体化等探索使高校"大思政课"格局逐渐清晰，开创了我国思想政治教育事业发展新局面。

## 第二节 "三全育人"研究回顾总结与评述

党的十八大以来，依据马克思主义基本理论，习近平总书记在继承和发展中国共产党思想政治教育思想的基础上，立足新时代特点与大学生群体特征，对如何办好高校思政课提出了一系列新观点、新思想、新理念，成为新时代高校育人工作的重要参考和指导。尤其习近平总书记 2019 年 3 月 18 日在学校思想政治理论课教师座谈会上的重要讲话发表五周年以来，"办好思想政治理论课意义重大""办好思想政治理论课关键在教师，关键在发挥教师的积极性、主动性、创造性""推动思想政治理论课改革

① 习近平．不断开创新时代思政教育新局面 努力培养更多让党放心爱国奉献担当民族复兴重任的时代新人［N］．人民日报，2024-05-12（1）．

创新，不断增强思政课的思想性、理论性和亲和力、针对性”“加强党对思想政治理论课建设的领导”① 等一系列全面而深刻的阐述，无论是从育人理念、育人体系、育人过程、育人主体还是育人格局上都进一步地凸显了对育人规律的尊重和育人合力的要求。总体来看，思政课教师理论上更加厚重有力、实践上更加丰富多元、育人上更加用情用心、教师身份认同更加强烈、职业自豪感更加明显。实现中华民族伟大复兴成为国家发展战略的重大叙事，自然也成为党对大学生引领政策的重要范畴，彰显出了“三全育人”的独特时代背景和历史使命。“三全育人”在理论的提炼和实践的深耕上相互推动，使得大学生思想政治教育的“立德树人”的育人目标更加聚焦，呈现出了鲜明特点。

## 一、中华民族伟大复兴成为党对大学生教育引领的重要内容

“重视不重视”是高校思想政治工作能否取得成效的关键所在。习近平总书记高度重视高校思想政治教育工作，多次到高校视察和到马克思主义学院参观，反复强调，“办好思政课，要放在世界百年未有之大变局、党和国家事业发展全局中来看待，要从坚持和发展中国特色社会主义、建设社会主义现代化强国、实现中华民族伟大复兴的高度来对待”②。

站在“两个一百年”奋斗目标的历史交汇点上，中华民族伟大复兴进入不可逆转的历史进程。近代中国历经磨难，曾经国家蒙辱、人民蒙难、文明蒙尘的历史一去不复返。“今天，中华民族向世界展现的是一派欣欣向荣的气象，正以不可阻挡的步伐迈向伟大复兴”③。中国共产党一经成立，就彻底改变了中国人“精神上被动”的困境，彻底扫清了“近代中国向何处去”之迷茫，前所未有地破解了民族复兴的“世纪难题”。“没有中国共产党，就没有新中国，就没有中华民族伟大复兴”。党的十九届六中全会通过的《中共中央关于党的百年奋斗重大成就和历史经验的决议》指出：“一百年来，党领导人民不懈奋斗、不断进取，成功开辟了实现中华民族伟大复兴的正确道路。”中国特色社会主义进入新时代以来，党对青

---

① 习近平．思政课是落实立德树人根本任务的关键课程［J］．求是，2020（17）：4-16.
② 习近平．思政课是落实立德树人根本任务的关键课程［J］．求是，2020（17）：4-16.
③ 习近平．在庆祝中国共产党成立 100 周年大会上的讲话［M］．北京：人民出版社，2021：22.

年的思想政治引领政策取得了巨大成效，利用教育、宣传、组织、规划、动员等多种形式引领青年“听党话、跟党走”的政策水平大幅提升，以“民族复兴”强国是这一时期党的引领政策的主题。①

## 二、精神力量的引领更为凸显理想信念的教育

全球化视野下，面对意识形态领域的激烈斗争，西方对于马克思主义的误读和曲解愈甚，致使马克思主义及其社会主义意识形态面临被边缘化的危险。正如塞缪尔·P. 亨廷顿所言：“外国观念的侵入对一个传统社会的稳定造成的威胁，比军队和坦克更彻底。”② 中国共产党自成立之日，就是一个高度重视理想信念的政党。无论是战火纷飞的革命年代还是如火如荼战天斗地的社会主义建设时期，理想信念始终高于天。正因为如此，“光荣传统不能丢，丢了就丢了魂；红色基因不能变，变了就变了质”。③ 以中国共产党精神谱系为教育载体，在大学生群体中间开展理想信念教育，夯实了“三全育人”的内涵外延和精神价值的底座，成为大学生群体强化理想信念教育的价值共识，积聚了奋进中国梦的精神力量。

## 三、社会主义核心价值观的实践视野更为宏大

党的十八大以来，党把社会主义核心价值观的理论认识和实践工作提升到新的战略高度。互联网相关因素的深度嵌入，成为当下教育场域的一个突出特点。当下的德育环境与以前已经截然不同。高校思想政治工作从根本上说是做人的工作，学生在哪里，思想政治工作就要做到哪里。习近平总书记在全国高校思想政治工作会议上指出，“要运用新媒体新技术使工作活起来，推动思想政治工作传统优势同信息技术高度融合，增强时代感

---

① 王冠中．中国共产党对青年思想政治引领的百年政策变迁及启示［J］．中国青年研究，2021（5）：26.

② 塞缪尔·P. 亨廷顿．变化社会中的政治秩序［M］．刘为，匡蓉蓉，王冠华，等译．北京：生活·读书·新知三联书店，1989：14.

③ 习近平．在党的十八届六中全会第二次全体会议上的讲话（节选）［EB/OL］．（2016-10-27）［2016-05-01］．http：//www.qstheory.cn.

和吸引力”。[①] 传统德育模式中二元对立、主客泾渭分明的格局被打破，权威被平等所取代，教与学为互动让路，一幅崭新的教育图景正在逐步成形。“三全育人”借助新媒体丰富的教育资源，发挥思想政治教育的隐性功能，强化、延伸网络正能量的影响，做好德育议题设置，消除网络杂音与噪声，及时解答学生利益关切，潜移默化地传播社会主义核心价值观，涵养网络正能量之生成动力，实现服务与育人的无缝耦合。在高校思政课堂上，自觉创新手段方法，合理运用慕课（MOOC）、翻转课堂、雨课堂等教学模式与易班学生互动社区，构建起网络传播矩阵，在“微”时代课堂教学中，对学生主体性作出积极且实质性的回应。[②] 这使得社会主义核心价值观的影响牢牢占据网络空间，实现了线上与线下的有机联动、优势互补，进而达到无处不有、无时不在的育人效果。

## 四、“课程思政”与“思政课程”同向同行齐发力

“课程思政”概念的提出是对高校“大思政”理念的具体呈现，旨在破解高校思想政治理论课与其他各类课程之间存在的“孤岛”现象，打通了课程之间的壁垒，实现了立德树人的协同性，增进了课程之间的育人黏性。习近平总书记强调，“其他各门课都要守好一段渠、种好责任田，使各类课程与思想政治理论课同向同行，形成协同效应”[③]。习近平总书记这一论断，实际是为高校育人工作提供了理论遵循。顾名思义，“课程思政”之“课程”是广义的概念，外延宽广，是指学生在校学习的各学科的总和；“思政课程”之“课程”是狭义的概念，所指明确，主要指向某一学科，在这里特指思想政治理论课程。“课程思政”是以思想政治理论课程为核心、以其他各类课程为依托或载体而展开的思想政治教育活动。从“思政课程”到“课程思政”的转变不仅扩充了思政课堂的多样性，而且

① 习近平．把思想政治工作贯穿教育教学全过程　开创我国高等教育事业发展新局面［N］．人民日报，2016-12-09.

② 范益民．新媒体视域下高校思想政治教育研究范式转换的探索［J］．继续教育研究，2016（3）：70.

③ 习近平．把思想政治工作贯穿教育教学全过程　开创我国高等教育事业发展新局面［N］．人民日报，2016-12-09.

丰富了其他课程的思政内涵。[①] 课程思政就是要实现思政元素如盐入水般的融入过程，让教育真正成为打动心灵的教育。高校马克思主义学院在思政课程和课程思政建设中的引领功能不断强化，切实把高校马克思主义学院作为加强学生思想政治教育的“第一堡垒”、高校院系布局中的“第一学院”。实现“课程思政”与“思政课程”的协同育人是构建高校“大思政”格局的关键。

在课程思政建设等推动下，大中小学思政课一体化建设也进入了快车道。教育部提出，从2020年启动整体推进高校课程思政和中小学学科德育建设，到2022年形成较为完善的工作机制，高校思想政治工作逐级进阶，不仅从专科、本科阶段向下与中小学阶段贯通，也向上与硕士、博士阶段贯通，呈现出各学段一体化贯通的发展趋势。[②] 目前“课程思政”是“三全育人”的重点工作，课堂教学是学校育人的主渠道，课程育人是十大育人体系的首要内容，因此各高校积极推进课程思政建设。截止到2021年，教育部公布课程思政示范项目名单，确定课程思政示范课程699门、课程思政教学名师和团队699个、课程思政教学研究示范中心30个。

## 五、文化的支撑力日渐凸显

习近平总书记在党的十九大报告中指出，“经过长期努力，中国特色社会主义进入了新时代，这是我国发展新的历史方位”“中国特色社会主义进入新时代，我国社会主要矛盾已经转化为人民日益增长的美好生活需要和不平衡不充分的发展之间的矛盾”[③]。“美好生活”这一概念在面向未来的过程中必将凸显出它的理论张力以及概念本身所具有的可扩展性。其内涵意蕴显然不只有物质层面的单一维度指向，而是纵深的，涵盖着精神层面的高远追求，是有着鲜明的文化价值取向的。在中国社会主要矛盾发

① 邱园园．高校“大思政”理念的理论内涵与实践路径［D］．长春：东北师范大学，2020.

② 佘双好，周伟．党的十八大以来高校思想政治工作的主要成就、基本经验与发展趋势［J］．思想理论教育，2022（9）：17.

③ 习近平．决胜全面建成小康社会　夺取新时代中国特色社会主义伟大胜利：在中国共产党第十九次全国代表大会上的报告［N］．人民日报，2017-10-28（1）.

生转化之际，人们精神的富足需要厚重的中华优秀传统文化的滋养。文化是民族的血脉，是人民的精神家园，能够为民族发展提供不竭的精神动力。英国著名历史学家汤因比认为，在人类历史上，曾经出现过26个文明形态，但大部分已经衰落或消亡，唯有中华文明没有中断，赓续至今。一百年来，中华民族在中国共产党领导下成功开创了浴火重生、凤凰涅槃的文明发展新路，为人类社会文明进步增添了举世瞩目的亮丽胜景。[①] 2023年6月2日，习近平总书记在文化传承发展座谈会上强调，“在新的起点上继续推动文化繁荣、建设文化强国、建设中华民族现代文明，是我们在新时代新的文化使命”[②]。习近平总书记的讲话方向清晰，成为构筑中华文明现代形态的动员令，展现了以习近平同志为核心的中国共产党人在新时代的文化追求和宏伟目标。只有植根中国大地，了解中国历史，推动中华优秀传统文化创造性转化、创新性发展，才能实现这一高远目标，完成新的文化使命。“三全育人”工作要顺应新的文化使命要求，不断培育具有强大文化自信的新时代大学生。

## 六、实践教学改革迫在眉睫，创新蝶变加速

实践教学有助于破除“信息茧房”现象，搭建起理论与实际相联系的桥梁。[③] 当前“三全育人”的实践舞台无比宽广，校内与校外课堂联动，小课堂与社会大课堂共建，基本构建起了多元互动的育人新格局。实践教学的空间拓展，极大释放了立德树人的场域活力，从建强课堂理论阵地，到第二课堂的教学补充，再到善用社会大课堂，最后到网络课堂的延展，实践教学正在经历前所未有的创新蝶变，对于阐释活化习近平新时代中国特色社会主义思想，做到知行合一，发挥了举足轻重的作用（如图2-1所示）。

① 何毅亭．百年大党何以实现民族复兴［N］．学习时报，2021-07-07（1）．

② 习近平．在文化传承发展座谈会上的讲话［J］．求是，2023（17）：1-4．

③ 卢黎歌，李丹阳．学校思政课建设里程碑式的跨越：写在习近平主持召开学校思想政治理论课教师座谈会五周年之际［J］．学校党建与思想教育，2024（5）：8．

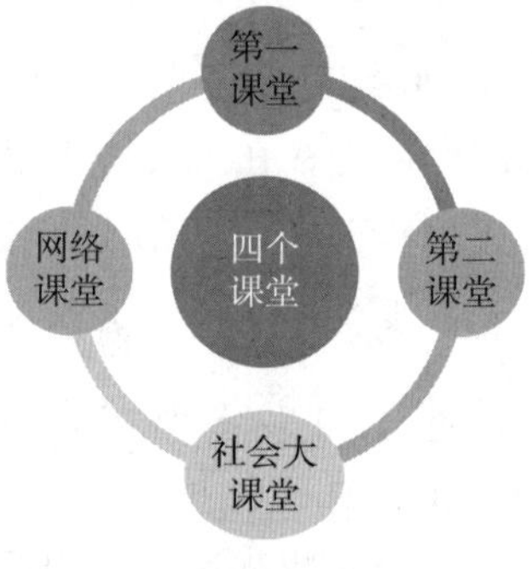


图 2-1　实践教学的四个课堂

## 七、“三全育人”大思政格局的历史脉络清晰

“三全育人”是一个共时性与历时性问题。纵览新中国成立以来的高校思政育人工作，可以清晰看到一条构建大思政格局的脉络主线，彰显出了“三全育人”大思政格局深厚的实践根基。

20 世纪 50 年代毛泽东就明确指出，“思想政治工作，各个部门都要负责任。共产党应该管，青年团应该管，政府主管部门应该管，学校的校长教师更应该管”。① 这实际上已经呈现出了构建大思政格局的影子。改革开放以后，党注重从制度层面构建思想政治工作格局，中共中央印发的《关于进一步加强和改进大学生思想政治教育的意见》明确，高校要“建立健全党委统一领导、党政群齐抓共管、有关部门各负其责、全社会大力支持的领导体制和工作机制，形成全党全社会共同关心支持大学生思想政治教育的强大合力”②，有力推动了高校“大”思想政治工作格局的构建。进入新时代，基于高校思政教育的伟大实践和成功经验，立足于百年党史，思想政治教育上升为党的治国理政的重要方式，更重视调动一切积极力量推进思想政治教育工作，逐步构建起了关于大思政格局的育人模式，这更体现出了新中国成立以来在高校育人上的一脉相传和自觉遵循。遵循思想政治工作规律、教书育人规律、学生成长规律，构建覆盖全国范围的多层次

① 中共中央文献研究室．毛泽东文集（第七卷）[M]．北京：人民出版社，1999：226.

② 中共中央文献研究室．十六大以来重要文献选编（中）[M]．北京：中央文献出版社，2006：187.

多渠道的思想政治教育工作体系，充分发挥党和政府的主导作用，凝聚社会各界教育力量、教育手段、教育资源和教育因素，共同构建权责分明、协同合作、科学运作的工作格局，形成思想政治教育强大合力，体现了党对构建“大”思想政治工作格局的整体部署。[①] 截至目前，“三全育人”综合改革试点已先后完成两个批次，总共设立了 8 个综合改革试点区、25 所试点高校和 92 个试点院（系）。

思想政治教育应该是关于人类美好生活需要、人的全面发展的社会力量，而非屈从于统治阶级的政治性力量，一旦背离其育人旨归，很容易陷入泛政治化的困境，必然会减弱育人的成效。“大”显然是立足于文化的视野，更是新时代视野下，立德树人的逻辑必然。为此，“三全育人”的实践需要牢牢扎根于中华优秀传统文化，遵循习近平文化思想这一科学理论的指导。游离于文化的滋养之外，必然会陷入说教的窠臼，无法承载起立德树人这一价值目标。党的十八大以来，我国以构建大思政格局为目标，以三全育人为路径抓手，把立德树人作为党和人民的崇高事业牢牢攥在手里。在大学生群体的思想政治教育上，围绕全方位培养担当民族复兴大任的时代新人，培养德智体美劳全面发展的社会主义建设者和接班人，实现了理论上的重大创新和实践上的新突破。“才者，德之资也；德者，才之帅也”。“三全育人”是对育人时间、育人空间、育人主体的系统性、整体性把握和认识，是对高校思想政治工作在时空维度上进行的整体化构建，揭示了教育过程中的广延性、持续性的规律。

## 本章小结

高度重视思想政治教育工作，是中国共产党的优良传统；一部百年奋进砥砺的历史更是中国共产党人勇于探索思想政治教育规律的历史。中国共产党在领导和推动高等教育的百年奋斗和实践中，逐步发展形成了独具特色的高校思想政治教育理论体系。在这一砥砺奋进的过程中，特别是针

① 佘双好．习近平关于高校思想政治工作重要论述的发展过程及基本观点探析［J］．思想政治教育研究，2020（2）：7-12.

对以大学生为主要群体的青年知识分子，围绕各个时期的特点，形成了丰富而又厚重的思想政治教育理论。本章遵循历史的演进逻辑，基于“三全育人”生成逻辑，从百年党史的五个时期——新民主主义革命时期、社会主义革命时期、社会主义建设时期、改革开放和社会主义现代化建设新时期以及中国特色社会主义新时代，进行了详尽的梳理。

# 第三章 高校“三全育人”大思政格局的构建原则

“大思政课”是围绕着“培养什么人、如何培养人、为谁培养人”等根本问题展开的，贯穿其中的核心议题就是“育人”。从工作流程的角度分析，“大思政课”致力于在“三全育人”思想的指导下，构建一个具有系统性和结构性的教育新模式。这一模式对于塑造“大思政课”这一新型教育模式具有长远和深刻的影响。构建“大思政课”这一新的教学模式，我们首先需要明确其构建过程中应遵循的核心原则，包括方向性与理论性相结合的原则、系统性与创新性相结合的原则以及主体性与主导性相结合的原则。

## 第一节 道路为指引：坚持方向性与理论性相结合

思政课的立课之本不在于教授技能，而是激发、影响并提高学生的思维能力。它本身具有“又红又专”的特点。“红”是指思政课具有鲜明的政治性。思政课不仅要主讲政治，更要会讲政治。“专”是指思政课具有突出的理论性。思政课不是漫谈闲聊，而应是设定明确的目标、进行有序的规划、确保内容的精确性以及采用科学的教学方法。只有将政治性与理论性相结合，思政课才能充分体现其内在的价值和意义。

## 一、“方向性”是构建“三全育人”大思政课程的首要属性和本质要求

坚持正确方向必须始终不渝坚持马克思主义基本立场和党的领导。始终坚持马克思主义基本立场是高校思想政治理论课教学的起点和终点。坚定正确的政治立场、政治方向和政治原则是加强思政课建设的基本要求，思政课唯有坚持马克思主义这一根本立场才不会改变社会主义性质。为了全方位地推进高品质的教育进步和建设教育强国，我们必须依赖党的坚强领导。只有全面坚持党的领导，才能凝聚教育部门的思维和共识，科学制定思政课发展规划和纲要，统筹谋划育人活动。高校在我国的社会主义教育体系中占据着关键的位置，我们应当确保党的全面领导在高校中得以落实。高校应高举社会主义的旗帜，走社会主义的发展道路。从宏观角度看，坚持社会主义方向与坚守党的领导在本质上是紧密相连的。在新的时代背景下，“大思政课”应当展现出中国特色社会主义教育的核心特质，始终坚持党的领导，为我国持续培育合格的社会主义接班人。

只有站在党的事业兴旺发达和民族复兴的高度，才能深刻认识和全面理解构建“三全育人”大思政格局的功能作用。在思政课的建设过程中，我们必须深入探讨和解决“应该培养何种人才、如何进行人才培养，以及为谁进行人才培养”等核心问题。

### （一）从学生视角看，思政课的教学应当是一个师生共情的过程

在思政课的建设过程中，我们必须始终坚守以学生为中心的教育理念，确保实现立德树人的核心使命。教师不仅要成为课程教学过程中的主导性要素，也应成为学生自主建构知识体系、主动生成能力的引导者与合作者。学生不只是作为课堂环境被动的接受者，他们是带着自己独有的学习习惯的课堂活动参与者、贡献者。在过去，知识体系主要是由“师”来传递信息，但现在，我们更需要站在学生的立场上，确保从“师”和“生”的共同角度达成价值认同，实现双向的交流和知识的共享。

### （二）从教师视角看，“授之以鱼，不如授之以渔”，只有学生积极地融入教学活动中，才能达成教育的核心目的——培育人才

信息在两个或多个方向上不断流动，主要目标是唤起并尊重学生的个人意识，同时也是为了“激发人们的创造性，唤起他们对生命和价值的认识”。因此，我们要培养的是具有创造性思维的人才，而不是让学生单纯地机械记忆和死记硬背，要让学生主动参与到教学活动中来，真正做到“学有所得”，从而提高教学效果。

守政治方向之正。毛泽东指出，“青年应该把坚定正确的政治方向放在第一位”，“没有正确的政治观点，就等于没有灵魂”。在大思政课格局构建过程中必须始终保持马克思主义的核心指导地位和社会主义的基本方向，持续深化对马克思主义最新理论的研究。将思政课的显性和隐性教育方法进行有效整合以及有机结合，以实现教育的多维度、整合和交叉发展。我们需要积极地构建一个涵盖学校、社会、家庭以及学生的思政教育体系，保证“三全育人”的政治方向。我们需要完善学生从入学到毕业的整个教育过程，力争在学生的学习、生活、社会实践等各个方面形成一个全面的德育系统，打造完整的“三全育人”大思政育人体系。

守政治原则之正。坚持正确的政治原则，即政治性与学理性相统一，即以政治为魂，始终贯彻科学的育人理念和原则。思政课是马克思主义理论传播的主阵地，必须在突出政治原则、彰显学理性的前提下，对其进行深入的解读。首先，马克思认为：“人始终是一切实体性东西的本质。”① 思政课要“以人为本”，彰显人的主体性，理论服务于鲜活的人，而人是具体现实的，而非抽象的。其次，要以马克思主义理论为指导，对符合学生发展规律和学生发展需求的“三全育人”大思政课程体系进行阐释和指导。同时，我们必须准确、深入地讲解中国化的马克思主义理论成果的科学内涵，确保学生不仅能够理解，还能辨别、实施、深入思考，从而增强他们用理论指导实践的能力。正如马克思所说：“理论只要说服人（adhominem），就能掌握群众；而理论只要彻底，就能说服人（adhominem）。”②

① 中共中央马克思恩格斯列宁斯大林著作编译局．马克思恩格斯全集（第3卷）［M］．北京：人民出版社，1980：52.

② 中共中央马克思恩格斯列宁斯大林著作编译局．马克思恩格斯文集（第一卷）［M］．北京：人民出版社，2009：11.

## 二、“理论性”是构建“三全育人”大思政格局的内在属性和本质特征

### （一）正确的政治方向依赖于正确的理论来引导

正如帕斯卡尔所说，“思想形成人的伟大”①，“我们全部的尊严就在于思想”②。人无法脱离思想就像鱼儿无法离开水，思想注定会对人产生深刻的影响。但是，正确的思想与错误的思想对人的影响是大相径庭的。因此，掌握正确的思想对人的意义非凡，这就需要我们充分发挥思政教育的职能，同时也需要通过学生主体承担教育任务的实践活动实现这一目标。思政课不仅是传播马克思主义及马克思主义中国化理论的核心途径，也是学校实施“立德树人”战略的基础路径，同时还是培育社会主义建设者和未来接班人的关键途径。我们需要深入地解读那些既具有鲜明政治特色，又拥有丰富学术内涵的新理论。在新时代的大背景下，要以“大思政课”为中心，以正确的教育观念为导向，利用全面教育的力量，提高思政课的教学质量，并加强其在教育领域的阵地地位，这也是新时代高等教育中思政课教学的核心职责。

### （二）始终坚持马克思主义的基本观点

这构成了思政课程内容的核心依据和理论基础。“大思政课”要做到坚持科学的世界观，聚焦思政教育核心精髓的内化和运用，探寻马克思主义与思政教学相契合的理论要点。“大思政课”要做到一切从实际出发，坚持实事求是；坚持以辩证发展的眼光看问题；始终坚守知行合一的原则，强调在实践中学习真知和领悟真理，同时不断地锻炼和提高自己的能力。例如，近期中国经济回升向好，一些外媒却偏离事实，大力鼓噪中国经济潜力“见顶”、增长“达到顶峰”、“产能过剩论”。要讲好中国经济发展的奇迹故事，用新质生产力理论回应这些杂音，就必然需要用到中国化的马克思主义理论。

---

① 帕斯卡尔．思想录［M］．何兆武，译．北京：商务印书馆，1997：157.
② 帕斯卡尔．思想录［M］．何兆武，译．北京：商务印书馆，1997：158.

### （三）第一时间讲授马克思主义最新理论成果

习近平新时代中国特色社会主义思想是当代中国马克思主义、21 世纪马克思主义，是中华文化和中国精神的时代精华，是马克思主义中国化、时代化的最新成果，凭借其科学的世界观和方法论，为推动中国特色社会主义的新发展提供了有力的思想支持。必须实现思政育人与习近平新时代中国特色社会主义思想的有机结合，实现在新思想指导下的育人理念的创新发展。只有让青年大学生接触到马克思主义中国化、时代化的最新成果，才能最大限度做到使学生的思想与时代保持同步。同时，在传授马克思主义理论最新成果的过程中还必须做到以科学的世界观教育为基石，以科学的人生观教育为支撑。思政教育也是一种美的教育，要“描述出‘表明世界的完美性’的真正理想”①。要帮助学生树立正确的人生观，就必须在学生心中播下真、善、美的种子。在高校思政课建设中，要将知识的传授与信仰的培育相结合，以弘扬马克思主义积极进取的人生观。在讲授新的理论成就时，应坚持“传道”“批判谬误”“弘扬善”“批判恶”“弘扬美”“批判黑暗”。思政课的建设不仅需要加强社会主义核心价值观与教学内容的整合，将其融入知识的传播过程中，还需要挖掘不同学科知识中所蕴含的社会主义核心价值观，培养道德品质高尚、知识功底深厚的新时代大学生，从而实现强本清源、铸魂育人的目标。

### （四）抓住关键课程，聚焦思政教育核心育人资源的内化和应用

必须结合当前我国社会经济发展状况和学生的学习特点，不断优化高校思政课程的内容和体系。首先，我们不仅需要吸收借鉴传统思政课教学的核心思想，更加需要在现代教学方法不断更新的背景下，适时地加入符合新时代新要求的教育元素。这样做是为了强调思想政治教育的时代性和灵活性，确保思政课的建设能够与时代发展保持同步。从另一个角度来看，我们应当根据自己国家的具体状况，融合思政课程中的优秀案例和示范，并针对性地吸纳高品质的研究成果。与此同时，我们也应当拓宽我们的视野至全球范围，吸纳国外相关学科的最新教学内容和方法，确保思政

① 苏联教育科学院．马克思恩格斯论教育（下卷）［M］．华东师范大学马克思恩格斯论教育辑译小组，辑译．北京：人民教育出版社，1985：104.

课教育能够与当今世界发展同步。在传递知识的过程中，要更倾向于重视学习方法和结构的构建；在教学管理领域，应对各种教学资源进行有序的融合和恰当的嵌入，以实现最优的教学成果；在课程设计上，应恰当地平衡思政课程与其他课程的相互关系，持续地对课程结构进行调整和优化，确保课程内容能够相辅相成，从而实现最优的教学成果。在利用教材资源的过程中，我们应当重视教材的质量、水平，并将国家统编教材视为核心和基础教材。在使用教材资源时，我们应当重视与当地的实际情况相结合，深入挖掘当地的思政教育资源及红色文化资源等，打造具有地方特色的教材体系，确保根据实际情况顺势而为、因材施教，形成多样化的思政课程教材结构，以充分利用教育资源。

### （五）充分运用中华优秀传统文化

中华优秀传统文化是中华民族一笔巨大的精神财富，不断厚植着中华民族永续前进的力量。掌握中华文化在漫长的历史长河中积淀下来的精华，例如天下为公、民为邦本、为政以德、革故鼎新、任人唯贤、天人合一、自强不息、厚德载物、讲信修睦、亲仁善邻[①]等厚重的育人资源，能够帮助大学生在爱国、爱民的感情方面打下坚实的基础。自新中国成立以来，尤其是在改革开放后，思政课飞速发展。长时间思政课的实践积累了丰富经验，为我们当前思政课的发展打下了坚实的基础。当前，我国社会主要矛盾发生转变，经济全球化进程加速推进，网络信息技术日新月异，这些都对高校思政课教学提出了严峻挑战。在新的时代背景下，思政课的构建必须与现实情况紧密联系，以适应时代的特点。在教学中，我们必须迅速地识别新出现的问题，并采用科学且合适的策略、工具和路径来持续地对教学内容进行调整和完善。如，习近平总书记多次到大中小学考察，并根据教育对象的身心成长规律活用中国古代诗词、俗语，呈现出用典育人的鲜明特质。《习近平用典》就是运用传统文化进行育人的典范之作，习近平总书记不断深挖传统文化中契合当前时代所需的文化内容，使之成为当前高校育人的实践力量。

① 习近平. 高举中国特色社会主义伟大旗帜　为全面建设社会主义现代化国家而团结奋斗：在中国共产党第二十次全国代表大会上的报告［N］. 人民日报，2022-10-26（1）.

### （六）正确地应用马克思主义的基本观点来认识、分析和解决问题

这是高校构建“三全育人”大思政教学中知识传授、资源发掘和内容创新的基础。恰当地使用马克思主义的基本方法，将使教学方法更加直观、更具有引领性，是教学方法创新的新趋势。

1.“三全育人”大思政格局构建要坚持一切从实际出发，坚持实事求是的方法

首先，在教学过程中，要为教师和学生创造一个恰当的交流环境，打破他们之间的单向联系，使他们能够随时了解彼此的情况，从而建立一种平等交流、相互信任和尊重的师生关系，形成一个高效的信息交换通道，使得课堂对话能够顺利进行。与此同时，我们也必须抓好“应该培养什么人才”这一紧迫的现实问题。在制定教学内容时，我们需要重视对主流意识形态的引导，将社会主义核心价值观融入学生的学习与生活，同时加强对学生的理想信念教导，以实现理想信念对学生积极的指导作用；教师要本着实事求是的态度，深刻认知各种社会思潮的消极影响，既要不回避、不误导，更要积极反应，直面大学生面临的思想困惑，用一种科学而灵活的方式来批评和扭转那些错误的思想，把他们从错误中拉出来，让他们能够分清是非，站稳自己的立场，提高分析和观察问题的能力。

2.“三全育人”大思政格局构建要坚持辩证分析法

辩证分析法强调从辩证和发展两个方面来看待问题。在教学过程中，我们需要根据教学任务、教学目标和教学环境的变化，明确教学的重点和难点，并对教学设计和教学计划进行持续的改进和更新。在教学方式上，我们需要把传统的教学方式与现代化的教学方式相结合，并吸收其精华，使传统教学与现代教学相融合。在教学方法方面，要改变传统的灌输教学模式，增强知识的准确性、全面性；利用现代化的新媒介，使知识形象化，提高知识的生动性和灵活性，提高学生的认知内化效率和水平，使教育途径与方法更加多元。辩证分析方法主张从一个宏观的角度来审视问题，而不是仅仅关注某一方面，强调联系而不是孤立。在进行教学活动时，我们应当确保整个教学流程的连贯性，摒除碎片化和局部性的教学方法，以实现全方位和系统性的教学，并构建一个完善的教学系统模型。

在教育过程中，我们需要坚持“贯通”的理念，重视“温故”与“知新”的融合，重视课上与课下的结合，做到育人资源的全过程贯通。在制定教学内容时，我们应重视对已有知识的再次提炼和复习。在教授新的知识时，我们需要强化其与已学知识间的逻辑联系，确保学生的知识结构更为稳固，从而提升教学效果，使整个教学体系进入一个健康的循环模式。

3. “三全育人”大思政格局构建要坚持知行合一的方法

理论是从实践中产生的，只有扎根于实践中，理论才能焕发出勃勃生机。在当前的教学环境下，教师需要摒弃过去主要侧重于讲授的教学方式，而更多地关注于培养学生的自主学习能力。这也就要求教师在课堂上采取多样化的教学方法，让学生能够充分地参与到教学活动中来，从而达到良好的教学效果。在教学活动中，我们有必要对教学方案进行精细的调整和规划。其中，情境教学法作为一种新的教学方法被引入课堂中，并得到了广大师生的认可，我们可以利用情境模拟系统来帮助学生掌握相关的基础知识与技能。在教授知识的过程中，我们可以通过情景模拟、团队讨论以及案例研究等多种手段，完整地呈现知识体验的过程。在这种模式下，教师可以从多个方面引导学生参与学习活动。接下来，我们可以通过高效的交流和反馈机制，将硬性知识以软性的方式呈现，这有助于持续地促进知识的内化吸收，从而让学生能更快速、更精确和更深入地掌握知识。最终，构建一个包括知识传递、知识体验和知识反馈三个环节的教学循环。在教学过程中，我们应该强化课堂与课外活动的整合，使得理论内容更为生动和具体。同时还要注重对学生学习兴趣的培养以及教师自身素质的提高，为学生提供更加广阔的思维空间。在进行教学设计时，我们需要重视室内与室外的融合，强化教学实践，并通过调研、实地参观等多种手段，利用室内的理论推导来指导户外的实际操作，同时利用户外的经验来验证室内的理论推导。从深度和广度多方面多层次地扩展学生的知识面，能够增强学生的独立思考能力，有助于学生发展独立性、创新性的思维。同时，室内外的教学活动将增强学生理论联系实际的能力，并引导学生在实践中进行自我教育，从而推动他们的个人成长和发展。

## 三、坚持方向性与理论性相统一是“三全育人”大思政本质的必然要求

思政课是构建“三全育人”大思政格局的重要抓手。对思政课而言，方向性是一个占据道德高地的原则，理论性是一个占据真理高地的原则。只有当科学理论站在道德和真理的高地上，它才能真正触动、影响和说服人们，从而使思政课的教育效果得到最大化的体现。

当前，在某种程度上，高校思政课仍存在着政治性和学理性相互分离的问题，主要特征是：一端重，另一端轻。一些思政课教师过分重视政治性，忽略了学理性，他们仅仅分享了一些政治的基本观点，但并未深入探讨背后的历史法则、理论核心和辩证逻辑。因此，在面对复杂多变的社会观念时，他们往往感到束手无策。部分教师在教学过程中过分强调学术的理性，而忽略了其政治属性。在整理教学材料、进行理论推导和逻辑论证时，他们往往保持政治观点的中立性。由于缺乏明确的政治立场，这些教师表面上看似在进行客观的描述，实际上失去了对学生价值和政治方向的理论引导，这不仅削弱了他们的解释能力，还使其失去了科学性。

上好思政课，关键在于把政治性与学理性统一起来，而重点和难点恰恰都在于“统一”二字。“统一”并不是政治性内容与学理性分析的简单拼接，也不是政治观点和抽象概念的机械叠加，它意味既要用辩证的学理思维讲清政治问题，又要用正确的政治导向引领学术表达。

一是要“求真”。坚持马克思主义指导地位，旗帜鲜明地反对各种错误思潮，这是政治上的真，同时也是学理上的真。

在 2019 年 3 月 18 日学校思想政治理论课教师座谈会上，习近平总书记对思政教师素质提出六个方面的要求，其中第一个要求就是“政治要强，让有信仰的人讲信仰，善于从政治上看问题，在大是大非面前保持政治清醒”①，突出强调了“讲政治”“有信仰”是高校思政教师首要的素质要求

① 习近平．习近平主持召开学校思想政治理论课教师座谈会强调：用新时代中国特色社会主义思想铸魂育人　贯彻党的教育方针　落实立德树人根本任务［N］．人民日报，2019-03-19（1）.

和行事原则。高校思政教师不仅需要拥有深厚的理论功底，还必须具备坚定的政治信仰、高尚的道德品质和强烈的爱国情感，坚守政治标准，成为中国特色社会主义的忠诚信仰者、实践者和引领者。其次，作为思政课教师，必须将自身的政治信仰传递给学生，做青年学生坚定理想信念的引领者。习近平总书记高度重视对青年学生的培养，反复强调青年学生要坚定理想信念，要求学校必须抓紧抓好马克思主义理论宣传教育，着重加强理想信念教育，为学生健康成长奠定科学的思想基础。①

二是要“达意”。用学术讲政治，关键在于如何将学术话语转变为更具感染力的生活语言，并结合现代大学生的实际学习和生活经验进行理论阐释。例如，我们可以将学术用语转化为口头用语，通过共同的语言来缩短师生之间的距离，不断减弱思政课的疏离感和陌生感，或采用经典案例进行教学，构建“生活思政”的话语体系，从而让思政课的教学更具吸引力，深入学生内心。也可以借助很受大学生喜爱的网红人物，巧设课堂案例，增加课堂的思想性和生动性，如北大鹅腿阿姨——陈秀凤的创业故事。

我们需要积极地创新教学的方式与方法。首先，构建一个将政治性与学理性融为一体的问题导向课堂教学模式。其次，构建以问题为中心的课堂组织形式。以问题为中心的课堂组织形式能够有效地激发学生的学习兴趣，调动学生对课堂的热情。在以问题为中心的课堂组织形式中，教师高度的政治意识、强烈的问题意识以及扎实的理论基础是开展好课堂教学的关键，对教师理论基础、教学能力都提出了更高的要求与挑战。思政课要常学常新，教师应不断更新自身知识体系，以适应时代发展要求。最后，为了提升高等教育机构思想政治理论课程的教学成效，有必要主动地对教学话语进行改革。思政课的教学话语指的是从教科书体系转向教学体系的话语，以及师生互动的话语。高等教育机构的思政课教材内容是对马克思主义深厚且丰富的理论内容的精练概括，因此从教科书体系转向教学体系无疑是一项充满挑战和困难的工作。为了创新教学话语，教师需要在从教

① 习近平．习近平在全国高校思想政治工作会议上强调：把思想政治工作贯穿教育教学全过程　开创我国高等教育事业发展新局面［N］．人民日报，2016-12-09（1）．

材体系转向教学体系的过程中，根据教学目标和学生的特点，以最新的案例素材讲解最新的理论，将其转化为直观、生活化、趣味性的教学语言，这样才能增强思政课堂话语的吸引力、感染力和亲和力。

三是要“落实”。为了实现政治性和学理性的融合，我们必须确保这一理念真正融入学生的学习过程。突出强调学生主体性的教学方法在学术界已达成共识，但在实际的课堂教学中，仍然面临着种种新问题。

教师不仅要在教学方法上进行创新，还应提升自己的教学能力。这样做的最终目标是增强学生的政治认同感，确保他们真正地听党话跟党走。在此过程中，我们必须集中注意力于思政课所需的核心能力，确保学生能够深入地参与其中。自从 2017 年版的普通高中思政课程标准中加入了“核心素养”这个词汇，它迅速地成为研究的焦点。尽管对核心素养的定义存在一些分歧，但普遍的看法是，素养不只包括知识素养。知识素养所依赖的资源和关键要素，是那些能够灵活应用所学知识、能够满足实际情境需求并具备问题解决能力的人。从学习成果的视角来看，知识和素养之间存在着类似于知识掌握和知识应用之间的距离。[①] 当教师讲授马克思主义中国化时代化理论成果时，他们的核心目标是确保学生的政治认同得以实现。鉴于思政课教学中的浅表化等问题，教师要从理论深化及理论生活化两个视角出发，帮助大学生加强对问题的深度理解。深度学习着重于高级别的认知目标和高级思维能力的培养，同时也强调在学习过程中进行深刻的反思。[②]

## 第二节　实践为底色：坚持系统性与创新性相结合

在“三全育人”的理念下，“大思政课”在新时代背景下融合了多元主体的合作、多种形式的共同展现、多种方法的全方位教学和综合效果。这门课程是一门关注时代变迁、放眼全球形势、展望未来趋势的历史和实

---

① 张良．核心素养的生成：以知识观重建为路径［J］．教育研究，2019（9）：65-70.

② 郑葳，刘月霞．深度学习：基于核心素养的教学改进［J］．教育研究，2018（11）：56-60.

践课程。在构建新的教学模式时，我们需要坚持结合系统性和创新性的原则，优化各个元素和组织之间的互动，确保教育系统内部的和谐、结构的合理性、功能的完整性和运行的有序性。

## 一、坚持系统性是“大思政课”的必然要求

高校思想政治课教学是由多个因素组成的有机整体，而非单一因素的简单相加。高校思政课在“立德树人”中发挥着重要作用，“立德树人”是高效思政课教学目的、主体、内容、过程、方法、评价等方面的核心。思政课各要素本身又是一个个子系统，每个子系统内组成部分之间的有机联系决定了各要素功能的发挥。系统性离不开教学主体功能的发挥。教学主体由师生两部分组成，教师不仅仅是“老师”，更要成为“大先生”。在教学过程中，教师政治思想坚定，情感深厚，思路新颖，视野开阔，自律严格，人格端正，才能让思想政治课真正地打动、感染学生。系统性要求教学内容全面贯通。思政课是知识、理论、情感、价值和能力的有机结合，因此在教学内容上，必须以教学目的为中心，以问题为中心，在解答学生问题的过程中，帮助他们增强“四个自信”。系统性要求教学过程联通互动。思政课的教学过程不仅是一个教与学相互促进的过程，也是一个将理论与实践相结合的过程。这一过程不能仅仅是教师单方面的陈述。教师需要运用高效的教学策略和方法来激发学生的学习积极性和主动性，同时也要确保政治性与学理性、价值性与知识性、建设性与批判性、理论性与实践性、统一性与多样性、主导性与主体性、灌输性与启发性，以及显性教育与隐性教育之间的有机统一。思政课的教学效果和质量取决于学生是否真正理解并掌握了马克思主义的理论以及马克思主义在中国的最新研究成果，同时也要看是否能够增强他们对国家的热爱、忠诚和为国家服务的能力。应从宏观的视角来看待思政课，深入理解其教育目标，并强调教师的主导地位，确保教师在教学过程中的热情、积极性和创造力都得到最大化的展现。深入理解学生的主体性，掌握他们的学习模式和特点，确保思政课在思想深度、理论基础、亲和性和针对性上都能得到加强。

## 二、打造三个“一体化”，实现思政育人系统性优化

从系统性的优化建设角度来看，“大思政课”的教育体系更加强调对教育规律的尊重，更加重视实现三个“一体化”的目标，并落实到“三全育人”的实践中。

### （一）坚定地推进学校、家庭和社会教育网络的整合

大思政课需要一个多样化且和谐的教育氛围。现代教育体系涵盖了学校教育、家庭教育以及社会教育三个方面，构成了一个“三位一体”的结构。“三全育人”是每个人都要承担的责任，政府、社会、家庭和学校都是教育的主要对象，要加强协作系统推进。在教育教学这个系统工程中，大学是一个主要的主体，要使学生清楚为什么学、怎样学，牢牢把握好培育学生正确的世界观、人生观、价值观这一方向，这是教育事业发展的根本所在。高校的使命不仅仅是传授知识，更在于引导学生树立正确的人生观。培养学生独立思考的能力，拓展学生视野，是高等教育的核心任务。学生应当明白，知识是通向未来的大门，而人生的价值在于为社会、家庭和自己创造更多的可能性。高校教育应激发学生内在的求知欲望，引导他们不断追求卓越，为建设美好社会贡献才智。这是育人的至高境界，也是高校义不容辞的责任。思政教育工作需要重新聚焦于教育的本质，并明确各大学思政课程的主要教育主体，包括专业教师、研究生导师、辅导员、班主任、学业导师、管理团队、已经退休的资深教师以及新近毕业的校友等，发挥教育主体的协同育人作用。我们需要增强教育意识，明确教育责任，构建各教育主体的协同机制，确保所有学生都能得到教育。在新时代，“三全育人”成为我国高等教育创新与发展的迫切需要，对于提高高等教育中思想政治教育的品质并实现高等教育的道德培养目标至关重要。

家庭教育环境在整个教育过程中发挥着互动的功能，是学生成长的保障者。习近平总书记在教育工作会议上提出，要把教育做好，家庭、学校、政府和社会要共同努力。在大学实施“全员育人”的过程中，家庭育人也是一项十分重要的工作，它与大学实施“全员育人”具有联动效应。学校应该打破被动地与学生父母保持联系，或者只有在非常时期才能与学

生父母取得联系的现状，重新塑造家庭和学校的角色。学生工作者应该是家校互动的组织者，父母应该是家校互动的参与者，学校的有关部门应该是家校之间的协调者。学校要加强和学生父母的交流和联络，建立良好的信息交流渠道，形成合力。同时，应对“直升机”型家长进行恰当的指导，并根据当代大学生家长的特征，构建适合的、合理的沟通机制，使其能够在子女接受高等教育过程中发挥积极的作用，避免过度的介入造成负面影响。比如，各学院可以借着学生报到的机会，召开一次“新生家长会”，让父母们了解学校的教育理念以及相关的政策，同时也要让父母知道，自己的子女在高等教育中可以扮演怎样的角色。同时，要充分挖掘社会教育资源，发挥社会各领域的教育作用。尤其在社区建设中，充分挖掘教育职能，组织小区居民积极开展教育培训，促使社会形成正确的教育观，加强与学校的教育沟通，架构起学校与家庭教育的桥梁，形成教育合力，实现全方位和谐共育的良好教育局面。高校需要加强教育资源的协同合作，构建思想政治教育的信息共享平台，促进学校间和学校与企业、家庭与学校之间的协同教育，建立教育资源的协同机制，以实现全面教育。

### （二）新时代高校思政课程和课程思政“一体化”建设

在新时代背景下，高校的思政课程和课程思政“一体化”建设意味着在思政课教学过程中要调动全体教职员工及社会的力量，突破传统的学科知识差距和各种评价体系的限制，在共同价值目标的指导下，致力于将显性教育和隐性教育融为一体，通过互补优势和相互补充的方式来构建思政教育体系，以实现“立德树人”的核心任务。同时，以学科发展为依托、以学生成长成才为根本目的，实现思想政治教育的科学性、系统性和实效性。坚定地将思政课程与课程思政整合为一体，探寻课程思政中蕴含的思政教育内容，保证传播知识和塑造价值观同步进行。当我们审视高等教育机构中的思政课程和课程思政时，会发现它们在培养学生的任务、目标、内容、功能和元素上有着紧密而系统的联系。

思政课程与课程思政的统一性在于它们所承载的价值和功能是相同的。高校的核心使命是全方位地提升人才培养的品质，这种人才培养不仅是教育和才能培养的有机结合，也是价值观塑造、知识领悟能力和综合能力提升的体现。无论是思政课程里的思想政治理论部分，还是其他课程里的思想政治教育内容，都构成了思想政治教育体系的核心部分，其根本目的都是更好地发挥思想政治教育的作用。在网络环境中，大学生的知识储备每天都在更新，而那些缺乏批判性思维的大学生，很容易被网络上的负面信息误导。为了帮助学生建立起坚定的信仰和信念，我们必须确保思政课程与课程思政同向同行，这样才能真正实现这一目标。在思政教学过程中，系统化的思想政治观念为课程中的思政活动提供了坚实的理论基础和指导，可以激发学生的信仰和决心，从而消除他们在课堂上的思考障碍。在课堂的思政教育中，各种丰富多样的思政教育元素如盐融入水般紧密。这些元素能够激发学生的共情和共鸣，为思政课堂的理论教学提供有价值的素材，从而纠正人们对思政理论课程“理论丰富但现实骨感”的认识误区。

在高校中，科学的定位构成了课程思政与思政课程共同培养学生的基础条件。目前，许多高校仍然面临一个显著的问题，那就是缺少一个完整的课程思政教育和教学体系的规划。课程思政的推进并不意味着要削减或替代思政课程，而是要进一步加强思政课程的主导作用。[①] 课程思政与思政课程之间存在着有机的统一，而课程思政是思政课程的扩展和延伸。在当前的新形势下，强化并优化高校的思想政治教育，意味着在思想政治课程的主导下，要确保课程思政与之相辅相成。高校的思想政治课程主要采用显性教育方法，强调政治与学术、建设性与批判性、灌输性与启示性的融合，系统地进行马克思主义理论、马克思主义中国化的理论成果、社会主义核心价值观等方面的教育，自信地讲述中国的故事。通识教育课程应当重视对中华优秀传统文化和人文修养的培养，内容应该涵盖古今、贯通东西，既要简单明了又要有深厚的内涵，这样才能在不知不觉中提升学生的整体素质。专业课程需要充分利用其独特的优势，依赖于专业知识来进行思想政治方面的隐性教育。我们不仅要在哲学社会科学课程中深入地理解意识形态属性的指导作用，还需要在自然科学课程中加强科学素养和职

① 邱仁富．“课程思政”与“思政课程”同向同行的理论阐释［J］．思想教育研究，2018（4）：113.

业道德的教育。我们要确保知识的教学目标与价值观的培养目标紧密结合，鼓励学生坚定地热爱自己的国家、为国家做出贡献，实现知识与情感的统一，引导学生坚定自身最远大的目标——为实现中华民族伟大复兴做贡献。

健全有力的运行机制是课程思政与思政课程协同育人的必要条件。首先，坚决发挥好高校党组织凝聚力，履行好主体责任，坚定不移贯彻好党的教育方针。其次，进行“精品课程”的试点工作。课程思政和思政课程的协同育人具有涉及面广、难度大、影响深远等特点，必须对各种资源进行合理的分配，并按照“点线”的方式逐步推进。因此，可以在课程思政和思政课程的协同育人中，通过试点“精品课程”来开辟新的途径。在此基础上，通过对“精品课程”的研究，探讨一种有针对性、可操作性强的模式，实现思政教师和专业教师共同参与课程设计、进行理论指导，以期为其他学科的教师提供有益的参考。

考核激励机制与监督反馈机制构成了课程思政与思政课程协同培养学生的关键支撑。评估和激励是教师职业发展的一个重要动力。课程思政要求专业课程的教师将思想政治教育内容与课程教学内容相结合，这对教师的教学内容和方法提出了更高的要求。因此，需要建立一个与之相适应的、合理的评估和奖励机制，以充分激发教师的学习和创新积极性。从另一个角度看，及时且高品质的督导反馈能够为课程思政与思政课程的合作教育提供方向。每一种创新的教学观念都伴随着许多待解决的问题，必然需要通过督导规范教学观念的发展走向。同时，课程思政与思政课程的合作培养是一个涉及广泛领域的任务，因此，建立一个有效的监督和反馈系统是至关重要的，这样才能确保教育和教学改革在最短的时间内取得最佳效果。时下比较受推崇的 OBE 理念，就是非常好的尝试。

将思政课程转化为课程思政并不是短时间内可以快速完成的任务。这是一个长期且系统化的项目，只有建立一个长期的课程资源协同培养机制，思政课程的培养模式才能得到真正的实现。首先，我们需要增强自己的觉悟。为了转变我们的思维方式，并确保所有从事教育的专业人士都明白建立课程资源合作教育机制的核心价值，我们必须在思维与实践上达成一致，这样才能真正地进行道德教育，并进一步提升学生的道德品质。接下来，我们需要全方位地提升教师的综合素养。构建思政课程与课程思政的合作教育机制，对教师的全面素质提出了更新的标准，其不仅要求教师拥有专业的教学技巧，还要求他们具有较高的道德修养，以便用自己的专业素养来指导学生，从而提升思政课程的教学成效。这意味着教师需要持续地学习和提升自己的职业能力，这样才能更有效地为学生提供合适的教育和教学环境，进而将他们培养成具有应用能力的人才。同时，教师不仅需要掌握思政专业课程的基础知识，还需要学习心理学、教育学、哲学等多个课程的知识，以丰富自己的知识体系，进而丰富和创新思政课程的内容和形式。

### （三）坚持大中小学教育一体化

以系统观念谋划新阶段学校思政课高质量发展，要紧紧扭住大中小学思政课一体化建设这个重中之重。要强化前瞻性思考、全局性谋划、战略性布局、统筹推进，构建完善大中小学思政课一体化螺旋式上升实施机制。要始终牢记为党育人、为国育才的初心和使命，不断健全高校思想政治理论课的教学体系，对各级各类学校开展“四史”教育工作。要抓住制约思政课一体化发展的难点和瓶颈，对其中的大问题进行研究，统筹各方力量，对全局性、示范性的重点工作进行统筹部署，使一体化走得更深更实。要加强对各地各学校思政课一体化建设工作的指导与监督，对现实中存在的问题进行研究，对先进的经验进行总结和推广，实现地方层面上的同步发展，学校层面上不同年级、不同类型的学校都能得到发展。加快高校思政课一体化进程，重点在于实现高校思政课的有效协同。高校思想政治理论课的教学，必须找到自己的定位。从教育的普遍性层面看，思政课的教育取向不存在年龄和学段上的本质差异，不同年龄阶段的教育目的具有一致性和同向性，都是促进学生的健康发展。但是，从教育的特殊性层面看，青少年在不同学年段的思想、心理和认知等方面是有明显差异的。要遵循不同学年段学生的认知特点和认知规律，根据小学以启蒙性学习为主、初中以体验性学习为主、高中以常识性学习为主、本专科阶段以理论性学习为主、研究生阶段以探究性学习为重点，精心设计并开展教育教学，注重不同学年段的融会贯通和有机衔接，精准对接各学年段学生的需求，循序渐进、螺旋上升地上好思政课，使学生真正感受到思政课是越上越想上、越听越想听、越听越有用的关键课程。要注重运用信息技术和即时通信技术等，搭建各学年段思政课教师学习交流互动研讨的立体化平台，实现教学信息资源互联互通、教学经验方法互学互鉴，提升协同意识和协同质量。发挥思政课强校和高水平思政课专家示范带动作用，推广一体化备课和纵向备课等集体备课制度。解决好各类课程和思政课相互配合的问题，是协同高效推进大中小学思政课一体化的新课题和新任务。

## 三、坚持系统性的同时还要注重创新发展

系统必须通过与外部的信息交互，不断地吸收新的正面因素，从而推动制度的良性运转与健康发展。构建“三全育人”大思政格局的教育体系也是如此。特别是在我国正面临两大变革的背景下，新时代和经济互联网都在迅猛发展，大学生作为受教育的对象，心态多变、思维活跃、充满活力。我们应当秉持创新的思维方式，动态式观测，根据社会进步的需求，对教育内容进行实时更新，对教学方法进行优化革新，从而为高校的教学活动注入新的活力；在满足学生成长需求的过程中，我们需要突破传统的思考模式，对教育的内容、观念和手段进行创新性的改革。同时，也要吸纳其他学科的成功经验和成功观念，以拓展自己的思考视野。通过发展和联系的视角来吸纳新的元素，并通过持续改进，不断地对教育体系进行创新和完善，从而促进思政教育工作的全面发展。在构建以“三全育人”为核心的大思政格局时，创新发展必须遵循学生个人成长和才能培养的自然规律，深入地讲解思政课，确保其具有政治的深度；透彻地讲解思政课，确保其理论内容丰富；生动地讲活思政课，确保其情感具有温度。这些目标不是短时间内就能达成的，也不是仅仅依赖思政课的教师就能实现的。在“三全育人”的理念下，构建“大思政课”的新的教育模式意味着将协同育人视为一个完整的系统。如果在协同育人的工作中存在某一方工作任务模糊、工作态度不积极的负面情况，或只在某个特定时期、特定地点重视这项工作，就可能对我们整体的育人效果产生负面影响。因此，我们需要深入考虑多个主体的教育能力，最大化地利用教育体系的整体性和和谐性。同时，系统中的每一个部分都应该紧密地结合在一起，相互支撑，确

保系统内的每一个元素都能协同工作，从而实现最佳的教育效果。

任何系统都处于不断的发展变化中，系统的动态性取决于系统的外部因素和内部因素，并主要取决于内部因素。习近平总书记在学校思想政治理论课教师座谈会上发表重要讲话指出，“国内外形势、党和国家工作任务发展变化较快，思政课教学内容要跟上时代，只有不断备课、常讲常新才能取得较好教学效果”①。当高校在开展思想政治理论课程时，除了要关注其思想内容的时代性和现实性，还需要关注其对学生的亲和力、针对性和感染力。思政教学必须紧扣世情、国情、党情的发展变化，在教学内容上实现国家大政方针与学校育人工作实际的紧密结合。利用马克思主义的观点、立场和方法，对社会上的实际问题和学生关心的热点话题进行深入分析和解读，可以帮助学生更加坚定地树立爱国信念，并将他们的理想与国家复兴和中国特色社会主义的宏伟目标紧密结合。思政课的教师需要周期性地深入学生的教室、食堂和宿舍中，以便对学生在学习和生活方面的需求有一个深刻的认识。同时，思政课的教师需要与学工干部、辅导员和专业教师等建立联系，以全面了解学生的思维模式和学习特点，并通过相互交流和互动的方式来进行思政课的教学。

## 第三节　育人为根本：坚持主导性与主体性相结合

高校思政课教学的重要原则之一是坚持教师主导性和学生主体性相统一原则。习近平总书记高屋建瓴，创造性地提出了“八个统一”，这是新时期思政课教育改革与创新的根本依据，也是我国高校思政课建设的重要组成部分。“主导性与主体性统一”是思想政治教育活动中主客体关系的重要体现。

### 一、思政课教师的主导性

教师通过指导教学活动、组织课堂活动等手段，引导学生进行有效的学习，确立了自己在整个教育教学过程中的主导地位。苏联教育家伊·

① 习近平．思政课是落实立德树人根本任务的关键课程［J］．求是，2020（17）：4-16.

安·凯洛夫在他的著作《教育学》中，广泛地采用了马克思主义的观点、立场和方法来阐述教育过程中的各种问题，尤其是关于教师的地位和作用的部分，其观点被我国的学者们广泛采纳，并逐渐形成了最初关于“教师主导性”的理论。

教师的主导作用主要表现在两个层面：首先，教师是教育活动和整个教育实践活动的主导者，教师在实施教育教学工作时，不仅是传授知识，更重要的是教会学生如何学习。其次，在教育实践活动中，教师利用其独特的人格魅力、道德观念和基础业务技能，对学生进行各种形式的教育和指导，如身教言传、启发思考、详细讲解、实验操作、实际操作、自我检查和持续监督等，旨在实现教育最重要的目标——立德树人。总之，教师是教育教学活动的主体，其主导作用是由其所处地位决定的。在教育实践活动中，教师的主导作用不应是被动的，而应掌握主导权。因此，我们必须重视发挥思想政治理论课课堂教学主渠道作用。通过提前进行教学设计，我们可以积极地推动整个教学实践活动朝着更好的方向发展。高校思政课是立德树人的关键课程，是大学生思想政治教育工作的主战场，教学效果直接影响着思政课立德树人的育人成效。同时，思政课立德树人这一根本使命对思政课的教师提出了更高的要求。在当前社会环境下，我国大学生思想认识呈现多元化发展态势，而高校思政课教育又是对高校学生进行马克思主义信仰灌输和培育的重要途径之一。思政课的教师不能只是教授基础的理论知识，更应致力于提高学生的思想道德品质，培养他们的道德标准，并构建他们的世界观、人生观和价值观。从这个意义上讲，思政课教师不仅承担着“传道”与“授业”双重任务，同时还必须是一名合格的思想政治培育者。在教学过程中，教师除了教授理论知识外，更注重培养学生的批判性思考能力，使其能够运用学习到的理论解决实际问题，并勇于承担社会责任。教师的职业能力，将直接关系到大学生今后的发展取向与思想素质。思政课教师应成为课堂教学活动的组织者和引导者，并发挥主导作用，在课堂中主导教学的节奏、形式和目标，把握教学的整体方向。只有这样，才能真正发挥其主导作用。思政课教师的主导性并不是简单、刻板地全权控制，而是在传授知识、发展能力、提高素质的同时，有意识地通过自己的人格魅力影响学生。考虑到受教育者的独特性，我们应当充分利用他们的接受规律，在不知不觉中为他们提供指导。这样，更能发挥学生主体作用，增强其主动性和积极性，使整个课堂教学更加和谐生动。需要强调的是，这种主导性可以在适当的时机和环境中进行调整，但必须确保教育和教学的核心思想不偏离。[①]

## 二、思政课学生的主体性

在高校的思想政治理论课程中，学生的主体性主要体现在他们的主体意识上，这使得学生能够在教师的引导下进行自我学习。学生在教育和教学实践中占据了核心位置，他们既是知识活动的中心，也是学习过程的中心。

学生的主体性主要体现在三个核心特质上：自主性、主动性以及创造性。首先，学生是教学活动的不可或缺的角色之一，具有明确的自主性，如果没有学生只有教师，教学就不可能存在。学生有权在教师主导的教学模式、内容等方面做出主观性的选择，有权根据自己的意愿选择是喜欢还是反对授课教师，或是选择性地接受或拒绝教师教授的内容。因而思政教师必须加强对学生自主性的监督，保证学生始终在正确的航道自主学习。其次，学生在教学实践活动中的主动性不容忽视。学生由被动地接收信息转变为学习中的核心力量，他们能够有效地“翻译”教师传递的主导性信息，并将其转化成个人理解和认知。在教育的广阔天地里，教师扮演着策划者和传递者的角色，他们根据教学大纲的精确指导，精心设计教学方案，旨在向学生们传授那些至关重要的知识和技能。然而，教育的真正价值在于学生的主动参与和探索精神。他们通过不断地自我反思和提问，主动选择和收集相关的学习材料和信息。这些信息可能来自书籍、网络资源，或是来自同学之间的交流讨论。他们的目的不只是完成任务或是应付考试，还会深入挖掘和理解这些信息，最终实现对整个知识体系的更新和完善。学生的主观能动性在教育过程中得到了充分的展现，他们不仅学会了如何分析问题，还学会了如何整合不同来源的知识，以及如何处理复杂

---

① 余丰玉．思政课改革创新要坚持主导性和主体性相统一［J］．中国高等教育，2019（18）：1.

的信息。这一过程不仅仅是知识的积累，更是思维方式和学习方法的转变。最后，学生能够在自主学习的过程中展现出独有的创造性，实现知识由内化吸收到创造的完整过程。随着时间的推移，学生逐渐建立起更为完整的知识结构，并在此过程中培养出解决问题的能力和创新意识。因此，当我们回顾教育实践的历史时，可以看到教育不仅仅是一个简单的传授过程，更是一种引导学生主动学习、终身学习的艺术。当学生受到教师主导的影响后，他们有机会主动从教师那里吸取经验并进行创新。在教育和教学的实际操作中，学生展现出了积极和主动的反应，当他们深入了解教师提供的教育信息后，可能会进行某种程度的思考和改变，基于对教师教育信息的深入理解，积极地进行批评、发展，甚至是超越。在教育的实际操作中，经常可以看到学生向教师表达他们的观点，这也反映了学生的主体性。

## 三、遵循教师主导性与学生主体性相统一

在进行思想政治教育时，我们必须确保“以教师为主导”与“以学生为主体”相结合，这样才能实现思想政治与理论之间的和谐统一。“教师主导”和“学生主体”的统一，是我国高校思想政治理论课建设在深化过程中形成的一种规律。

实施教师主导，是因为教师在思想上比学生更为成熟，具有更强的政治性和更深厚的理论知识，因此，思政课的教学内容、进度和方法都应该由教师来掌握和安排。在高校中，思想政治理论课程应以学生为核心，以道德教育和人才培养为基础，遵循“以人为本”的原则，致力于培养未来的社会主义建设者和接班人。思政课的教授不仅仅是简单的教授，学习也不仅仅是简单的接受。教学应该是一种思想的双向流动，教师和学生之间应该建立一种坚定的共鸣，一方发声，另一方回应。基于此，我们提出了一种创新的教学方法，即既要充分发挥教师的引导作用，同时也要让学生以主体的身份参与到教学活动中。

充分发挥教师的主导作用，是确保大学思想政治教育方向的关键。要实现这一目标，必须加强教师队伍的建设。在教学过程中，教师扮演着关键的领导角色，而大学思政课的教学品质与教师的教学能力之间存在着紧

密的联系。要使学生真正掌握知识，就必须调动广大师生参与学习活动的积极性，而发挥教师的主导作用则是实现这一目标的关键。习近平总书记曾经指出，思想政治课的核心是教师。在思政课的教学过程中，教师要充分调动自己的积极性、主动性、创造性，满足教学的基本需求。学生在学习过程中往往缺乏对我国基本政治立场的深入理解。在教学实践中，如果教师能够坚定学生的基本政治立场，加强学生相关理论知识的掌握，就有可能将他们的政治素质提升到一个更高的层次，并将这些理论知识有机地联系在一起，从而更好地体现学科的整体性。同时，还能激发学生对于知识的探究欲望，引导学生树立科学的人生理想。我们的目标是帮助学生构建一个完整的知识体系，并持续地提升教学的品质。因此，要想构建起高校思政课新质生产力，就要培养具有良好素质的人才。大学生正处于塑造世界观、人生观和价值观的关键阶段。在教育过程中，教师的指导和领导可以协助他们确立正确的政治观念，加强他们的信仰和理想，确保他们得到全面的成长，并培养他们成为社会主义的合格建设者。①

## 四、遵循教师主导性与学生主体性相统一问题及策略

学以教启，教以学成。教师的主导作用与学生的主体地位相结合不仅在理论上是切实可行的，在实际操作中也是不可或缺的。思政课的独特性是由其政治性和理论性共同决定的，这种独特性意味着确保教师的主导作用与学生的主体性相结合是推进思政课改革和创新的核心原则。

目前，众多高校都在努力推进思政课的教学改革。他们摒弃了过去教师主导课堂的做法，更加强调学生的中心角色，但却忽略了教师在课堂中的关键作用。在过去的几年中，针对如何平衡教与学的关系，思政课的课堂教学改革持续进行，旨在促进两个主体之间的积极互动，但实际效果并不尽如人意。

---

① 李作芳，王根生．基于智慧教学空间改革的高校思想政治教育主导性与主体性的统一［J］．齐齐哈尔大学学报（哲学社会科学版），2020（12）：4.

**（一）教师在思政课上缺乏足够的亲和力和针对性，限制了他们发挥主导作用**

在过去的几年中，随着时代进步，高校思政教师的教学内容和方法都经历了变革，但他们仍然面临着教学手段单一、教学课堂缺乏吸引力的问题。教师通常会根据教科书和教学大纲来选择教学材料，缺乏对当下热点焦点问题的关注。此外，部分教师在调整教学内容时，并未充分考虑学生的专业背景和年龄差异，这导致了教学内容缺乏针对性和合理性。在教育方法方面，教师采用的教学策略也变得越来越多元，目的是加强课堂互动和提高学生在课堂上的参与度。然而，在实际操作中，由于大班教学的学生数量较多，加上其他一些实际存在的问题，教学效果并没有达到预期。在运用教学语言方面，教师往往面临着过于刻板、过于理论化、缺乏权威性以及不够吸引人的问题。然而，也有一些教师走上了一条与此相反的路径，即采用"娱乐化"的手段来吸引学生，这导致思政课失去了其应有的价值导向作用。由于在教学内容、教学方法和语言表达等多个方面缺乏针对性和亲和力，学生对教师的信任度下降，进而影响了教师在课堂教学中的主导作用。

**（二）思政课的教学内容未能完全满足学生作为主体的成长需求**

有一小部分教师的思政课内容与学生的日常生活脱节。思政课的教师主要依据教科书来进行教学活动。尽管思政课的教材会编入一些社会焦点问题以供讨论，并且内容也会持续更新，但从教科书的编写、审核到最终的出版发行，通常都需要相当长的时间。而思政课是最与时俱进的课程，不同于其他学科的教材可以用几年甚至十几年都不滞后，思政课教材往往发到学生手中时就已经具有滞后性，缺乏对当前社会焦点热点问题的关注。因此，在挑选教学材料时，教师应准备最新的时政材料用于讲解最新的理论知识。在内容阐释中，可以引用习近平关于思政教育的最新理论成果，以此增强思政课的说服力和亲切感，满足大学生对思政教学的需求。

**（三）学生对思政课的核心价值了解不够，这限制了其在教育中的主体作用的发挥**

思政课堂不仅是传播和实施党的各项方针和政策的主要场所，也是引导学生坚定四个自信和培养承担民族复兴重任的新一代人才的关键场所，是工具理性和价值理性的统一，被认为是对大学生进行系统性思想政治教育的主要途径，是无法被替代的。然而，由于当前就业环境日益严峻，许多学生过于关注专业课程在他们未来职业生涯中的关键作用，而忽视了思政课在他们个人成长过程中的重要性，甚至将思政课推向了边缘。受制于学校的规章制度，尽管高校的思想政治课出勤率得到了一定的保障，但仍有大量的学生并不真正关心这门课，他们对其缺乏深厚的兴趣，在课堂上的参与度相对较低，从而限制了他们主观能动性的发挥。

在高校的思想政治课程教学中，坚守“主导性与主体性相结合”的原则，不仅为新时代高校思想政治理论课程的未来方向提供了明确的指引，而且具有深远的现代意义。为此，寻找新时代下深化思政课教学改革的有效途径变得尤为重要和迫切。

思政课教师要用仁爱之心滋养学生。习近平总书记要求思政课教师“情怀要深”，拥有家国情怀、仁爱情怀、传道情怀。其一，家国情怀是人的精神归属，是与国家民族休戚与共的壮怀和以天下为己任的使命感。家国情怀代表了人的精神归属感，体现了与国家和民族紧密相连的深厚情感，以及对整个世界的使命感。纵观中华民族五千年文明史，家国情怀始终贯穿其中。只有将家国情怀融入自己的教学实践之中，才会使思政课成为一门真正意义上的育人课程。在中华民族的精神结构中，“国家”与“家庭”“社会”以及“个体”之间存在着紧密且不可割裂的联系。只有当思政课的老师内心充满对国家和民族的热爱时，他们才能展现出广阔的视野、崇高的境界、宽广的胸怀和深邃的智慧，进而用一颗充满博爱的心去热爱社会、岗位、学生和他人。其二，在大学里，教师要把“爱”融入教学之中。教育被视为一项“仁爱并深爱他人”的事业，它就像一把“金钥匙”，不仅是教育的核心，更是打开学生内心世界的关键。在教学中，只有将“爱”融入课堂，才能够激发出大学生学习思政课的兴趣和热情，进而达到提高课堂教学效果的目的。“爱”不只是一种积极的感情，它更是一种培养人的能力和方法，是“为师立教”的根本和前提。在高校中，思政课的教师需要成为“爱”的代表，对学生展现出深深的关心、尊重、信任、鼓励，助力他们的成长。其三，教师要时刻铭记基于自身本职工作而产生的传道情怀。高校思想理论课肩负着引导大学生树立正确的世界观、人生观和价值观的任务，因而，时刻葆有浓厚的传道情怀不仅是教师安身立命之本，更是引导大学生树立良好的思想品德和知识素养的关键所在。相较于其他的专业课程和公共课程，思政课在教育功能上显得尤为重要，它为年轻学子的人生旅程提供了明确的方向指引，充分激发学生的学习动机，充分发挥他们的思想觉悟，进一步提高他们的学习意愿。

培养学生充分认识思政课在立德树人中的引领作用。习近平总书记明确指出，“思想政治理论课是落实立德树人根本任务的关键课程”，“在大中小学循序渐进、螺旋上升地开设思想政治理论课非常必要”①，对高校思政课建设的重大意义进行了新的阐述。当前，百年未有之大变局正在加速演变，各种不同的意识形态和社会观念正在发生碰撞，使部分大学生产生了思想上的困惑。大学生群体是国家未来发展的重要力量，他们能否拥有强大的精神动力直接关系到中华民族伟大复兴目标的实现。年青一代作为中国梦的奋斗者、实现者，必须坚守“四个自信”，在深邃的马克思主义理论的光辉照耀下，筑就坚定的信仰基石。这种信仰不仅深植于心，而且能够转化为对国家和民族深深的情感，使得家国情怀得到升华。同时，通过培养高尚的道德修养，我们的精神境界得到了显著提升，正如一座灯塔指引着方向，引领我们追求更高的精神境界，塑造更加完善的人格。然而，这一切的实现都不是孤立的，它们紧密地与思政课联系在一起。思政课的教育和引导，如同春风化雨，潜移默化影响每一个学生，让他们在思想的沃土中茁壮成长，成为有理想、有道德、有文化、有纪律的社会主义建设者和接班人。正是这样的教育模式，让学生在学习中不断深化理解，在实践中不断砥砺前行，最终达到个人精神世界丰盈与社会责任担当的和谐统一。

**（四）思政课的教师需要深入探究学生的个性特点，以构建一个符合学生接受能力的思政教学环境，从而使大思政课程得以形成，落实“三全育人”的教育理念**

要注重培养“新生代”大学生，提升其综合素质。“新生代”是与互

① 习近平．习近平主持召开学校思想政治理论课教师座谈会强调：用新时代中国特色社会主义思想铸魂育人　贯彻党的教育方针　落实立德树人根本任务［N］．人民日报，2019-03-19（1）．

联网共同成长的新一代，他们有开放的思维方式、充满活力的观点、多样的价值取向、实事求是的工作态度，以及对时尚和个性的追求。这些新变化对传统的高校教育提出了严峻挑战，造成了巨大冲击，也给高校思政课教学带来了前所未有的机遇和发展空间。他们热衷于思考和提问，展现出强烈的探索精神，有较强的探究欲和求知欲。然而，在学习过程中，学生往往表现出懒散和逆反的心理状态，这使得他们在面对抽象的理论和已有的结论时，容易产生心理障碍，甚至产生排斥情绪。如果教师不能及时地引导，很可能会出现课堂上学生沉默、厌倦、抵触等现象。因此，思政课的教师需要深入研究大学生的接受能力，利用他们能够理解的语言、感兴趣的主题和生动的例子来激发他们的思考，指导他们，使他们能够更好地表达自己的思想，让他们在轻松的课堂氛围中碰撞出火花。始终坚守内容至上的原则，并持续推进教学方法的创新。只有把“三会一课”作为教学主线贯穿于整个课堂教学过程，才能有效提高教学效果。教学的核心是精神和灵魂，一个课程是否充满活力，最终都是通过其内容来展现的。① 如果没有好的教学内容，就谈不上教学艺术。思政课教师在选择教学内容时必须投入更多的精力。他们需要摒弃那些空洞的简单说教，而根据不同年级和专业的学生的需求来选择最适合的教学内容，还要注重培养学生的创新能力、实践能力以及综合素质。通过这样的方式，教师既可以就党和国家的重大决策、战略部署与学生进行深度的沟通，又可以把具有引导国家发展方向的理论创新成果变成生动、易于理解的课堂内容。同时，教师也可以用通俗易懂的方式，对同学们所关心的一些社会热点、教育、就业等方面的疑难问题，做简单的剖析和解释。通过这种方式，可以让学生们在面临学业上的困惑、生活上的难题时，有一个清晰的思路，从而提高他们的理解能力和应变能力。这种教学方式使我们的课堂从单纯地向学生传授知识，变成了一个开阔的平台，启发学生思维，解答学生疑问，促进学生的心灵成长。我们要让每一堂课都能触动学生的心灵，激起他们求知的欲望，理论联系实际，把学习内容真正地融入学生的生活中去。教育和教学

① 陈玲，王汐牟．提升高校思想政治理论课教学的政治性与理论性探讨［J］．思政教育，2019（6）：91-93.

被视为一门艺术，是因为教师能够根据每位学生的特质，为他们提供有针对性的指导。[①] 在教学方法创新的过程中，教师作为课堂主导者的地位是不可动摇的，需要加强课堂管理，绝不能让思政课程流于形式。

## 本章小结

本章以马克思主义理论为科学指导，遵循思政育人规律，研究构建大思政格局这一崭新的教学模式。在理论构建中，正确的原则方法是实践的科学指引，偏离了原则很容易陷入主观主义和形式主义，因而我们首先需要明确其构建过程中应遵循的核心原则。具体来说，这些原则包括方向性与理论性相结合的原则、系统性与创新性相结合的原则以及主导性与主体性相结合的原则等。本章对以上原则进行了较为系统的学理阐释。

① 肖贵清．新时代高校思想政治理论课的守正与创新［J］．思想教育研究，2019（3）：80-84.

# 第四章 高校“三全育人”大思政格局的丰富实践

为了提升研究的精准性，本章采用定性和定量相结合的方法，扎实梳理全国“三全育人”的优秀典型，力争中立地分析“三全育人”丰富实践的内在机理，提炼可以推广并沉淀下来的宝贵经验；同时通过问卷调查的形式，以笔者所在单位为样本，进行个案分析，具体侧重于做了什么工作、取得了哪些成就、存在哪些不足，以此实现对于高校“三全育人”格局的丰富实践的整体性把握。

党的十八大以来，立足于社会主义现代强国建设，为中国梦的实现提供更为强大的精神动力，以习近平同志为核心的党中央高度重视学校思想政治教育工作。十年来，围绕大中小学思想政治理论课一体化建设、高校马克思主义学院的发展、思政课教师队伍的建设、思政课课堂效果的提升等，习近平总书记多次走进高校马克思主义学院，行程密集，安排周全，部署全面。此时期是高校思想政治教育发展史上一个重要时期，总书记亲力亲为、亲自谋划、亲自部署，为新时代高校政治教育工作擘画蓝图，使其作为“国之大者”功能得到充分实现，为中华民族伟大复兴注入了强劲的精神动力。

围绕培养什么人、怎样培养人、为谁培养人等根本问题，习近平总书记先后发表一系列重要讲话，作出一系列重要指示批示，系统、科学、深刻地回答了事关新时代学校思政课建设的一系列方向性、根本性问题，站在培养担当民族复兴大任的时代新人战略高度，为学校思想政治工作提供了根本遵循，指明了前进方向，实际上为构建完备的大思政格局提供了方法论。"'大思政'反映了当今时代高校思想政治教育的开放性、互动性、协同性、合力性的特征，而反映在价值领域，则体现在高校思想政治教育价值体系的整体有效性"①。"三全育人"实际上是构建大思政格局的路径。2017年，中共中央、国务院出台了《关于加强和改进新形势下高校思想政治工作的意见》，明确提出了"三全育人"综合改革试点目标和举措，并在全国范围内确立了一批高校作为实践探索先行试验点。② 据统计，自2018年教育部启动"三全育人"综合改革试点以来，两批总共8个"三全育人"综合改革试点区、25个综合改革试点高校、92个综合改革试点院（系），开创"三全育人"综合试点先行先试的丰富实践，迅速推动了新时代高校思想政治工作的质量提升，"三全育人"理念得到了空前重视，育人效果日渐彰显。

在构建大思政格局的过程中，各高校紧扣校情，筑牢立德树人、培根铸魂的制度之基，十年来取得的成就是显著的。一项数据显示，在高校思政课"教学质量年"大调研中，思政课课程优良率达83.2%，86.6%的受访学生表示非常喜欢或比较喜欢上思政课，91.8%的受访学生表示非常喜欢或比较喜欢自己的思政课老师，91.3%的受访学生表示在思政课上很有收获或比较有收获，这已经很好地说明了问题。③ 无论是育人理念革新、思政课堂拓展、思政队伍建设，还是校园育人环境优化等方面，均发生了历史性巨变。一些高校在育人实践中，大胆尝试、勇于创新，走在了前列，逐渐形成了一系列宝贵经验。比如，在确保学术卓越和专业教育质量的同时，复旦大学巧妙地将思想政治教育融入日常的教学活动，做到"微而不碎""大而不空"，使其成为课程体系中自然而然、至关重要的部分。各个学科在保持专业深度的同时，提升了教育的全面性，使得思政理念与专业技能知识相互融合，彼此增色。这种交织与互动犹如琴瑟和鸣，轻轻拨动着学生的心弦，激发共鸣，起到了画龙点睛、启智润心的作用。江苏

---

① 米丹．"大思政"理念下高校思政教育价值体系的整体有效性探讨［J］．黑龙江教育学院学报，2016（4）．

② 刘鹏飞．新形势下高校思想政治工作改革创新路径探究：兼评《加强和改进新形势下高校思想政治工作十谈》［J］．中国高教研究，2018（3）：113．

③ 周艳红．"三全育人"视域下高校"大思政"新格局构建研究［D］．南昌大学，2023．

大学一些做法值得推广，该校不仅研究制定了立足于学校的“三全育人”工作实施意见、改革建设方案等框架性文件，还就思想政治理论课、课程思政等专项工作出台了具体实施办法，从而织密“三全育人”的制度之网，切实把“三全育人”打造成为该校的育人品牌。这些掷地有声的举措或者制度的出台，凝聚起了育人共识，积聚了协同育人能量场，为实践推进提供了强力保障。同时，该校注重顶层设计，优化组织结构，理顺机构关系，协同运行，发挥出最大治理效能。新成立党委教师工作部和研究生工作部，与学生工作部形成合力，统筹教师、研究生和本科生不同群体的思想政治工作；建立思想政治教育研究院和“三全育人”创新发展中心，加强对学校思想政治教育工作的理论研究和实践创新探索，提高“三全育人”工作的科学性和实效性。其他学校，比如中国人民大学、大连理工大学等，围绕“三全育人”建章立制，密织制度之网，优化完善工作机制，不断构建纵横责任体系，以确保“三全育人”综合改革顺利推进。① 地处中原腹地的河南工业大学立足于粮食办学特色，深耕课程思政，不断提升优化课程思政体系，逐渐形成了经济底色+粮食特色+立德树人的育人模式，也衍生了一批优秀的特色选修课。

总体上看，高校“三全育人”综合改革都注重以制度保障来夯实工作体系，特别重视构建党委统一领导、党政齐抓共管、部门分工负责、全员协同参与的“三全育人”责任体系。这些重要的实践和经验的沉淀为其他高校高效开展“三全育人”树立了操作标杆。

近年来，国内学术界对“三全育人”理念的探讨日渐升温，研究成果也日益丰富，为思政教育领域的核心议题提供了厚重的理论支持。这一理念旨在解答如何塑造个体、采用何种教育方法以及教育目标为何等根本问题，从而在实践中对“培养什么人，怎样培养人，为谁培养人”做出有力的学术回应。在理论与实践的双向互动中，“三全育人”大思政格局的构建日渐成熟和完善。全国高校始终高举习近平新时代中国特色社会主义思想的伟大旗帜，坚持以立德树人为根本任务，以为党育人、为国育才为根本目标，以服务中华民族伟大复兴为重要使命，把思想政治工作贯穿教育

---

① 黄绍华．高校“三全育人”的理论意涵与实践进路［J］．高校辅导员学刊，2022（4）．

教学全过程，着力构建全员、全过程、全方位一体化育人体系，"三全育人"理念得以贯彻、大思政育人格局初步构建、"三全育人"实效开始凸显。学校"三全育人"工作的实践成效显著，呈现出了强劲的实践活力，在教育共同体的打造上、育人机制的协同创新上、育人政策更富亲和力上达成共识。

本章广泛借助学界已有的成果，力争对"三全育人"的实践成效做一个粗线条的描述。尽管"三全育人"理念已经在实践中展现出其深远影响，但不可否认，实施过程中遇到的挑战依然存在。一小部分高校在育人资源的整合上显得力有未逮，尚未能够营造出一个无时无刻、无处不在、无事不包的育人环境，育人合力也尚待提升。但是成就是历史性的、天翻地覆的。

## 第一节　成就一："三全育人"职责更明确

习近平总书记在全国思政工作会议上强调，"办好我国高等教育，必须坚持党的领导，牢牢掌握党对高校工作的领导权，使高校成为坚持党的领导的坚强阵地"①。党的领导是关键，是全面落实构建"三全育人"大思政格局的重要前提和领导保证。各试点单位党委始终将政治建设摆在首位，牢牢掌控构建"三全育人"大思政格局的社会主义发展方向，掌控其领导权与话语权，落实政治建设责任。同时，在构建"三全育人"大思政格局相关机构、群体与人员的协同下，青年大学生逐步与错误思想划清了界限，行动更加明确，高校思政育人的效果更加明显。高校思政育人不仅强化了理论的灌输，更加注重实践的跟进，引领"三全育人"大思政格局向理论与实践融合发展，拓展了思政育人的范围与内涵，提升了育人深度。当前，学界从多个视角对构建"三全育人"大思政格局开展了详尽的阐释，既有系统学、协同学的解读，也有管理学、哲学、心理学与教育学的研究，形成了多视角、多领域、多学科融合的研究成果，使各方对履行"三全育人"职责有了明确的认识和精准的定位。管理学、协同学、心理

① 习近平．习近平在全国高校思想政治工作会议上强调：把思想政治工作贯穿教育教学全过程　开创我国高等教育事业发展新局面［N］．人民日报，2016-12-09（1）．

学、系统学既有理论成果，也有丰富的实践成果。引领高校内涵式发展得益于党和国家十分重视“三全育人”大思政格局的构建，重视思想建党，重视思想引领党的建设，重视思想建设。“再细究，‘三全育人’的本体理据则在于思想观念存在的耗散样态”①。依托对构建“三全育人”大思政格局的全面、深度解析，党和国家对其有了更加全面、深刻的认识，把其作为一项系统工程来开展是时代发展的应有之义。高校思政育人也不断领会“三全育人”的核心要义，并在教育教学实践中不断践行。思政课教师依照“三全育人”要求上好思政课，全面讲授习近平新时代中国特色社会主义思想，并引导学生开展课内与课外、线上与线下社会实践，引导学生认识理论与实践结合并改造自己与世界的伟力；专业课教师依照课程思政的要求，把思政育人内嵌于教育教学之中，引导学生提升认识，提升专业技能，进而不断提升自身综合素质，为中国特色社会主义与民族复兴贡献自己的力量；就业指导教师引导学生把未来职业发展与国家、社会需要结合起来，依照自身的优势，合理选择职业，规划自己的职业发展；心理健康教师对青年大学生做好心理辅导，不断提升青年大学生的抗挫折能力，引导他们学会调控情绪，正确处理自己与他人、集体、社会、国家的关系，正确看待自己，培育理性、平和的心态。家长也主动配合学校要求，引导学生认真接受教育，积极参加社会实践，不断优化社会环境。社会相关机构与部门也积极参加大学生思政育人工作，如提供教育资源、提供社会实践场域，让大学生实践有机会，实践有效果，思想有提升，立德树人主旨能落地。从这个层面来说，“全员育人”既有校内各个部门与人员的参与，也有校外相关育人主体与部门的参与，是一体化育人工程。这种育人工程使全员、全方位育人的逐步开展有了坚实的实践基础，也为构建“三全育人”大思政格局夯实了深厚的基石。“‘三全育人’等同于新形势下围绕‘立德树人’中心环节，在时空的坐标轴上综合全部育人主体建立起来的新型德育模式。”坚持不懈贯彻“立德树人”之初心才是“三全育人”的核心职责所在。②

① 王习胜．“三全育人”合理性的逻辑诠释［J］．思想理论教育，2019（3）：52-56.

② 汪翠萍．“三全育人”的历史发展、现有成就与深入路向［J］．内蒙古师范大学学报（教育科学版），2022（4）：17.

## 第二节　成就二：“三全育人”机制更完善

在构建“三全育人”大思政格局工作的过程中，思政育人的机制日趋完善。一方面，学界以大思政格局为切入点，围绕“三全育人”要求，厘清了思政教育、思政育人、课程育人之间的逻辑，为构建“三全育人”大思政格局提供了坚实的理论基础。在系统思维的支撑下，大格局思维与全要素要求不断落实。“系统是由相互作用、相互依赖的若干要素结合而成，是具有整体性功能的有机体”①。“全方位指的是综合校内校外、课内课外、线上线下诸因素从多个维度明确立德树人的根本任务，通过各个子任务的落实，以点带面构筑多维并进、资源互补、高效互动、综合融通的‘大思政’格局”②。概言之，构建“三全育人”大思政格局不但表现为育人理念与育人方式的创新，更是思政育人格局的重构，促进育人多层面的变革与深化。从另一个视角来说，协同理论引领构建“三全育人”大思政格局，各系统优化组合，形成育人合力，逐步产生 1+2+3>6 的实践结果，使育人机制不断完善。育人机制的完善表现在以下几个方面：一是组织领导机制不断完善。党对构建“三全育人”大思政格局高度重视，想方设法动员社会各种资源，支持思政育人建设，形成社会共识，把思政建设放到重要位置。二是出台各种政策推进思政育人落到实处。总书记提出“三全育人”后，党和国家制定了一系列政策，为思政育人提供了强大政策支持。同时，强化政策落实督查，及时查找思政育人的短板，提升高校思政育人自觉性，推进思政育人提质增效。育人机制的完善，使思政育人工作扎实推进，构建“三全育人”大思政格局越来越系统化。比如，同济大学把“十大育人”内容细分为 83 项，一项一项落实推进；吉林大学则围绕“十大育人”体系落实，确立主要工作任务，成立了 10 个工作组，每个工作组目标明确，切实提升育人效果。

---

① 武娜娜，蔡金杰．新时代高校思想政治三全育人模式研究［J］．湖北开放职业学院报，2019，32（8）：106-107.

② 杨晓慧．高等教育“三全育人”：理论意蕴、现实难题与实践路径［J］．中国高等教育，2018（18）：4-8.

在数字技术迅速勃兴、人工智能技术迭代发展的背景下，数字思维日益融合到思政育人格局中。对于如何拥抱数字技术时代的到来，习近平总书记在主持中央十九届中央政治局第三十四次集体学习时谈道：“数字经济发展速度之快、辐射范围之广、影响程度之深前所未有，正在成为重组全球要素资源、重塑全球经济结构、改变全球竞争格局的关键力量。”① “如果我们不识变、不应变、不求变，就可能陷入战略被动。”② “思想政治理论课要坚持在改进中加强、在创新中提高，及时更新教学内容、丰富教学手段，不断改善课堂教学状况，防止形式化、表面化。”③ 构建“三全育人”大思政格局能更好适应数字思政的挑战，时代在科技的激荡变革中也强烈地倒逼着思政机制的创新。“三全育人”机制在理论和实践领域的综合把握上，较之前有更大拓展和延伸，更灵活和富有创新性，对于育人的主体、空间和内容的权责把握更加综合全面。这也是对数字技术与信息时代所带来的这场深刻历史变革的积极而又深刻的回应。同时，环境育人的功能不断得到彰显，隐性育人功能得到发挥，包括发挥新时代校园环境的育人功能，尤其是综合运用好社会实践大环境，比如“国境”“国门”高校充分利用富裕的边境资源，在民族团结进步、爱国主义上做足功课，写好文章。同时一些高校党委通过表彰“三全育人”大思政格局的个人与群体，授予其思政育人最美教师、最美团体等多项荣誉称号，不断树立典型标杆，发挥了榜样示范效应，成为了深化“三全育人”综合改革的试验田、领头羊，进一步激活了“三全育人”的工作机制。

## 第三节 成就三：“三全育人”改革更深入

随着“三全育人”的深入，各项相关的综合改革也逐步推进。教育部出台了《“三全育人”综合改革试点工作建设要求和管理方法》并指导“三全育人”在相关高校综合推进，高校各部门、各工作人员都发挥自己

---

① 习近平．习近平谈治国理政（第四卷）［M］．北京：外文出版社，2022：204.

② 习近平．在全国宣传思想工作会议的讲话［N］．人民日报，2013-08-21（1）.

③ 习近平．思政课是落实立德树人根本任务的关键课程［M］．北京：人民出版社，2020：5.

的资源、人力与能力优势，向"三全育人"方向发展，落实自身的育人功能。一是全员参与育人工作。育人主体不再限于高校的思政教师，而是延伸到高校所有工作人员，让他们真正做到"守好一段渠"，进而"种好责任田"，落实各自的育人职责。同时引入社会力量参与育人，使社会力量融入育人进程，发挥社会力量的独特优势。二是全过程育人着眼于学生的发展与成才，内嵌于大学生的学习生涯，拉伸育人的时间段，让育人工作覆盖学生的学前、学中及学后。如在特殊时期，可以把线下思政育人工作移到线上，推进思政由线下向线上发展。通过元宇宙技术，重构真实的教育场景，生成"超现实的体验式学习"，更全面体悟思政育人的真实性与针对性。三是全方位育人实现空间育人的多维度发力，形塑新的育人大格局。线上与线下的思政育人更具开放性、互动性，有了更好的体验性。同时，思政育人从课堂单向的灌输向行走课堂转变。这种思政育人方式依托科技、学生思想认识水平、教育生态的变化，逐步形成超越物理场景的教育方式，推进思政育人与实践育人高度融通，使访谈活动、实地调研、社会实践等活动全面展开，提升思政育人的实效性。天津大学把"三全育人"与"五育并举"统合为一体，"德育铸魂、智育固本、体育强健、美育浸润、劳育淬炼"五大体系联动，促进学生在学校的大熔炉中发生"化学反应"，德智体美劳相向而行，产生育人实效。"三全育人"大思政格局的育人成效实现了落地化、普遍化、全员化，让其有更强的科学性。从当前情况来说，"三全育人"大思政格局已然覆盖整个社会生活，渗透到各个层面，使思政育人辐射至多领域、多层面、多环节，化为"十大育人"体系，这表明"三全育人"综合改革更为深入，方法更为科学。河南财经政法大学依托"大学美育"课程，点面结合、纵横联动，深入贯彻"三全育人"方针，取得了很大的反响，贡献了"三全育人"综合改革的财大方案。

## 第四节 成就四：“三全育人”实践更宽广

“思政课不仅应该在课堂上讲，也应该在社会生活中来讲”①。构建“三全育人”格局，就要牢牢聚焦于宏大的时代，看到鲜活的实践，看到生动的现实。习近平总书记多次强调，要善用“大思政课”，把思政小课堂同社会大课堂结合起来，教育学生理论联系实践，引导学生做到知信行统一、学思用贯通，为新时代思政课实践教学提供了根本遵循。党的二十大报告指出，要“弘扬以伟大建党精神为源头的中国共产党人精神谱系，用好红色资源，深入开展社会主义核心价值观宣传教育，深化爱国主义、集体主义、社会主义教育，着力培养担当民族复兴大任的时代新人”②。这一系列重要论述无疑为拓展高校“三全育人”格局中第二课堂的实践空间、提升“三全育人”的育人品质，提供了行动遵循。特别是，中国共产党是一个拥有百年历史且具有世界影响力的大党，红色文化资源是在革命斗争和社会主义建设的伟大实践中生成的文化成果，是中国共产党独特的精神标识，也是中国优秀文化的现代呈现方式。这一独特文化景观在高校构建“三全育人”大思政格局中地位非常重要。从文化资源的形态层面来说，红色文化资源有看得见的实物形态的文化资源，更有非实物形态的文化资源，如红色歌曲、中华民族精神、中国精神、历史英雄人物、历史景观等。红色文化资源蕴含着丰富的历史故事与厚重的历史积淀，体现了中国共产党人的政治立场及价值立场，是引领中华民族走向复兴的重要精神力量，让高校构建“三全育人”大思政格局有了重要的文化源泉。

早年毛泽东在其课堂笔记整理稿《讲堂录》中就鲜明指出了实践在探寻真理、塑造价值中的重要性。“闭门求学，其学无用。欲从天下国家万

① 杜尚泽．“大思政课”我们要善用之（微镜头·习近平总书记两会“下团组”·两会现场观察）[N]．人民日报，2021-03-07（1）．

② 习近平．高举中国特色社会主义伟大旗帜 为全面建设社会主义现代化国家而团结奋斗——在中国共产党第二十次全国代表大会上的报告[M]．北京：人民出版社，2022：44.

事万物而学之，则汗漫九垓，遍游四宇尚已"①。为推动高校思政课实现"'大思政课'我们要善用之，一定要跟现实结合起来"，教育部在《新时代高校思想政治理论课教学工作基本要求》等多个文件中，对思政课实践教学的学分作出明确要求，旨在引导高校思政课教学不再拘泥于传统课堂模式，而是更加注重在实践教学中增强大学生对理论知识的情感认同和价值内化。为此，就要落地一批具有重大意义的实践教学基地。②

全国很多高校均依托所在区域，自觉对接当地红色文化资源、精心提炼本校历史，从厚重历史主动汲取育人的养分，夯实立德树人的根基。环境也是一种重要的育人资源，要充分挖掘和运用丰富的红色资源，传承红色基因，赓续红色血脉，贯彻党的教育方针，落实立德树人根本任务，筑牢师生精神高地。比如，江西现代职业技术学院是一所地方高职院校，其主动组建国学教研室，率先在全省高职高专院校开设"国学课堂"，并建设省级精品在线开放课程。以"国学课堂""红色文化""工匠精神"三门课程作为思政教育融通课程模块，采用"理论+实践"的教学模式，用优秀传统文化元素、红色基因、敬业精业的工匠精神滋养教育学生，③ 育人效果非常不错。同样身处中原大地的郑州工商学院建成了河南省高校中规模最大、设备最先进的红色教育基地——中国共产党人精神谱系馆，总面积近 1500 平方米。展馆以"伟大精神薪火相传"为主题，立足校内、辐射校外，依照"忠于原意、把握特质、详略得当、彰显河南、兼顾学校"的原则，以伟大建党精神和中宣部公布的第一批纳入中国共产党人精神谱系的 46 种伟大精神谋篇布局，设置序厅、伟大建党精神、新民主主义革命时期等四个历史时期的中国共产党人精神谱系展区，"奋进新时代、踏上新征程"专题区和尾厅共八个展区，展示了中国共产党在长期奋斗过程中形成的"精神谱系"，致力打造"行走的思政课"和"场馆里的思政

① 中共中央文献研究室，中共湖南省委《毛泽东早期文稿》编辑组．毛泽东早期文稿［M］．长沙：湖南出版社 1995：587．

② 马福运，王瑶．中国共产党人精神谱系融入高校思政课的逻辑理路［J］．河南大学学报（社会科学版），2023，63（6）．

③ 陈飞．构建"大思政"格局，谱写"三全育人"合奏曲［N］．中国教育报，2022-9-20（12）．

课”，依托中国共产党人精神谱系馆进行思政课程沉浸式教学改革，不断增强思政课教学的吸引力、说服力和感染力。这些“三全育人”的丰富实践，是非常必要和难得的尝试。另外，网络育人工程成效也非常显著，如用足用好“第三课堂”，坚持“互联网+思政”，建设“智慧校园”，完善网络新媒体矩阵，整合数字化信息平台，建立起网络文化成果评价认证体系，等等。

伴随着中国式现代化的推进，对于现代性的警惕也是“三全育人”过程中不容忽视的维度。唯有“有血有肉”“有声有色”“有滋有味”的全景式思政课堂，加上理论与实践的良性互动，才能切实引导大学生在“祛魅”中寻求“本真”，真学、真懂、真信、真用，达成教学目标和育人效果的高度嵌合。实践空间的拓展优化对于提升育人成效，帮助大学生树立正确的世界观、人生观、价值观意义是极其重大的，也是非常必要的。

**附：红色教育基地教学案例**

2023 年 11 月 17 日，笔者在参观郑州工商学院中国共产党人精神谱系馆过程中，看到该校思政教师们已经将课堂教学的学分拿出一部分投放到了校内红色教育基地。思政课教师引领学生驻足在播放着长征精神专题视频的 LED 大屏前，为学生讲述第五次反“围剿”失败后，1934 年 10 月至 1936 年 10 月两年时间里，第一、第二、第四方面军和第二十五军分两路踏上了伟大的长征之路。红军战士血战湘江，四渡赤水跳出包围圈，金沙江战强敌，强渡大渡河，飞夺泸定桥，独树镇大战强敌，勇克包座，转战乌蒙山，突破了百万追兵设立的封锁线。在图文并茂和声光电的复合效应下，学生深刻理解了长征精神的内涵实质：一部红军长征史，就是一部为了救国救民，不惜牺牲一切与不怕困难的历史。长征途中，红军打了 600 余次战役，攀越 40 余座高山险峰，跨越近百条江河，穿越了茫茫草地，平均每 300 米就有一名红军壮烈牺牲。一部红军长征史，就是一部坚定革命的理想和信念、坚信正义事业必然胜利、铁了心跟党走的历史，红军战士宁肯忍饥挨饿，也要将半截皮带留下来，带着它“去延安见毛主席”。一部红军长征史，就是与人民群众命运相连，与人民群众患难与共、生死相依、艰苦奋斗的历史。一部红军长征史，就是一部顾全大局、严守纪律、紧密团结的历史，红五军团第三十四师在掩护中央红军主力渡过湘江后，师长陈树湘身负重伤，用手从腹部伤口处绞断了肠子，壮烈牺牲，年仅29岁，整支部队为掩护大部队转移付出了沉重的代价。这些都是习近平总书记深情讲述和传颂的长征故事，要求我们世世代代牢记伟大长征精神、学习伟大长征精神、弘扬伟大长征精神。

将VR技术运用到思政课教学中，打造体验感强的沉浸式教学，显然是对以往传统思政教学的重大创新和超越。场馆注重善用动态的视频激发学生的情感共鸣。突破传统的图文展板展示形式，每一个板块除展示精神内涵外，还充分利用现代科技配备了5~10分钟的主题视频，通过VR沉浸式体验、主题视频、声光电多媒体技术等，增强展示的艺术性、体验性、科技感和层次感，使同学们心灵受震撼、思想受洗礼、精神受鼓舞。比如，在焦裕禄精神展区，通过视频播放为学生还原焦裕禄同志在兰考工作的475天，带领兰考人民战天斗地，用生命树起一座共产党人的巍峨丰碑，真实展现了焦裕禄精神产生的情境，准确传达了焦裕禄精神及其思想内涵，更容易激发学生的情感共鸣。

## 本章小结

本章立足于实践，通过纵、横维度，梳理已有的实践成果。既从现有的标杆高校“三全育人”的丰富实践中提炼出好的经验，也采用访谈形式梳理了一般高校的做法，力争实现普遍性与特殊性的统一。纵览“三全育人”的实践，其成果具体体现为制度构建日渐完善、领导机制日渐成熟、协同育人日渐顺畅、育人理念日渐科学等。本章力图勾勒出一幅新时代下高校思政育人的“富春山居图”，以此刻画出新时代十年来在高校思政教育领域所发生的历史性巨变。

# 第五章 高校“三全育人”大思政格局的困境梳理

在目前学界“三全育人”相关研究中，理论研究转化为实证研究不够充分，尚有一定的空白，不能有效保证理论与实践的统一。为了从定量上验证已有成果，本章以中部省份一本科高校（笔者学校）为样本，通过调查问卷，进行了调研和访谈。

自 2023 年 5 月 6 日至 8 月 18 日，先后依托笔者所在单位马克思主义学院建设座谈会、思政课程与课程思政同向同行建设的专项座谈会的会议记录，初步了解了学校“三全育人”的情况，针对时代赋予高校的现实命题，力争给出校本答案。

2023 年 5 月 12 日，为了了解学校“三全育人”开展情况，思想政治教育工作调查研究专班进行了学校“三全育人”工作调查，发放了《“三全育人”问卷》，参与此次问卷调查的 2131 人中，来自农村家庭的学生最多，共 779 人，占比为 36. 56%，其次为设区的市和县城，占比均为 27%左右，来自乡镇的学生占比最少，为 8. 54%。在性别分布上，女生占样本总量的绝大多数，为 1500 人，占比为 70. 39%，男生占比为 29. 61%，为 631 人。大部分参与者都是大二年级的学生，占样本的 61. 38%，其次为大一年级的学生，占比为 32. 57%，大三和大四的学生占比少，分别为 5. 82%和 0. 23%。数据基本反映了学校“三全育人”的现状、取得成就及存在问题（见表 5-1）。

表 5-1 “三全育人”问卷调查

| 年级 | 大一 | 大二 | 大三 | 大四 |
| --- | --- | --- | --- | --- |
| 人数 | 694 | 1308 | 124 | 5 |
| 百分比 | 32. 57% | 61. 38% | 5. 82% | 0. 23% |

2023年5月19日，为了了解学校课程思政开展情况，发放了《"三全育人"理念下学校课程思政建设路径研究调查问卷》，问卷发放对象为笔者学校在读生，共计发放问卷730份，有效回收705份，有效回收率97%，数据基本能反映被调研单位"三全育人"现状。

2023年5月29日，为了解辅导员队伍建设情况，发放了《"三全育人"视域下学校辅导员队伍建设状况调查问卷》，问卷发放对象为笔者学校辅导员，共计发放问卷60份，有效回收60份，有效回收率100%，数据基本能反映被调研单位辅导员队伍建设状况。

当前的诸多社会思潮如泛娱乐主义、新自由主义、历史虚无主义等在网络平台出现，更甚者，用学术理论的形式使其影响力度不断加大，对主流意识形态产生了巨大影响，给高校思想政治工作带来了很大压力和挑战。为了针对性了解各种社会思潮对青年大学生的影响，2023年6月22日，对部分辅导员和党委宣传部、学生处、团委、教务处、马克思主义学院的部分教师进行了访谈。

2023年7月26日，以"推动思政课程与课程思政同向同行"为主题，笔者与相关教学部门进行了座谈。与会人员围绕在工作中贯彻落实"习近平总书记关于思想政治工作的重要论述"，分别介绍了思政课程、课程思政建设的成效、问题及建议，并就如何推动思政课程与课程思政同向同行进行了深入交流，形成了一系列富有建设性的意见，探析了高校"三全育人"仍存在一些问题，包括：提出的教育理念只是空有形式，未能提出具体的有效措施，理论与实际之间存在明显的脱节，"孤立化、中梗阻、碎片化、系统化"问题仍然突出，造成了"三全育人"的协同性不足、耦合性不强、联动性缺失和实效性欠佳。这些亟待解决的现实问题和深层次的理论难题，都阻碍了高校"三全育人"的健康持续发展。本章旨在梳理高校"三全育人"困境的现状，对"三全育人"工作存在的问题进行深入分析。只有正确认识并突破困境，才能将高校"三全育人"教育理念落在实处。

## 第一节 “孤立化”依然存在，“三全育人”协同效能不足

新时代，高校“三全育人”的发展和实践需要多方的共同参与，仅有高校一方努力是远远不够的，会造成“孤立化”现象。当前高校普遍存在理论为重、实践为轻的教学方式，对“三全育人”理念的协同性造成了影响。究其根本，高校教师协同育人意识淡薄，高校思想政治教育活动孤立，高校教学方法未跨学科融合，这些问题都是造成“三全育人”协同性不足的关键，深入分析孤立化及协同性问题对研究高校“三全育人”的困境有切实帮助。

### 一、高校教师协同合力育人意识淡薄

高校教师协同合力育人意识淡薄，“各自为政”现象明显，是“孤立化”现象的突出表征，显现了“三全育人”协同性不足的问题。深入剖析这一问题，可以促进高校教师在育人工作中更好地发挥协同作用。

#### （一）专业教师和辅导员协同育人意识淡薄

其一，专业教师与辅导员工作存在不同。在“三全育人”大思政格局下，高校专业课教师与辅导员的关系紧密，不仅在工作上有交叉点，还需要进行及时且紧密的沟通，这对更好发挥协同育人功能并深入贯彻“三全育人”有积极作用，然而许多高校教师缺乏这样的能力和思想。专业课教师负责的是学生的教学工作，由学院负责管理。辅导员负责学生的日常生活和教育，由学生处和学院共同管理。专业课教师侧重于授课和知识的讲解，注重第一课堂的参与。辅导员侧重于对学生事务的管理，往往参与学生的第二课堂如主题班会、经验交流、活动举办等。第二课堂更多发挥延伸、补充的作用，可以充分利用第二课堂对学生高效开展思想政治教育。不同的管理模式会导致专业教师和辅导员处于两个不同的队伍，接受不同的管理模式，对“三全育人”的教育理念也会产生分歧。专业教师和辅导员在各自的岗位上从事工作范围内的事务，在“三全育人”教育理念的背景下，却并未表现出协同育人的强烈意识。总体而言，高校教师协同育人

的问题存在于个体认识和制度建设两方面，通过形成共识、加强培训、调整体制等多方面的努力，可以逐步解决“孤立化”和“三全育人”协同性不足的问题，实现高校协同育人工作的全面提升。其二，全员协同育人主体意识不足是一个突出的问题。高校的主体意识欠缺、力度不强和参与度不足是当前协同育人背景下仍然存在的问题。这不仅表现为全体教职工对协同育人工作的认知不足，还表现为学校团队整体合作氛围的欠缺。在推动协同育人方面，全员的积极参与和共同努力是至关重要的，但目前课程与课程之间、教师与教师之间存在的诸多问题阻碍了全员协同育人的进行。在“三全育人”背景下，高校开展思想政治教育和心理教育对学生深入理解教育理念尤为重要，但是专业教师数量普遍存在不足。一方面，部分高校未能按照要求配备足够数量的思想政治教育专职教师，这导致了学校在“三全育人”方面缺乏足够的专业支持。另一方面，专职教师队伍的年龄结构、工作经验、技能水平等也存在进一步优化的空间，这也影响到了他们在协同育人领域的专业水平和能力。

### （二）高校专业教师与辅导员之间没有形成合力

其一，高校教师个体和集体间未能有效合作，在思想上缺乏协同育人意识，对协同育人没有正确的理解，缺少紧迫感和主动性。在行动上缺少激励机制，高校的管理制度中，对协同育人的机制设立甚少。恩格斯曾提到，“新力量的产生，是许多人协作，许多力量结合的结果”①。协同育人不仅是口号、教育理念，更需要行动上和制度上的规范。要解决这一问题还需从个人和集体入手。在个体层面，高校教师应当认识个体之于整个育人工作的重要性，专业教师和辅导员建立起常态高效的沟通机制，如工作交流机制、工作激励机制等。对优秀的协同育人案例和团队予以奖励，有助于提高教师投入“三全育人”的积极性。同时，学校应对教育体制进行调整，以便更好地融合“三全育人”理念，包括调整课程设置，促进专业教师与辅导员及时沟通工作，为学生全面学习和掌握“三全育人”提供更多的机会。其二，专业教师、辅导员等全体教职工在协同育人方面也存

① 中共中央马克思恩格斯列宁斯大林著作编译局．马克思恩格斯选集（第三卷）[M]．北京：人民出版社，1995：469.

在着“意”和“识”不足的问题。在高校中，协同育人常被认为是各个专业课教师的职责，辅导员虽有育人之责，但对于与专业课教师之间的合作育人的定位不清晰，这导致专业课教师、学院管理人员和辅导员在本职工作中忽视了“三全育人”教育理念下的课程和日常管理等。这种意识的缺失导致了专业课教师和辅导员在学生思想政治教育方面的支持力度不够，阻碍了高校全体教职工共同致力于“三全育人”工作。

### （三）教师合作共育意识有待提升

教育是社会发展的重要组成部分，协同育人是教育体系中的一项关键任务。教育不应该是孤立的个人战，而应是集体努力的过程。当教师“各自为政”时，往往会给协同育人带来不良的影响。专业课教师与辅导员之间缺乏有效的沟通和合作，导致“三全育人”教学工作难以形成有机整体，无法最大程度地发挥协同育人的综合效应。其一，教师“各自为政”可能导致教育目标不一致。如果每个教师都独立制定自己的教学计划和目标，整个教育体系就难以保持一致性，“三全育人”教育理念的整体性、系统性也就无法贯彻。这可能导致学生在不同老师间面临教育重心不一、知识结构不同的问题，使得协同育人的目标变得模糊不清。其二，教师“各自为政”可能导致资源的浪费。协同育人需要充分利用教育资源，包括教材、培训等。如果每个教师都按照个人意愿行事，可能会导致资源的不合理分配和浪费，阻碍协同育人工作的高效进行。其三，教师“各自为政”还可能造成“信息孤岛”的问题。教育体系中的各个教师应该相互合作、分享经验和教学方法，以促进共同成长和实现共同的思想政治教学目标。若教师“各自为政”，就容易导致信息封闭，不利于信息交流和共享，阻碍良好育人方式的推广传播。

综上所述，高校在实施“三全育人”过程中，要解决教师协同育人意识淡薄的问题。高校可通过加强相关培训和推动跨学科合作来提高教职工的协同育人意识。在思想政治教育师资队伍建设上，学校需加大对专职教师的招聘力度，并通过提供系统的培训来提高其专业水平。高校教师在“三全育人”工作中的育人意识与能力的提升是确保“立德树人”教育目标成功实现的重要环节。帮助教师正确理解“三全育人”的本质，提高他们在实践中的能力，以及为其提供足够的支持，可以有效解决大思政格局建设中所面临的一些挑战。

## 二、高校思想政治教育系统效能不足

高校“三全育人”教育理念大多数体现在教育活动之中，教育活动是学生获得思想政治教育的主要途径。习近平总书记强调，“办好思政课要放在世界百年未有之大变局、党和国家事业发展全局中来看待”①。可见，思想政治专业授课至关重要。但不可忽视的是，高校“三全育人”的教育活动在实际开展中较为单一和孤立，这是“三全育人”协同性不足的原因之一。

### （一）学校各部门在“三全育人”理念上缺乏共识

高校对学生的教育指导过多地体现在知识技能的教育与培养上，忽略了对其思想品德、体育、审美、劳动的培养，认为思想政治教育是思政教师和领导干部的专责，并没有动员全员参与进思想政治教育之中。此外，高校各育人主体缺乏沟通与配合。高校的党委宣传部、团委、学生处以及马克思主义学院等部门在工作上各司其职，有不同的考核评价标准，导致了育人理念和实际行动上的不一致、不连贯，在思想政治教育上没有形成连环与合力，协同育人的理念有所局限，从而影响了“全员育人”理念的落实。学校思想政治教育工作调查研究专班对党委宣传部、学生处、团委、教务处、马克思主义学院等部门的访谈也表明了各个部门均聚焦于自身部门的工作，协同育人意识相对淡薄。

### （二）“三全育人”教育活动未能融入教学目标

其一，高校各学科未能融入“三全育人”教育目标。在一些高校，“三全育人”活动可能受到其他学科的忽视和冷漠对待，缺乏跨学科的融合，许多教师认为思政和其他专业课是互相平行的学科。这导致了“三全育人”教育活动在实施时各部分相对孤立，难以形成有机的整体。因此，高校需要不断思考如何在各学科间建立有效的协同机制，使“三全育人”

① 习近平．思政课是落实立德树人根本任务的关键课程［J］．求是，2020（17）：2.

能够得到全面推动。其二，教师在授课时未融入“三全育人”知识。高校教师在课程思政工作中的协同育人意识与能力是确保“三全育人”教育目标完成的基石。大部分专业课教师教授课程中将思政元素融入时难以把握知识的可吸收性，教学效果差。少部分教师感觉在进行课程思政、传授“三全育人”教育理念时，受到教学时间和精力的限制。这些现象反映出“三全育人”的一些问题源于教师在育人意识与能力方面的不足。教师必须正确理解“三全育人”的模式，不能将其作为一门新开课程在各专业教学过程中生硬灌输，而是要将思政元素巧妙融入各门课程，通过潜移默化的方式进行价值观引导。在当前重智轻德的环境下，一些专业课程强调知识传授，而教师在课程思政教学中可能难以科学、正确地把握思政元素，需要加强育人意识和育人能力的培养。其三，课程与学科间未能有效衔接，“三全育人”机制的协同性尚不够流畅。2017 年 12 月发布的《高校思想政治工作质量提升工程实施纲要》明确了构建“全员、全过程、全方位”一体化育人格局的目标，规定了“十大育人体系”。然而在具体实践的过程中，课程与学科之间缺少关联，学生与教师并不能协调联通，未建立具体的落实机制，“五位一体”协同育人的教育理念也存在不足。思想政治教育的具体内容没有在各学科间融会贯通，导致出现流动性不畅、专业内容存在短板的问题。“三位一体”的课程、学科、专业没有在思想政治教育体系中发挥连贯作用，育人主体的思想政治教育理念不足，未能发挥切实有效的作用。高校思想政治工作在“主阵地”方面的定位与“主渠道”方向的构建还存在差距，需进一步完善。“三全育人”在具体的课程与学科中还需实时监督、反馈，充分发挥其协同作用至关重要。其四，专业课程的思想政治元素未得到充分挖掘。专业课程中思政元素的不足对“三全育人”和高校课程思政建设的有效性产生直接影响。相关研究表明，一些专业课教师在课程思政建设上还有较大的提升空间，主要表现为未充分挖掘专业课中蕴含的思政元素。以外语类专业课程为例，未全面挖掘与意识形态安全相关的思政元素，缺乏与之相适应的课程思政资源，缺乏“三全育人”资源融合，教材各章节的育人目标与专业知识的融合也存在紧密度不足的情况。同时，一些专业课教师在思想政治等方面存在把握不准的问题，未能深刻理解教材中包含的马克思主义基本原理、习近平新时代中国特色社会主义思想、理想信念、社会主义核心价值观、学术诚信等理论观点，因而无法挖掘本学科的思政元素。这也体现为教材中隐性思政元素在挖掘上存在一定困难。除此之外，专业课教师普遍存在政治敏锐性和政治鉴别力不强的问题，对国内外时政要闻或重大社会现实问题的分析把握不够透彻，导致思想政治专业课程教学团队缺乏建立集体研讨机制的动力，这也制约了对教材内容相关思政元素继续深入挖掘的可能性。因此，提升专业课程中思政元素的挖掘水平，需着重加强教师的思政理论素养，促使其更好地将思政元素贯穿于专业课程中，以实现“全面育人”的目标。

**（三）教育资源的不均衡**

其一，各高校教育水平不一致。一些教育资源丰厚的高校能够更好地开展“三全育人”教育活动，而一些教育资源匮乏的高校开展思想政治教育可能面临较大困难。这一问题的解决需要政府和社会各界加大对教育资源的投入，以保障所有高校都能够充分参与并享受“三全育人”带来的教育成果，以此避免教育资源不均衡现象。其二，教育者的理念和观念也影响着“三全育人”活动的开展。一些高校教师可能对这一理念缺乏深刻的认识，认为它只是一种形式主义，从而在实际授课中不够用心。因此，加强对教育者的培训和引导，提升其对“三全育人”活动的认同感和积极性，对于解决“孤立化”现象至关重要。其三，课程构建的时间链条尚不完整。“全程育人”在高校的具体实践中需要通过完整的课程时间链条来展现课堂中的思政育人效果，这是教育“全程育人”连贯性、深入性的体现。近年来，借助党和国家的大力支持，思想政治课程教育规模逐步完善和扩大，但课程形式与内容有限，时间链条存在断点。此外，思想政治课程的“全程育人”要求未能广泛实行。高校的思想政治课程一般以学期为单位，学生只能在有限的课堂时间里接受思想教育，并未实现与课后思政教育的有效衔接，未能打造完整的育人时间链条，对于“全程育人”目标实现的作用微乎其微。

**（四）学生参与度的不足**

习近平强调：“思想政治理论课是落实立德树人根本任务的关键课程。

青少年阶段是人生的‘拔节孕穗期’，最需要精心引导和栽培。”① 高校学生需要思想政治教育的理念指导并积极参与其中，然而当前思想政治教育学生的参与度不足，这也是造成教育活动孤立化的原因之一。其一，学生对教育活动兴趣递减。思政课本身的特性导致了学生对思政课堂及“三全育人”兴趣不高，无法主动融入“三全育人”大思政格局的构建。如果学生对“三全育人”活动缺乏兴趣和参与的积极性，那么这一活动就难以实现其初衷。因此，我们需要从教学内容、方法等方面入手，激发学生的学习兴趣，使其融入到“三全育人”活动中来。学生在学校中对“三全育人”教育活动的积极参与对他们全面发展至关重要，缺乏对活动的参与可能导致其在学术、思想和社交方面的能力不足。如果学生不积极参与，“三全育人”教育体系就无法全面培养他们正确的政治思想和品德，使“三全育人”理念难以贯彻落实。其二，高校过分注重成绩而忽视思想政治教育的重要性。在当下的教育体制中可能存在对学术成绩的过分强调，而忽视了对其他方面的培养，学业压力可能使学生对校园思想教育活动失去兴趣。现今社会对学生的学业要求越来越高，他们可能会将更多时间用于学习，而忽视了思想上和精神上的发展和进步。这样一来，“三全育人”的理念可能会受到挑战，因为学生缺乏时间和精力去积极参与思想教育活动。这样会使教育活动难以展开，存在“孤立化”现象。为改变这种教育活动方式，可多方面鼓励学生在多个领域有所作为，有助于打破“三全育人”孤立现象。总体而言，学生参与度的不足可能是导致“三全育人”孤立现象的一个重要原因。为了实现全面培养学生的目标，要认真分析这一问题的原因所在，并采取切实可行的措施，促使学生能积极参与“三全育人”教育活动。

综上所述，高校“三全育人”思想政治教育活动的孤立现象是需要引起关注的问题。许多高校未能将“三全育人”教育活动融入教学目标，教育资源的不均衡也是造成孤立现象的原因之一，学生参与度的不足也导致高校教育活动减少。深入分析高校教育活动孤立现象存在的原因，并采取

① 习近平．习近平主持召开学校思想政治理论课教师座谈会强调：用新时代中国特色社会主义思想铸魂育人　贯彻党的教育方针　落实立德树人根本任务［N］．人民日报，2019-03-19（1）．

有效措施，有望逐步解决这一问题，推动“三全育人”在高校教育活动中发挥更为积极的作用。

## 三、高校教学方法未跨学科融合

高校推进“三全育人”教育理念过程中存在着教学方法未跨学科融合的问题。高校是不同学院和专业组合而成的，教学内容各不相同。“三全育人”是能融合全学科的教育理念，然而在高校中却未能跨学科运用，在实践中面临着诸多困境，“孤立化”现象尤为突出。“三全育人”强调学科知识、思想教育和综合素养的有机统一。然而，在实际教学中，各学科往往将其独立对待，形成了“三全育人”知识的碎片化现象。这一问题主要表现为学科之间缺乏有效融合，导致学生在知识体系和综合素养培养上存在隔阂。

### （一）“三全育人”教育方法缺少创新

在思想政治教育中，必须深刻认识到学生群体的心理和生理特征正在发生深刻的变革。现今的大学生具备更为独立的个性和鲜明的人格特征，而在科技和社会快速演变的背景下，他们接触到的思想更加多元和复杂。网络社交媒体等渠道为大学生提供了更广泛的思想信息，使得他们更愿意以自我认知为基础，对所接触到的新事物进行深度理解、分析和判断。相较于过去，刻板的思想政治教育显然已经无法满足当今大学生群体这种更加注重“认知”特征的需求。在这一背景下，“三全育人”中的育人主体应当重视教育方法的创新。为适应大学生思想政治发展的复杂性，教育者需要更加灵活地引导学生的思想认知和价值观念。在实施“全方位育人”时，不同的育人主体应当选择与自身特点契合的教育方法，以实现潜移默化的育人效果。然而，实际情况显示，高校各育人主体的思想政治教育方法仍未能充分适应、满足当前的育人要求，在教学方式、考核评价等方面依然存在一定问题。目前，许多育人主体倾向于采用形式宣教的方式，而在引入或创新方面尚显不足。尽管高校在育人过程中强调教育与工作的结合，但仍未找到适当的创新角度和路径。这导致“三全育人”教育的效果并不尽如人意，无法充分发挥其育人功能。比如校团委负责人谈到，学校对学生思想和诉求的多元多变还无法精准及时地把握，虽然开展了一些工作，但青年学生却感到参与性、获得感不强，引领效果不明显。以学生为中心的最基础、最基本的工作存在一些盲点和空白点，存在基础工作不扎实、规定动作走样、工作思考不广不深、实践和育人相脱节的现象，这些问题和现象也导致思想引领成效不明显。因此，迫切需要对高校思想政治教育方法做进一步改进，以更好地适应当代大学生的认知特征和价值观念，从而提升育人效果。

**（二）“三全育人”教育方法缺乏深刻内涵**

在进一步探讨思想政治教育方法的挑战时，需要关注的是教育方法的表面性和单一性。目前的教育活动往往依赖于表面的形式，例如专业教师的课程管理和主题活动，这使得“三全育人”教育活动难以渗透到学生的日常生活和学习中。这种单一性的方法无法满足多样化的学生需求，也难以激发学生的深层思考和参与热情。在课堂学习、实践和现实生活中，思想政治教育依赖于授课和观看视频等活动。这种狭隘单一的方式可能忽略了学生在日常学习和生活中所面临的真实挑战，限制了思想政治教育的深度和广度。同时，过度简化的方法可能缺乏真实性和实用性，导致学生对教育活动产生抵触情绪，从而影响了其参与度和学习效果。此外，行政性的育人理念仍占据主导地位，这可能意味着对于育人活动的过度规划和监管，而忽略了教育本身应该是一个启发和引导的过程。这种过度集权的管理方式可能导致缺乏创新和灵活性，阻碍育人主体对于个体学生的差异性需求的及时响应。在当前高校“全方位育人”的格局中，各育人主体在方法选择方面的相似性可能意味着不能充分利用和发展不同院校、不同部门以及学生群体之间的独特性，导致思想政治教育方法缺乏创新性和针对性，无法更好地满足不同学生群体的需求。综上所述，现有“三全育人”教育方法的短板在于其表面性、单一性和缺乏针对性。为了更好地实现“全方位育人”的目标，育人主体需要更加深入地思考和调整方法，注重将思想政治教育融入学生的日常生活和学习中，提升方法的深度和广度，促使学生更积极地参与并从中获益。同时，育人主体也需要更加灵活地运用管理手段，以适应学生的个体差异性需求，从而更好地实现“全方位育人”的目标。

### （三）“三全育人”与教育教学的契合性不足

协同育人与教育教学的契合性不足问题，集中凸显在以下几个方面：其一，存在“教”与“育”两者脱节的现象。一些教师仅在教案中表现出思政元素，却忽略如何将思政元素与专业教学相融合、学生能否理解所传授的思想政治元素等问题。部分教师能够实现对教材内容的完整呈现与理论解读，但并未进行理论延伸，未能实现理论深化与升华。“教”与“育”的脱节影响了思政课程的实效性，更影响了学生思想政治素养的提高，导致“三全育人”工作的分裂。其二，存在“管”与“育”两者分离现象。高校的管理人员与教师有不同的工作职能，管理人员负责学校事务与行政工作，不直接参与教育工作；教师最重要的工作是育人，鲜少参与行政事务。两者的工作职能有所区分，导致不能形成合力，没有实现“全员育人”。其三，存在“服”与“育”两者分隔的现象。高校管理人员与辅导员更多重视学校和学生的管理和日常生活工作，注重服务环节，缺乏育人意识。高校教师更多关注学生的成绩与道德素养，忽视了服务环节。二者思想意识相互脱离，导致未能在“三全育人”理念下培养出有责任感和使命感的学生。

综上所述，高校“三全育人”在教学方法的实践中存在的“孤立化”问题，需要引起足够的重视。这种“孤立化”现象使高校“三全育人”教学方法未能有效跨学科融合。学科之间的界限变得模糊，但在教学设计和实施中，往往仍以传统的学科划分为基础。这导致学生难以将“三全育人”教育理念与各学科知识进行有机结合，难以在实际问题中综合运用所学知识。高校可以采取一系列措施，推动教师跨学科合作，共同设计、实施“三全育人”的教学计划，可以更好地促进学科之间的交流与融合，使“三全育人”更具实质性意义。同时建立跨学科的协同育人工作机制，让不同领域的教师形成合力，共同培养学生成为全面发展的人才。

## 第二节 “中梗阻”尚未打通，“三全育人”耦合性不强

高校“三全育人”涵盖了全员育人、全过程育人、全方位育人，是学生在校学习、生活的每个时期都不可缺少的思想政治教育。但在具体的实际操作中，高校面临“中梗阻”尚未打通的问题，导致“三全育人”耦合性不强。其原因在于“全员育人”角色存在缺位和断点，“全过程育人”教育课程衔接不完善，“全方位育人”忽视综合能力培养。在教育人员方面，一些高校忽视了“全员育人”中思想政治教师的核心作用，教师过少或职责不明确导致育人角色有所缺位。在教育教学方面，高校没有将习近平新时代中国特色社会主义思想与实际的教学课程衔接起来，以至于教育内容没有深入贯彻到每节课程。在教育方位层面，部分高校只注重学业培养，忽视了提高学生的综合能力，思想政治教育缺乏全过程的连贯和全方位的涵盖，导致“全方位育人”效果不明显。

### 一、“全员育人”角色存在缺位和断点

高校“三全育人”教育理念作为一种素质教育的探索和实践，虽然可积极推进学生学业、思想等方面全面发展，但在实践中却面临一些困境。其中的核心问题之一是“中梗阻”的存在，包括在“三全育人”背景下“全员育人”角色存在缺位和断点。这为理念的传递和执行制造了一系列阻碍，未能实现全面贯通，导致“三全育人”耦合性不强。

#### （一）“三全育人”队伍建设仍需强化

近年来，社会发展日新月异，人才培养已不仅仅是知识传授，更需注重思想政治教育。然而，在当前“全员育人”的模式下，存在一些需要关注的欠缺之处。思政教师是学生正确思想的启蒙教师，更是贯彻国家最新思想和要求必不可少的一员，因此思政教师数量上不能欠缺。“教育部规定专职辅导员与大学生的配备比例为 1∶200”①。近年来，高校大力扩招思

① 单晓春．高校思想政治教育工作新视界［M］．北京：人民出版社，2011：63.

想政治教师和辅导员，旨在从理念、内容、实践和教学手段等方面引导学生。高校应加强师资队伍建设，注重实践环节设计，采用现代科技手段等多管齐下的方式，全面提升思政教育的水平，使其更好地服务于学生的全面成长。这是一项长期而复杂的工程，需要各方共同努力，开创“全员育人”的思政教育新格局。但目前，高校缺少专业的思想政治教师队伍，专业教师队伍建设成为“全员育人”的思政教育亟须改善的方面。专业的思政教师队伍可以为学生开展更多思想政治教育课程，提高学生学习能力和态度。培养更多思政教育专业的教师，提高他们的教育水平和实践能力，是构建“全员育人”的关键一环。建设一支高水平、专业化的思政教育队伍，将有助于更好地实现“全员育人”目标。综上所述，“全员育人”的思政教师在数量上有一定的欠缺。只有不断优化教育体系，扩招优秀教师，才能使之更好地适应时代的发展需求，才能真正实现“全员育人”的目标，培养更为全面的人才。

### （二）部分教师工作任务较重，未能有效承担“三全育人”的职责

“三全育人”中“全员育人”的理念在实际操作中存在角色缺位和断点。“全员育人”强调了高校中每一位工作者对学生成长负有共同责任，但实际上，由于教育资源分配不均，教师的工作负担过重，导致一些重要的“全员育人”环节被忽视。学生在日常学习生活中需要更多的关注和引导，一些重要的育人机会容易错过，成为“全员育人”中的一处短板。同时，“三全育人”理念间的耦合性不强，形成了“中梗阻”的另一层面。学校往往在各个方面都有一定的培训计划，尤其是对专业课教师的培训，但缺乏整体性的规划和组织。这也导致了专业课教师的教学任务极重，不能更好地在“三全育人”中发挥作用。此外，由于学校管理体制的局限性，高校“三全育人”理念未能得到充分的资源支持。教育制度的刚性导致了教师在课堂教学中更多地侧重于应试教育，而非培养学生的思想、实践等综合素质。这种制度的僵化不仅给“三全育人”带来了执行层面的问题，还影响了学生在多元领域的全面发展。

### （三）“三全育人”教师队伍的素质与能力有待提升

高校是教师队伍的主阵地，教师的主要职责就是教书育人。但在对学

生的思想政治教育方面，不少人认为这是思政教师和辅导员的工作，其余的管理人员、不同学科的教师对此鲜少过问，认为只需要保证自己的知识传授到位即可。首先，在实际的课堂教学中，不同学科的专业课教师缺乏对学生思想政治理念的教育与引导，只注重本专业的知识讲授，没有将学生学习思想政治的热情调动起来。同时，专业课教师对于本专业外的思政内容了解较少，不能准确贯彻到每节课堂中。部分专业课教师甚至无法把握专业课与思政课的契合点，导致专业课中的思政氛围淡薄。在进行“三全育人”问卷调查时，当被问及“您对课程思政的了解程度”时，40%的专业课教师表示“有一定了解”，26%的专业课教师表示“比较了解”，6%的专业课教师表示“很了解，并有过专门研究”，17%的专业课教师表示“不太了解”，11%的专业课教师表示“不了解（如图 5-1 所示）。

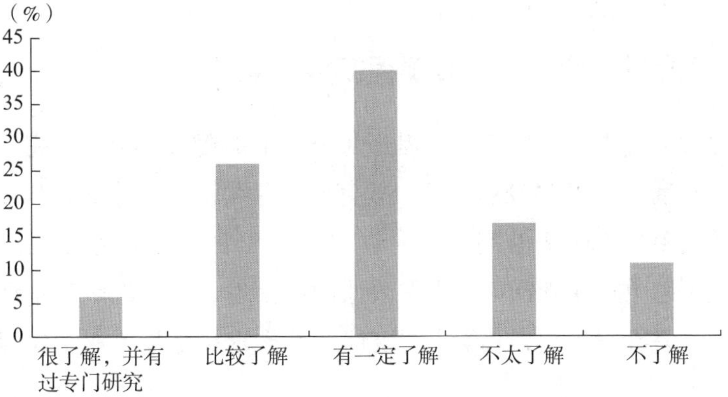


**图 5-1　教师对思政课的了解程度**

由此可见，学校教师对课程思政的认知还有待提高。部分教师在进行思想政治理论教育的过程中，未能做到理论联系实际，导致专业课与思政课相互割裂。当被问及“您在讲授时理论与实践结合程度”时，40%的教师表示“有一定结合”，26%的教师表示“结合较多”，6%的教师表示“知道，但无法结合”，17%的教师表示“不太结合”，11%的教师表示“没有结合”（如图 5-2 所示）。另外，辅导员是学生思想政治教育的参与者，担任重要角色。但由于辅导员工作内容繁杂，更多侧重于具体事务，实际工作中易忽视对学生的思想教育，导致“三全育人”工作不能完全落实。

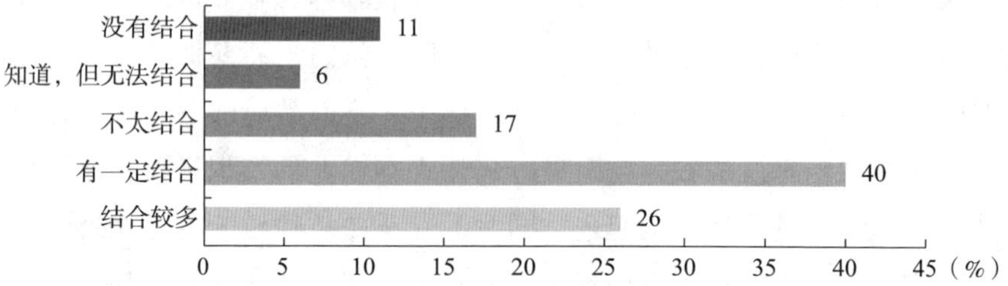


**图 5-2　教师在讲授时理论与实践结合程度**

综上所述，高校“三全育人”理念在实践中的困境之一是“中梗阻”未打通，“三全育人”耦合性不强，原因包括“全员育人”存在缺位和断点等。解决这些问题需要学校、教育从业者的共同努力，通过体制机制创新、整体规划组织以及全员参与的具体措施，使“三全育人”理念能够更好地为学生的全面发展提供支持和指导。

## 二、“全过程育人”教育课程衔接不完善

大思政格局下，高校思政课程是每个学生都要认真学习和完成的，但当下“三全育人”的高校思想政治教育课程存在顶层设计不充分、内容不完整、改革目标不明确的问题，导致“全过程育人”教育课程衔接不完善。习近平总书记明确指出，“思政课的政治性、思想性、学术性、专业性是紧密联系在一起的，其学术深度广度和学术含金量不亚于任何一门哲学社会科学”①。

### （一）思政教育课程顶层设计不充分

其一，课程思政建设顶层设计不完善。各大高校一直在不断推进思想政治教育课程改革，并初步取得了一些成果。然而，以“三全育人”教育理念为核心的课程改革仍面临一个严峻的问题，即顶层设计不足，导致课程改革缺乏系统和长远规划。习近平总书记提出，“办好中国特色社会主义大学，要坚持立德树人，把培育和践行社会主义核心价值观融入教书育

① 习近平．思政课是落实立德树人根本任务的关键课程［M］．北京：人民出版社，2020：25.

人全过程”①。尽管很多高校近年来在思想政治教育课程改革上付出了努力，例如运用多媒体教学、将时政热点融入课堂内容等，但这些改革措施只落实于具体实施层面，并没有形成完整的体系，其主要问题在于没有统一的顶层设计。高校在进行思想政治教育改革的过程中，缺乏长期的与高校思政教学相关的系统规划。部分高校虽进行了改革，但其主要集中在短期，对于“三全育人”的持续性支撑还远远不够。高校对于思政课程的改革方向性、时间性不明确，这是缺乏整体统筹规划的结果。具体而言，在课程思政的建设中没有设立任务目标和评价体系，没有作出翔实的规划，导致方向模糊。不少高校思政建设以《高校思想政治工作质量提升工程实施纲要》为宏观指导，缺少地方教育部门的方案和实施细则，作用有限。与此同时，一些高校缺少思政建设全面系统规划的敏锐性，各部门各司其职，分工差异化导致具体方案无法协调，缺少“全过程育人”和“全员育人”理念，“三全育人”效果不佳。其主要原因之一是高校的管理人员缺少对“三全育人”理念重要性的正确认识和落实。管理人员思维传统、固化，未能认识到高校培养高素质人才和落实思政教育改革的必然联系，无法把握住“三全育人”教育核心，未能进行系统全面的顶层设计。其二，“三全育人”理念缺乏科学性的评价体系。第一，评价标准单一。高校教学主要聚焦于智育，认为课程、考试、知识水平是评价学生的重要标准。对于高校各教师的评价主要集中于科研水平方面，对学生的思想教育的重要性认识程度不深。第二，评价方式匮乏。小部分高校过于重视评价结果，从而忽视了评价过程和创新发展的重要性，大多数评价按照大数据模式开展。第三，评价结果未能有效应用，反馈机制尚未完全建立。评价结果往往只与教师的绩效、考核、评奖评优有关，未能产生更大影响。

### （二）思政教育课程改革内容不完善

尽管高校思政教育课程改革在各方面取得了一些成果，但在内容方面的改革力度相对较弱，“三全育人”理念依然相对保守。“思想政治教育形

① 顾海良，张岂之，靳诺，等．学习贯彻习近平总书记重要讲话精神　大力培育和践行社会主义核心价值观［J］．思想理论教育导刊，2014（7）：4-23.

式包括方法、载体和活动”①。目前，高校仍然将课本视为教学的核心，而思政教材则成为教学内容的主要依据。然而，进入新时代，社会高速发展，各种信息来势凶猛，学生的思想观念与时俱进，传统的思想教学存在弊端，无法满足学生需求，反而可能导致学生对课程产生抵触情绪。“三全育人”教育理念下，思政课程改革更迫在眉睫。高校教师对思想政治教育的内容传授较为传统，缺少创新，也未能及时按照新时代的最新理念更改教学大纲和素材。由此可见，思政课程改革能否创新发展会极大影响学生的学习积极性。高校“三全育人”教育理念下，对思政课程的改革需要多方面、多层次、多维度进行。当前思政课程内容缺乏吸引力，教师课堂创新性不足，依然沿用既有的教学案例进行理论阐释，忽视具有典型性和先进性的思想政治教育内容，因而需要进行及时、系统的改革，并以具体的实践落实为前提，充分考虑学生的需求。然而，部分高校关于思政课程的设置和教师的授课质量缺乏实际的考察，疏于对学生进行调研，使得学生更倾向于理论而忽视实际应用，导致改革的实效性不佳。此外，高校教师的教育能力也是课程内容能否充分展现的关键。在“三全育人”工作中，高校教师的能力至关重要，是实现“三全育人”教育目标的基石。正确理解“三全育人”融入课程的本质是关键的，它并非要求新开课程或占用过多教学时间，而是要求将思政元素巧妙融入各门课程，通过潜移默化的方式进行价值观引领。在当前更注重智育而轻视德育的环境下，一些专业课程可能过于强调知识传授，而忽略了思政元素的融入。大部分高校教师认为在所教授课程中融入思政元素时难以科学地把握教学成果，认为教学效果差，这反映了在有效将“三全育人”思政元素融入教学的实践中遇到了一些挑战。同时，一小部分教师认为受到教学时间和精力的限制，侧重于思想政治教育方面可能需要更好的资源支持。

### （三）思政教育课程改革目标不明、育人效果不佳

其一，思政教育课程改革目标不明确。高校思想政治教育改革需要明确以“三全育人”为核心，但在改革过程中往往容易忽视这个关键因素，

① 教育部思想政治工作司．思想政治教育原理与方法［M］．北京：高等教育出版社，2010：108.

缺乏对改革核心的正确理解与引导，将改革目标视为一种功利化的目标。在思政教育课程改革进行时，高校往往疏于对实际效果的检查，学生对思想政治教育的学习与理解效果未得到关注，而是更注重形式内容。尽管高校在“三全育人”思政教育改革上花费了大量精力，但改革目标不明确是导致实际效果不佳的重要因素。有部分高校为了思政教育课程改革的完成，不注重思政课堂的开展，反而将注意力放在科研项目的完成上，以获取优异的科研成绩。因此，高校思政教育课程改革目标模糊使得“三全育人”教育理念难以高效落实，对学生思想的提升和高校教育的更新产生了较大的影响。思政教育改革目标不明确一方面会阻碍高校“三全育人”教育的实施，另一方面会对改革的实效性和及时性产生影响，阻碍“三全育人”教育理念的全面发展。这从根本上体现出，虽然已做了许多政策、教育等方面的工作，但未能让学生真正体验到“三全育人”的优势，难以产生全面的实际效果，改革仍需继续。其二，课程思政育人效果需进一步提升。育人效果的体现并不是一蹴而就的，需要高校教师深入课堂与生活，将思政教育融会贯通。然而部分教师仅仅停留在思政教学目标层面，没有将思政内容融合到课堂之中，思政与课堂之间的契合度较低，导致育人效果不佳，课堂形式化明显。在发放《“三全育人”理念下学校课程思政建设路径研究调查问卷》时，当问及“您目前教学过程中开展‘课程思政’的方式”时，41%的教师表示“能结合专业知识点，进行潜移默化的价值引领”；但是仍有部分教师在进行错误示范，比如“课程中的点到为止”和“开课前的几分钟理论灌输”，其分别占比38%、9%，如此非但不能起到育人效果，反而有可能使得学生对思想政治教育产生抵触和反感；还有12%的教师处于“不知如何开展和未开展”的状态，思政教师与专业课教师之间缺少思政内容上的沟通，以至于不少教师“不知如何开展”相应工作，对于思政教育的价值观仍然模糊。专业课教师缺乏对思政教育内容的敏锐性，没有及时将社会热点或最新政策融合到课堂之中，思政内容的实际应用效果一般。这样理论与实际分离的做法在一定程度上弱化了“三全育人”理念下的课程思政建设的成效，弱化了“全员育人”的整体性（如图5-3所示）。

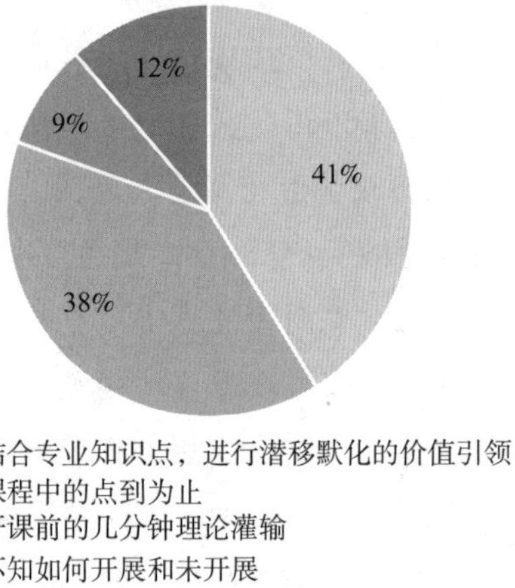


**图 5-3 开展"课程思政"方式**

高校"三全育人"思政教育课程衔接得不完善是显著问题，集中表现为思政教育课程顶层设计不充分、思政教育课程改革内容不完善和思政教育课程改革目标不明确。这些问题是"三全育人"教育课程难以顺利开展的关键，阻碍了"三全育人"教育理念对学生的传递。

## 三、综合能力培养尚待提升

高校在"全方位育人"中忽视了培育学生的综合素养，全域性连贯式的大学生思想政治教育格局尚未形成，缺乏对整个学生发展周期的系统谋划。"全过程育人"中不乏"头重脚轻"的问题，导致学生不论是在校期间还是毕业步入社会期间都未能将"三全育人"思想合理吸纳。

### （一）"全过程育人"存在"头重脚轻"现象

高校"三全育人"教育过程未能全面贯穿学生的学业生涯。尽管有对学生进行课程上的辅导，却未能制定系统性的"三全育人"教育计划。未能关注不同年级、不同阶段、不同群体学生的心理特点和思想需求，这导致高校未能形成贯穿学生整个大学期间的一贯制"三全育人"思想教育模式。虽然这一理念旨在培养学生德智体美劳全面发展，但在现实情况中，学生只注重智育，而德育、思想、实践能力等方面的教育并未能贯穿学生的学业生涯。高校对"三全育人"教育理念在一开始可能比较重视，但随着学生年级的升高，这方面的关注逐渐减弱。学校可能更加注重学术成就而忽略了对学生的思想政治教育。这导致学生在进入社会后可能面临思想道德欠缺、科研德行不端的问题，影响其综合素质的提升，使得“三全育人”理念未能真正实现。高校需要在制定课程体系时更加注重平衡各个方面的发展，确保“三全育人”教育理念在德育、智育、体育等方面都有体现，同时也要注重思政教育的一贯性，加强入学教育、注重假期教育、强化就业教育，注重各年级、各学段的思想教育，实现在整个学业生涯对学生的综合素质培养，避免“头重脚轻”现象的出现。此外，教育管理者和教师也需共同努力，形成一支具有“全过程育人”理念的教育团队，以确保学生在不同阶段都能够全面发展，更好地适应未来社会的需求。

### （二）社会需求的导向偏差

高校对学生的“三全育人”思想政治教育不应该局限于学业和成绩，更应关注学生的就业与社会需求。邓小平同志提出：“从事教育工作的同志，各个有关部门的同志，整个社会的家家户户，都来关心青少年思想政治的进步。”① “三全育人”理念下的思想政治教育不应只停留在高校阶段，还要与社会的发展保持一致。高校贯彻“三全育人”教育理念，不仅对学生的学业、思想有所帮助，而且在学生毕业后能为国家和社会输送知识、品质、思想俱佳的社会主义建设人才。然而，部分高校在引导学生开展就业规划和对学生进行职业道德培训时，忽视了社会需求导向的差异。社会主义的发展和中华民族伟大复兴，需要学识丰富和思想道德兼优的人才，但高校在学生就业时往往忽视这个必要的“思想意识”纽带，这使得学业和就业之间出现了“中梗阻”的现实挑战。不少学生刚步入大学就缺少思想政治教育，高校和学生往往把精力放在学业和生活上，“三全育人”教育理念也很难及时融入，思想政治观念较为模糊。高校和教师更注重对学生的专业技术和能力培养，对学生的就业前景关注甚少，导致在毕业期的学生也很难顾及思政课程，影响了思想的进步。此外，高校疏于对学生进行就业信息和求职技巧的引导，未能为学生提供科学的“择业观、就业

① 邓小平．邓小平文选（第二卷）[M]．北京：人民出版社，1994：106.

观、职业观"指引。多数高校在学生临近毕业时开展就业指导，而未将思想政治教育贯穿到学业、就业教育的全过程。思想政治教育在就业方面仅限于讲座，占比较小，缺乏对不同年级和学生成长各个环节的"职业意识"渗透，使得大学生进入社会后在各种诱惑和挑战中逐渐失去职业道德和诚信意识，最终犯下错误。高校也未能从学生的全生命周期心理发展的角度谋划学生思想政治教育工作。大部分高校"三全育人"工作的时空范围通常限定在学生入学至毕业，忽视了入校前和毕业后的思想教育。对学生入校前的心理状况了解不足，缺乏毕业后的跟踪辅导，使得"三全育人"教育工作未能真正贯穿学生的全生命周期。

在"三全育人"理念引领下，高校在协同"三全育人"工作方面面临多重挑战，其中包括"全过程育人"中学生的综合素质有待提高的问题。这一问题凸显了在培养学生综合素养方面的深层次挑战，需要全面而深入地探讨和努力，以形成更为系统和有力的"三全育人"合力。当前"三全育人"理念在高校教学实践中并未得到充分贯彻，综合素质教育要求全面培养学生的德智体美劳，但高校教育体系中，往往更注重专业知识的传授，而非全面素养的培养。这导致了"三全育人"耦合性不强，各个环节之间缺乏有机衔接，出现了"中梗阻"的问题，使得"三全育人"效果大打折扣。

## 第三节　"碎片化"状况尚存，"三全育人"联动性弱

高校"三全育人"理念的贯彻中，各方缺少对全员育人、全过程育人、全方位育人的深入理解，育人主体受到多方面的限制，导致"三全育人"教育理念"碎片化"状况仍然存在，主要表现为育人角色互助性有欠缺、育人过程尚未有效衔接、育人方位缺乏统一规划等现实问题，导致"三全育人"联动性有所缺失。高校在此方面未能动员全体师生，没有形成全员统一的合力。思想政治教育课堂缺少统筹规划，导致未全程兼顾学生的思想教育，"三全育人"教育理念的最佳效果未能发挥。因此，对于如何改善"碎片化"状况，提升"三全育人"联动性，还需进一步研究。

## 一、育人角色互助性有一定欠缺

“三全育人”教育理念不断指引各阶层的群众从多角度去认识和理解此教育目标。“三全育人”理念不应只由高校负责宣传和教育，社会和家庭也应负担相应的责任。习近平总书记指出：“办好教育事业，家庭、学校、政府、社会都有责任。”① 当前的育人角色不仅不完善，相互之间也缺少联动性和互助性，不利于“三全育人”的全面展开。

### （一）高校层面

高校各教师之间缺乏有效的沟通和联动。一方面，高校教师的专业分工有差异。思政教师比各专业课教师更注重培养学生的思想政治素养，专业课教师倾向于知识技能的培训，导致人们长期以来错误地认为思想政治教育仅是思政教师的授课内容与职责。实际上，不同类别的专业课中都蕴含着思想政治理论内容，如文科类的传统文化、历史渊源，理科类的科研精神等都与思想政治理论有关。在实际课堂教学中，教师可以通过展示案例、传授理论的方式向学生传达思想政治知识，引导学生在思想上进步。另一方面，各学科的专业课教师需增强思想政治素养。高校的教师队伍至关重要，一支高素质、高水平的教师团队有助于发挥“三全育人”教育理念的最大优势。同时，思政教师的专业水平也要持续提升。思政教师的知识和思想素养直接关系到对学生的教育成果，面对当前剧烈变化的社会和网络环境，只有不断提升自己的思想水平，及时更新育人理念，完善育人方法，才能在学生的思想教育上更有话语权。在当代社会，高校教师必须保持坚定的政治立场和意识形态，增强沟通与合作，共同引导学生提升思想政治素养，帮助学生树立正确的价值观，协助他们辨别不良信息，批判性地继承文化，指导他们做出正确选择。

在进行“思想政治理论课教学实效问卷调查”时，当被问及“如果学习或生活中存在思想困惑、实际困难，你首先选择的解惑或求助对象”时，仅有 17.5%的学生选择了思政课老师，12.25%的学生选择了辅导员，

---

① 习近平．习近平在全国教育大会上强调：坚持中国特色社会主义教育发展道路 培养德智体美劳全面发展的社会主义建设者和接班人［N］. 人民日报，2018-09-11（1）.

显然这与思政课“做学生成长的引领者”、发挥启智润心作用的目标还有较大距离（如图 5-4 所示）。

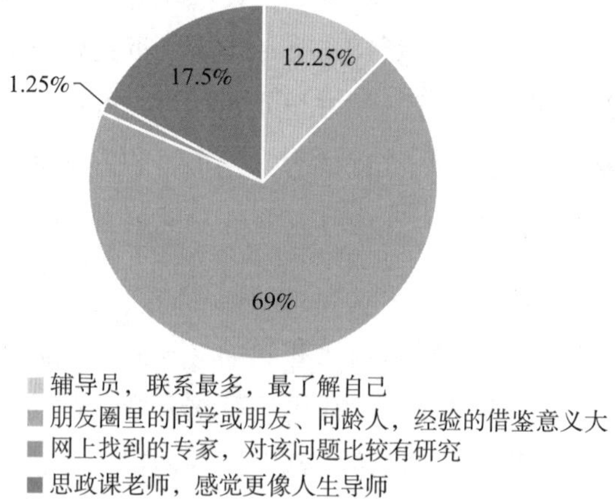


**图 5-4　思想政治理论教学实效调查**

### （二）家庭层面

家庭主体在“三全育人”中的“缺位”问题凸显了整个社会在思想政治教育方面的短板。家庭教育在“三全育人”理念中占有重要地位。不少家长缺乏对学生心理、情感、思想的关注，认为学业才是培养孩子成才的关键。在与学校部分辅导员的访谈中了解到，家校联系比较少，一方面随着学校办学规模扩大，工作繁重，很难抽出时间与家长互动；另一方面部分辅导员虽与家长有微信、钉钉联系，但更多是一种工作性质的联络，育人功能没有得到彰显。这种情况导致了家长只是将学生心理行为表现视为过于敏感或性格内向，而对其可能存在的心理问题缺乏足够的认知。即便学校反馈学生心理思想状况后，家长往往仍忽视其重要性，不愿配合学校进行改进，使得思想政治教育工作难以顺利进行，这种家校协同的困难进一步加大了“全员育人”的复杂性。

### （三）社会层面

“三全育人”要求全员育人、全方位育人，社会对学生的思想政治教育也承担着责任。高校、家庭、社会三方面的育人作用需要进一步提升。如今，大多数家长仍认为对学生进行思想政治教育是学校的责任，社会也忽视对人民群众思想政治理念的再教育，导致家庭和社会参与程度低，高校面临较大的责任和压力。学生的思想政治教育是一个长期的过程，需要各方面的配合才能提升其有效性和长期性。社会在思想政治教育方面还有所疏漏，没能有效参与到“全方位育人”中来，没有意识到其也是思想教育的关键一环，对学生的思想和行为产生较大影响。当前“三全育人”教育理念需要各主体相互配合，共同构建学生思想教育新模式。

学生思想政治教育在社会层面相应地存在一系列问题，其中之一是教育内容的多样性不足。在某些情况下，思想政治教育可能过于强调特定意识形态，缺乏多元性和开放性。这可能导致学生思维僵化，难以拥有创新和独立思考的能力。社会层面还存在与信息时代不适应的问题。在数字化时代，信息传播迅速，而传统的思想政治教育未能有效整合新媒体和信息技术，导致学生对社会变革的理解滞后，难以适应快速发展的社会。一方面，“三全育人”教育理念需要新的、更适应社会的教育方法，当前的教育方法的陈旧性阻碍了社会开展“三全育人”。一些思想政治教育仍然采用传统的文字宣传模式，缺乏互动性和参与性。这样的方式可能让学生对思想政治教育产生抵触情绪，影响他们对政治和社会的深入理解。另一方面，社会观念的变迁也是一个需要关注的问题。随着社会的不断发展和变革，一些传统的思想政治教育内容可能不再贴合当代社会的需求，导致教育与社会发展脱节，难以引导学生正确理解“三全育人”教育理念并参与到教育进程之中。

### （四）学校与家庭及社会等育人主体的联动与协作不足

党的十九届五中全会提出“全面贯彻党的教育方针，坚持立德树人”“健全学校家庭社会协同育人机制”的新要求。这是新形势下党中央把“五育并举”和“三全育人”相结合培养人才的重要举措。在进行“全方位育人视角下大学生思想政治教育现状”问卷调查时，当问及“您认为当前家庭教育存在的最主要问题”时，46.3%的学生认为家庭教育与学校教育、社会教育脱节，协同不足，更多关注知识学习，对德育、美育、体育、劳动教育关注不高。进入大学阶段后，学校与家长之间缺乏有效的沟通，学校与社会之间缺乏紧密的合作，以至于家长没有对学校的思想政治教育工作形成辅助作用，社会的红色基地和爱国主义教育也没有与学校相互联系进行科学规划。因此，很难实现校内的思想政治宣传教育与校外协同发展，“三全育人”环境较差，三者资源没有整合。

全员育人是实现“三全育人”的关键前提，它凸显了育人主体的广泛性，不仅包括学校内的教职工，还涵盖了家长、校友、合作企业人员以及兼职教师等。尽管近年来“全员育人”的主体意识有所提升，但仍然存在一些问题。首先，一些教师存在认识片面的情况，他们倾向于认为教育主体主要集中在校内，而校外的主体参与相对较少，导致学校在育人层面与家庭和社会沟通不足。其次，“全员育人”的覆盖面存在漏洞，尤其是随着高职院校的开放程度提高，一些社会人员如餐厅、快递等领域的人员对学生影响较大，但却未被纳入“全员育人”的范畴，同时他们自身的德育水平有待提升，从一定意义上说，部分社会人员也是思想政治教育的对象。如果不注重对这部分社会人员加以教育与引导，那么这种不完善的覆盖可能影响实现学生全面发展的目标。因此，我们需要深入思考如何加强“全员育人”的理念，拓展参与主体，以实现更全面、更有效的育人目标。由此可见，高校是培养人才的殿堂，家庭是涵养人才的源泉，社会是滋养人才的沃土。对于大学生教育而言，高校肩负着传承国家教育方略的使命，应有组织、有目标地进行专业和系统的培养；家庭作为以血缘为纽带的伦理社群，不仅是教育的起源，更是陪伴受教育者终生的重要环节；社会以其文化、传统和风俗等因素影响受教育者，发挥着塑造个体的“三全育人”作用。家庭和社会对受教育者的培养，既是现实的需求，更是源自教育本质的道德责任。“三全育人”思政教育不应仅仅发生在课堂上，更应该是随时随地、潜移默化的过程。这要求教育者以身作则，符合道德规范，培养思想素养和道德情操高尚的学生。培养人才是一项复杂的系统工程，需要党和国家的有力引导，全体成员的共同努力，形成“全过程育人”，更好地培养学生成为社会主义接班人。

## 二、育人过程尚未有效衔接

“三全育人”要求“全过程育人”，这意味着“三全育人”应该贯穿始终，而不是孤立地、碎片化地进行。习近平总书记指出，“要遵循思想政治工作规律、教书育人规律、学生成长规律”①。高校的育人过程尚未做到有效衔接，一体化推动进展不大，未能将“三全育人”融入学生培养的各个阶段、各个环节。高校在制定培养任务和育人目标时，未能考虑到不同阶段的学生所需的不同能力和素质，并进行相应的调整，以更好完成“三全育人”教育目标。

### （一）“全过程育人”过程链条不完整

“全过程育人”要求思想政治教育工作落实到高校人才培养的各个环节，形成思想政治教育闭环，统筹安排，整体布局，解决教育过程中存在的链条不完整、连续性不到位的问题。第一，“全过程育人”的过程链条尚需进一步完善。新生入学阶段，对新事物敏感好奇，因此对新生的适应性教育至关重要，这也是为思想政治教育打好基础、埋下种子的关键。高校在此阶段还缺少对学生的爱国主义、理想信念、纪律等思想方面的教育。应尽快引导大学生完成身份的转变，树立奋斗目标。学生在校阶段，高校缺乏思想政治教育的规划，应既关注其学业目标，也完成其价值塑造，确保学生两方面综合能力的共同提升。在毕业阶段，目前存在两大主要挑战：其一，难以在学生校外实习和自主创业等阶段全面贯彻“三全育人”理念，尤其是在学生自主谋划职业生涯时，面临几乎空白的思想政治教育。其二，由于学生实习实训地点数量多且具有分散性，加之安全等因素的制约，教师很难定期到达各实践基地，进而影响了“三全育人”思想政治理论课的有序展开。对于以上情况，高校未能考虑采取更加灵活的教育模式，包括在线教学和远程指导，来确保思想政治教育贯穿于学生整个成长历程；同时，高校也并未建立更紧密的学校与实习单位之间的合作机制，促进教育资源的有效整合。高校应进一步完善“全过程育人”的过程链条，为学生提供更全面、连贯的思想政治引领。第二，“全过程育人”教育过程需要调整。一方面，在“全过程育人”中，缺少思想政治工作与教育教学的深层次有效衔接。“三全育人”思想政治工作以规范性逻辑为导向，强调社会价值观念的规范和维护，而教育教学更侧重于知识性逻

---

① 习近平．习近平在全国高校思想政治工作会议上强调：把思想政治工作贯穿教育教学全过程　开创我国高等教育事业发展新局面［N］．人民日报，2016-12-09（1）．

辑，注重专业性和自主性。因此，如何在二者之间找到平衡点，实现有机融合，是一个复杂并迫切需要解决的问题。这可能涉及重新审视思想政治工作的角色，以更贴近教育教学的实际需求，并在教学过程中注入思想政治元素，使其更贴切、有趣、贯穿全程。另一方面，“全过程育人”的有效衔接也需考虑不同学科中的思想政治工作元素。每个学科都有其特点和教学需求，因此需要深入挖掘如何在各学科中巧妙地融入思想政治元素，使之既不脱离学科本身的专业性，又能达到“全过程育人”的整体目标。此外，分析本科生与研究生在思想政治教育与思想品德素养上的联系，要深刻理解各个阶段的特点和需求，加强学生将理论真正应用到实际生活中的能力。不同学科的教学内容，包括专业内容、教育目标、教学方法等，需要有效衔接。在“三全育人”理念中，课堂教学以全员、全程、全方位思想政治教育为依托，建设思想政治教育新模式，确保“三全育人”不仅具有系统性和延续性，同时能够满足不同阶段学生的成长需求。

### （二）“全过程育人”时间链条不完善

在“全过程育人”的应用中，高校有一些积极做法，但也面临一些挑战。当前，大学生受网络思潮和社会环境的深刻影响，思想状况复杂且经常会出现波动。然而，“三全育人”思想政治教育在应对这一现状时显得有些力不从心。高校的思想政治教育往往会忽视学生的成长规律，这在思政建设中表现为“重视低年级、忽视高年级”“重运动式教育、忽视连续性教育”等现象，这也是育人环节未能紧密衔接的原因。面对低年级学生，高校利用开展思想政治教育活动的方式，如团日活动、红色文化主题班会、志愿服务等，提升学生的整体思想水平。但高校更多追求速度和数量，对开展活动的质量难以保证，忽略了思想政治教育深层次的内涵。高年级学生存在毕业、就业的问题，思想也形成了固定模式，高校难以开展行之有效的实践活动，这给“三全育人”教育理念的高效转化与实际应用带来了困难。高校在面临不同年级的学生时，缺乏具体详细的分工规划，导致“全过程育人”时间链条没有形成闭环，“三全育人”教育理念难以渗透。因此，“全过程育人”需要更全面地考虑学生的整体成长，克服上述问题，确保思政教育更为有力、连续和深入地影响学生的思想和行为。

### （三）不同学科之间缺乏融合共通

思想政治教育需要高校各学科的共同努力，然而部分高校不乏有思政理念的传授只归思政课堂负责的想法。思政课堂旨在传授党的最新政策、习近平新时代中国特色社会主义思想、爱国主义精神等，存在较多的理论内容，忽视了实际的操作。各学科专业课注重专业知识的传递和技能的培训，疏于思想政治理论的渗透。各学科之间各司其职，导致思想政治教育不能融会贯通。此外，部分高校采用布置作业的形式巩固思想政治教育成果，同学们对课后作业并无明显的抵触情绪，但认为作业应该能够引导学生关注时政问题并且做到理论与实践相结合的建议较多。综上可以看出，学校思想政治教育效能不高的现象依然显著，与党的立德树人要求差距依然较大。在发放《“三全育人”理念下学校课程思政建设路径研究调查问卷》时，当被问及“您对课程思政的了解程度”时，44%的教师表示“有一定了解”，占比较大。有27%的教师表示“比较了解”，7%的教师“很了解，并有过专门研究”。但仍有18%的教师表示“不太了解”，4%的教师表示“不了解”（见表5-2）。

表5-2　教师对课程思政的了解程度

| 了解程度 | 很了解，并有过专门研究 | 比较了解 | 有一定了解 | 不太了解 | 不了解 |
|---|---|---|---|---|---|
| 占比 | 7% | 27% | 44% | 18% | 4% |

在“关于‘三全育人’，下面正确的是”一问中，有72%的教师能准确掌握关于“三全育人”的内容，28%的教师对其内容掌握得比较模糊（见表5-3）。高校大多数教师对“三全育人”内容的了解情况总体较乐观，少部分教师理论内容掌握欠缺，不能准确选出正确答案。可见，当前课程思政建设缺少制度与机制支撑，很多教师都处于一知半解的状态。学校在课程思政方面做了很多努力，取得了很大成效，但制度与机制支撑不足，育人效果尚未最大化释放。

表 5-3　能否正确选出关于“三全育人”的内容

| 能否正确选出 | 能正确选出 | 不能正确选出 |
|---|---|---|
| 占比 | 72% | 28% |

“全过程育人”不仅需要在过程上，也需要在时间上完成育人的连接。当前，育人供给与学生需求失衡问题显而易见。尽管已经构建了学校、家庭、社会、学生“四位一体”的育人联合体，但除学校外，其他主体在育人理念方面相对薄弱，导致面对学生需求时各自为政，育人效果并不理想。供给过程主要聚焦于“第一课堂”，而社会实践和网络思政等“第二课堂”和“第三课堂”因使用频率不高、有效性不足被忽视。供给内容过于理论化，缺乏感染力，难以发挥思想引领的作用。在供给方式方面存在显性与隐性教育、刚性与柔性教育之分，但在面对不同教育对象时未能因势利导，这严重影响了思想政治工作的质量。可见，“全过程育人”在过程、时间、对象、内容方面都需要衔接完整，以促进“三全育人”效果更好展现。

## 三、育人方位缺乏统一规划

高校“三全育人”教育方位存在着不全面的问题。在学生整个在校期间，高校未对思想政治教育工作展开全面的、系统的规划，不同年级、阶段的学生对“三全育人”教育的理解存在偏差。高校往往会对刚入学的新生开展思想主题教育，而其他年级的学生往往因为学业、就业、考研等任务被忽视，育人工作无法全面展开。学生在闲暇时，往往也会忽视思想政治学习，这使本应形成“全方位教育”的圆环存在断裂现象。

### （一）课程思政育人方位不聚焦

课程思政育人方位尚不聚焦，亟须改进。其一，高校思政育人缺乏统一规划也表现在课程设置上。一些学校可能将思政课程仅仅当作一种形式，缺乏深度和系统性，无法真正引导学生深入思考社会、文化和伦理等方面的问题。这种浅显的和零散的课程设置方式对于系统性的价值观构建来说意义甚微，影响了学生的综合素养提升。为了实现“全方位育人”，实现大学生全面发展的目标，课程思政应发挥专业优势，结合独有的思想政治理论资源，深入到课堂之中，以此实现课堂的多维化。然而，部分高校的“全方位育人”体系暂未系统形成，课程思政的重视率和参与率不高。2016 年我国就开始了课程思政建设，但从高校的反馈来看，理论内容较为完善，却缺少实践探索，育人方位不全面。其原因在于高校理工类、医学类等学科对课程思政教学内容较为忽视，而大部分文史类学生较为重视思想政治教育课程。高校忽视了学科的差异，导致各学科间思政教育的质量出现参差不齐，“全方位育人”计划仍待完善，各学科间的课程思政建设仍有差异。其二，课程思政中思政元素不突出。高校当前已有的课程思政在“全方位育人”上有所欠缺，不能全方位、多角度综合运用思政元素，也未能充分探索出特有的思政元素与“三全育人”相结合的育人模式。在内容方面，缺乏对专业特殊性思政元素的充分利用，也未对前沿性的理论进行融合创新，在一定程度上影响了“三全育人”的教育成果。在方式上，高校思政课堂通常采用教科书式的教学方式，存在生搬硬套的情况，使得其效果与预期背道而驰，存在一定程度的回旋镖效应①（社会心理学的一个概念）。因此，需要更加深入地思考和改进课程思政的建设方向，以实现更为全面、有效的育人目标。此外，高校思政育人缺乏统一规划还表现在师资队伍的建设上。一些学校对思政育人师资的培养和引进缺乏长远规划，导致一些思政岗位缺乏经验丰富、理论水平高的教师，影响了教育质量。

### （二）多维度育人尚未系统构建

高校“全方位育人”不足容易导致多维度育人的缺失，多维度育人一般体现在育人主体、育人内容、育人路径等方面。当前许多高校仍会忽视“全方位育人”。其一，学校、社会及家庭三方在育人主体的联动性上未达到理想状态。从宏观层面上看，高校思政课程需要实现多方育人主体的有机联动，创造大学生德育的综合环境，从而促进学生全面发展。从微观层面上看，高校与家长的密切联系是促成课程思政深入人心的重要一环。但是，从现状来看，高校在与社会和家庭的合作上有所欠缺，未能在社会的

① 回旋镖效应起源于狩猎工具回旋镖的使用方式。回旋镖是一种巧妙武器，它沿着一条弧线飞出去，然后再继续沿着弯曲的弧线折回来，有时甚至会回旋过来打到自己。在社会心理学上，就把这种行为举措产生的结果与预期目标完全相反的现象，称为回旋镖效应。来自百度百科。

教育资源和家长对学生的心理健康了解上达成共识，导致多维度育人开展不畅。其二，课程思政线上线下育人模式不健全。部分高校充分结合社会发展和时代变化，推出课程思政线上线下新模式，创新育人路径。然而，在线下，高校通常利用课程思政进行知识科普和内容宣传；在线上，高校大多以公众号推文和网络直播授课为课程思政主要传授方式，对理论诠释不深入。这样的形式虽然新颖，但是很难将线上与线下相融合，未能实现线上线下的互相补充，不利于“三全育人”大思政格局的构建。

**（三）“全方位育人”没有实现高效联动**

其一，“全方位育人”未能贯通各个领域。“全方位育人”的有机联动涉及多个层面，其中关键问题包括如何使各领域相互补充、取长补短，以创造大思政格局中最为重要的部分。“全方位育人”需要从不同领域、不同层次上分析有效的育人模式，并将其加入到实践中，从动态平衡和良性循环上优化课程思政的教育目标，还需要兼顾不同育人主体的利益诉求，结合学生思想，因人而异设计课程思政内容，实现“三全育人”的有机融合。这涉及创造有效的合作机制，以促进跨领域的合作与协同，使“全方位育人”在各层面都能协同发展，最终构建一个有机联动的育人体系。其二，“全方位育人”与分类精准实施存在矛盾。精准施策下的思想政治教育呈现针对性、时效性和创造性的特质。这种教育模式在实践中体现为根据具体事务调整教育内容，以保证有的放矢。根据时势发展进行及时调整，确保教育始终具备时效性。同时，根据形势变化灵活创新，形成一种富有创造性的教育方式。这不仅是立德树人活动的一种新样态，更是对育人工作进行深刻改革的必然要求。然而，由于高校育人主体没有形成合力、育人制度尚未健全，“三全育人”工作不能有效落实。这种情况下，“三全育人”工作很难在整体与部分之间取得平衡，最终影响育人成效。要解决这一矛盾，需要深入推进育人体制改革，促使育人工作更好地适应不同需求，实现全体与分类的有机结合。

高校思想政治育人是培养学生全面发展的必要环节，然而在整体方位上存在缺乏统一规划的问题。“全方位育人”是“三全育人”的蓝图，将教育内容和教学环境作为主要方面，明确了“十大育人体系”对教育内容的重要影响。“十大育人体系”不仅对大学生全面发展提出了明确要求，也为课程思政的开展提供了参考，为实现高校“三全育人”教育理念提供了具体方案。然而，高校在思想政治教育工作的具体执行上存在不足，缺乏整体性与系统性的规划。个别部门重在完成任务，忽视其教育理念的渗透性与实效性，导致“三全育人”“最后一公里”不能按时“到达”。此外，高校的育人环境仍存在问题，对学生的思想政治教育应考虑社会环境、学生心理环境等因素。在教学方式上未能及时探索与网络相关的新模式。高校“三全育人”在这些方面存在盲区，导致资源配置不足、创新方式不完善，无法达到“全方位育人”的目的。

**（四）育人环节和内容缺乏一定针对性**

学生作为高校的主体部分，其显现的思想状况多元化、复杂化、差异化明显。层次、阶段不同也会导致学生思想上出现波动。而高校并没有对其进行课程思政的差异化辅导，对教学内容和规律掌握不佳。低年级学生虽然课程较多，但在课后育人实践的开展中，他们往往积极参与学校活动，而高年级学生虽然课余时间较为充裕，但育人活动的参与度低。因此，高校德育工作需要有针对性，注重补足育人环节的缺失。当前，随着就业压力不断加大，学校更多地加强知识性教育，强化工具理性，弱化价值理性，劳动教育碎片化，没有成为五育中的一个重要部分。

总体而言，高校思想政治育人需要在整体方位上进行统一规划，以确保教育目标的一致性和系统性。这不仅需要高校内部的努力，更需要国家和社会的支持与引导。

## 第四节　“系统化”优势不显，“三全育人”实效性欠佳

目前高校“三全育人”工作已经取得了不少优异的成绩，以习近平新时代中国特色社会主义思想为指导，全面贯彻落实党的二十大精神，不断培育学生的社会主义核心价值观，切实担负起立德树人的使命，不断完善“三全育人”教育理念，持续增强多元育人队伍等，但是仍然存在着部分

问题。要继续完善大思政格局中“三全育人”的教育目标，就不能忽视其在实践中的具体问题，包括：教师“三全育人”理论素养培训相对不足；高校“三全育人”制度欠缺，保障机制不足；高校“三全育人”资源欠缺，平台建设滞后。本节通过分析其在全员、全程、全方位育人方面“系统化”不完善导致实效性欠佳的问题，优化高校“三全育人”教育理念的整体实践能力。

## 一、教师“三全育人”理论素养培训相对不足

高校教师是贯彻“三全育人”教育理念的关键，其不仅是学生思想政治教育的直接影响者，更是发挥思想引领作用的优秀榜样，其思想政治素养和水平直接影响着学生思想上的进步和发展。当前高校教师存在着“三全育人”理论素养不高、思想政治知识不完善和集中培训教育缺乏等问题，具体分析这些主要问题对健全高校“三全育人”教育理念有重要帮助。

### （一）教师和辅导员思政素养参差不齐

习近平总书记强调，“办好思想政治理论课关键在教师”①。其一，教师队伍的思政素养存在差异。高校的课程思政队伍由专业的思政教师组成，思政教师是课程思政的主力军和引领者。进入新时代，随着高校对思想政治教育的重视程度逐步加深，教师的思想水平和素养也有所提高。但部分教师仍存在思想政治育人意识不足、育人能力欠缺的情况，影响育人目标的完成。一方面，一小部分教师思政育人意识淡薄。高校教师思政素养的整体提升对“三全育人”目标的实现有重要作用。部分专业课教师容易忽视思政素养的提升，出现轻思政重知识的情况，在课堂教学中缺乏加强思想政治教育的意识。教师思想素养不一致对课程思政的建设有延缓作用。另一方面，一小部分专业课教师不是党员。非党员的专业课教师对于思想政治教育理解不深入，缺少专业的马克思主义基本原理知识。虽然这部分专业课教师对自己所学专业有深刻的理解和渊博的知识，但是在课堂融合思想政治内容上略感吃力，课程思政教学经验有限，“全员育人”的

---

① 习近平．思政课是落实立德树人根本任务的关键课程［M］．北京：人民出版社，2020：5.

效果因此受到制约。其二，辅导员素养应对新时代思政挑战仍显不足。辅导员受限于自身的专业背景和知识结构，难以为学生提供直接的专业指导，导致“三全育人”系统性效能弱化。辅导员队伍更是存在着思想政治理论水平不高的问题，往往缺乏足够的思想政治理论相关学科知识。辅导员的思想政治教育能力有限，思想政治专业知识欠缺。作为大学生学习和生活的直接管理者，辅导员扮演着关键的角色，成为高校管理的“中间人”，与此同时，他们所面临的挑战也变得越来越多样化。在日常的学生管理中，辅导员肩负着重要的职责，包括但不限于职业规划、心理辅导等。这些繁重的任务导致辅导员的工作逐渐偏离了“全员育人”的初衷。应当明确辅导员的职责为：在协助完成高校各项管理工作的同时，引导学生树立正确的思想认知和价值观念。尽管辅导员工作的多样性是不可否认的，但这并不意味着他们能够胜任所有领域的专业要求。相反，这种情况更可能造成其他职能部门、服务部门能力的缺失，将过多责任下放到辅导员身上。这不仅违背了“全员育人”的原则，也可能导致高校职能部门与辅导员在能力和育人效果方面的不均衡。更需要关注的是，这种现象可能促使辅导员成为各项事务性工作的处理者，而非“全员育人”的推动者。这种不平衡可能引发高校内部部门之间推卸责任，反映出高校缺乏“全员育人”的责任认识和担当。因此，我们需要认识到这一问题的本质，并采取相应措施，确保高校在思想政治教育中真正实现“全员育人”的目标。当前，高校对在职辅导员的思想政治教育专业知识培训规划和要求不够系统，这导致他们在能力上难以胜任思想政治工作。由于日常需要面对繁杂的事务性工作，辅导员很难投入到挖掘“三全育人”真正内涵与实践工作中，使得其工作焦点逐渐偏离学生的思想观念和全面发展。其三，“三全育人”教育理念建设中教师的创新意识和能力不足。在高校推动课程思政完善的过程中，教师的思想政治能力不太乐观，在课程思政内容的增加和形式的开发上存在不足。研究表明，高校绝大多数教师认同课程思政的建设，但是存在时间和精力上的限制。大部分教师依旧采用传统灌输式教学方法，未能采用“智慧课堂”等新模式。少部分教师创新课堂形式，并将“三全育人”教育理念融入课堂，但是其思想政治专业知识不丰富，接受的专题培训较少。因此，不同阶段的教师需要匹配相应的课程思政提升培训，从而不断完善其教学效果。这彰显了教师对于培训的迫切需求，以提升整体课程思政建设的效果。

### （二）教师理论知识水平尚需提升

习近平总书记强调，"要坚持政治性和学理性相统一，以透彻的学理分析回应学生，以彻底的思想理论说服学生，用真理的强大力量引导学生"①。在思想政治理论课教学实效问卷调查数据的收集与整理中，一项关于"你心目中的思政课教师应该是什么样子"的数据显示：76%的调查对象选择系统掌握思政课理论知识，能够深入浅出阐释教学内容；76.5%的调查对象选择深入调查学生现实困惑，有针对性授课，答疑解惑；74.75%的调查对象选择了解学生专业领域，能够把思政课教学与专业学习有机衔接（见表5-4）。很显然，新时代，青年大学生既对思政课教师的理论知识水平提出了很高要求，对于思政课教师的育人水平更是充满了期待。正所谓"经师易求，人师难得"。

表5-4 "你心目中的思政课教师应该是什么样子"的调查数据

| 选项 | 小计 | 比例 |
|---|---|---|
| A. 系统掌握思政课理论知识，能够深入浅出阐释教学内容 | 304 | 76% |
| B. 深入调查学生现实困惑，有针对性授课，答疑解惑 | 306 | 76.5% |
| C. 了解学生专业领域，能够把思政课教学与专业学习有机衔接 | 299 | 74.75% |
| D. 中规中矩按照课本和课件授课，无须顾忌学生是否认真听课 | 72 | 18% |
| 本题有效填写人次 | 400 | |

一方面，教师的理论知识不足。教师思想政治理论知识的不足影响教师"三全育人"工作的深入开展。相对于教师职业发展需求而言，现有的教师队伍在思想政治理论方面的水平和能力有待提升。然而，高校未能为

① 习近平．思政课是落实立德树人根本任务的关键课程［M］．北京：人民出版社，2020：22.

部分理论知识尚且不足的教师提供完善的培训方案或实践指导，难以满足教师在思想政治教育能力方面的多样化、个性化需求。由于理论知识的匮乏，高校通常仅能在学校党委教师工作部的指导下进行教师的思想政治教育工作，导致教师缺乏自主性和前瞻性。学院领导的个人态度和对“三全育人”理念建设的认知程度成为影响教师工作开展和获得成效的主要因素。因此，缺乏全面的理论支持，高校教师的思想政治教育工作容易受限于本身的主观意愿和能力水平。总体而言，教师理论知识的不足制约了教师思想政治教育工作的深入开展，教师需要更加注重理论研究，提升思想政治理论水平。

另一方面，教师的理论知识有待更新。高校思政教师的育人知识亟待更新。思想政治理论知识作用的有效发挥需要教师通过教学内容的传授对学生进行指导教育。不少学生对思政课程的感受是内容空洞，需要死记硬背。这也反映出一部分学生对思政课的兴趣不高，甚至认为其乏味。要解决这一问题，高校思政教师需主动提升马克思主义基本原理、习近平新时代中国特色社会主义思想等专业理论知识水平。这有助于教师从多维度与专业性角度把握教材内容，使学生更易理解，知识内容更全面，育人目标更易实现。此外，部分高校的思政课教师坦言，在课堂教学中，对于有些学生提出的问题无法给出正确答案，导致学生不能及时、透彻地理解知识。由于教师自身思想政治知识水平不高，备课时很吃力并很难设置教学内容，这也导致了教师对党和国家的新理念和新提法理解困难。教师因为思想政治知识匮乏，教学内容跟不上时代热点，影响课程思政的专业性和有效性。总体而言，高校思政教师在育人知识方面的更新不仅需要教师个体的努力，也需要高校和政府的支持。通过各方的共同努力，可以实现思想政治教育的不断创新与进步，更好地服务于学生成长和全面发展。

### （三）“三全育人”视域下教师的持续培养和深化发展有待加强

在当前高校教育中，“三全育人”理念被广泛提倡，然而，针对教师的思想政治理论培训体系存在一系列亟待解决的问题。其一，现有的培训内容往往过于泛化和空洞，缺乏具体的实践指导，难以贴近教师的实际工作。这使得教师在思想政治理念养成过程中难以找到有效的引导和支持，影响了培训效果。其二，思想政治教育培训形式刻板且单调，缺乏多样性和创新性。高校多以开讲座、看视频的方式进行培训，然而传统的讲座式培训难以激发教师的学习热情和参与度，需要引入更灵活、互动性更强的培训方式，如案例分析、角色扮演等，以提高培训的实效性。在培训效果方面，目前存在着思想政治教育培训过程短暂且内容浅显的问题。很多培训课程仅停留在知识传递的层面，缺乏对教师深层次素养的挖掘和培养。因此，高校需要通过设立长期的培训计划，将培训贯穿于教师的整个职业发展过程中，实现对教师思想政治教育能力的长效培养。其三，培训反馈方面存在零散和缺失的情况。高校没有及时建立定期的培训评估机制，缺少收集教师的培训感受和实际应用情况的机制，从而难以及时调整培训内容和方式，以提升培训的针对性和实用性。特别是在“三全育人”视域下，高校教师在思想工作、社会实践活动、社会服务事业等方面的能力和水平提升显得尤为重要。然而，目前尚未形成一个持续有效的培训体系和发展机制。应该在思想政治教育培训中加强对这些方面的关注，设定反馈机制，加强对培训成果的验收，将重点放在教师育人能力的提升上，为教师提供更为全面的发展支持，促使其在“三全育人”工作中有更为深刻的实践和体验。总的来说，高校教师思想政治教育培训体系需要从内容、形式、效果和反馈等多个方面进行全面的改进，以适应“三全育人”教育理念的要求。高校只有建立起科学合理的培训机制，才能更好地引导和激发高校教师在思想政治教育中的学习性和创新性，确保他们在教育事业中不断提升自我素质，与时俱进。

## 二、高校“三全育人”制度欠缺，保障机制不足

高校“三全育人”教育理念的实施需要完善的制度保证，然而许多高校存在制度欠缺和保障机制不足的问题。“三全育人”既是理念、原则，又是机制。[①] 制度是理论实施的基石，制度的完善是高校开展“三全育人”的前提条件和基础性工作，直接关系到学生思想政治工作的成效。

① 恽桃．改革开放以来高校“三全育人”模式研究综述［J］．戏剧之家，2019（23）：160.

### （一）高校“三全育人”相关制度不够完善

当前一些高校在整合“三全育人”理念所涉及的相关制度方面存在显著不足，亟须以“三全育人”为核心，打造更为全面的相关制度体系。其一，领导体制不足。高校“三全育人”制度不完善的首要问题在于当前领导体制的不完善，高校党委的统一领导是确保“三全育人”目标完成的前提。党委领导制度的不完善影响着高校的决策效率和执行力，需要通过建立更为健全的领导架构来提高整体思想政治教育水平。其二，高校的运行机制也存在一系列问题，包括上级领导和下级响应之间的沟通障碍。解决这一问题需要采取有效的沟通渠道和机制，以确保信息的畅通和高效地指导执行。此外，高校内部各个二级学院之间协作能力不足，合作意识相对较差，这也是一个制约高校整体发展的瓶颈。加强学院之间的团结与协作，培养共同发展的理念，将有助于整体推动高校的发展。其三，当前激励措施相对单一，难以满足岗位发展需求和学生教学需求的多样性。高校应着眼于建立更为综合的激励机制，以更好地激发师生的积极性，包括与岗位职责相匹配的激励计划、鼓励创新科研和教学方法的奖励措施等，以促进全体成员的全面发展。因此，要全面推动高校的发展，需深入研究并解决上述问题，以构建更为完善的“三全育人”相关体系，从而为高校提供更为坚实的发展基础。其四，缺乏“三全育人”视域下的有效统筹规划、监督机制和问责制度。在“三全育人”视域下，学校尚未将各部门的主体责任落实到具体机制中去，各部门只从自身职责角度出发推进育人工作，育人工作条块分割，部门之间协同不够。高校是学生教育工作的主体，社会和家长也应承担相应责任，但是，受信息差异的影响，校内外人员教育工作无法统一，很难形成合力。在发放《“三全育人”视域下学校辅导员队伍建设状况调查问卷》时，当问及“您在日常工作中是否注重与校内教师队伍、行政管理等部门的交流、沟通和协作”时，43. 3%的辅导员表示偶尔有，还有 26. 6%的辅导员表示完全没有。另外，高校教师思想政治监督体系尚存在监督主体单一、监督方式过于粗放、监督力度不足的问题，导致在思想工作、社会实践活动、社会服务事业等方面对教师缺乏有效的监督和问责机制。这使得一些教师缺乏自律性和规范性，甚至出现一些违反思想政治理念、损害师德形象的行为，表面上监督效果不佳。高校如何加强监督力度和建立更为有力的问责机制是当前亟须解决的问题。

### （二）“全方位育人”机制不健全

“全方位育人”是“三全育人”的重要一环，提出了多维度、多层次高校思想政治教育的具体要求。部分高校在制度建设上不完整，未能科学设计和整合教育形式。其一，管理机制不足。高校各学院之间独立行动，各司其职，不能合作推进“三全育人”教育目标的实现。虽然开展了思政活动如团日活动等，但缺少与学生在精神、思想方面的深入交流，导致难以及时发现问题，即使发现问题也难以及时解决。当前高校仍追求快速见效的教育方式、易于量化的思想教育成果，而那些见效缓慢、成果难以量化的方式并不受教师们的青睐，因此“三全育人”教育工作在高校制度建设中未能得到充分重视。其二，管理体制缺乏活力。高校课程思政与协同育人进展缓慢的原因是缺少相应激励制度。其对辅导员与教师协同育人工作的完成没有激励手段和奖励制度，导致职责分散。协同育人奖励机制的不健全主要表现为过于注重学术研究和课堂教学，而忽视了教师队伍与辅导员及后勤管理人员在大学生的思想政治教育工作中的育人联动性。高校管理层面协同性不足，教务处、学生处未对学生思想政治教育工作做出具体安排与指导，影响协同育人进程。

### （三）有效的考核评价制度不足

其一，缺乏专业的课程考核评价制度。教学评估在思想政治课程工作中至关重要，当前高校存在的问题是缺乏有效的思想政治课程考核评价制度。建设思想政治课程的目的不仅仅是将思政元素融入通识课和专业课，更在于提升课堂育人实效，切实增强大学生的思政素养，促进大学生全面发展。考核和评价需要关注课程内容的合理性、育人方向的正确性以及育人方法的有效性。然而，目前存在的问题是有的高校尚未推出科学的考核方案，或者已有方案但未得到很好的运用，导致许多教师不清楚其存在。大多数高校教师认为“督导评价”和“学生评价”较为合理，但仍有部分教师和学生不清楚当前思想政治课程的考核形式。这表明思想政治课程的考核方式和内容需要更具多样性和全面性，包括督导考核、学生考核以及相关量表的应用。这样的多元化考核方式和全面性考核内容将更好地促进思想政治课程育人工作的开展。其二，课程考核评价制度不灵活。课程思政建设中需要灵活全面的考核评价制度。高校目前仍以传统的考核评价体系为主，与“三全育人”教育目标的要求有一定的差距，影响了实际效果，“三全育人”的评价制度尚未完全建立。当前课程思政建设考核缺少教学质量评价等全面评估机制，具体的实施机制并不完善。由于课程思政考核评价制度建设的迟滞和落后，教师的授课积极性欠缺，阻碍了“三全育人”教育目标的实现，对高校人才培养构成了不利影响。为了更好地推动“三全育人”思想政治课程建设，需要针对这些问题进行深入研究和改进。其三，绩效评价机制有待完善。检验高校“三全育人”成效，需要建立起有条理、全方位的绩效评价制度。绩效评价制度不仅能调动全校工作者的育人积极性，而且能提升教师及工作者的心理认同感和成就感，以此促进“三全育人”教育目标的实现。高校绩效评价机制需要统筹兼顾“三全育人”成果，考虑阶段付出与实际回报，更公平、规范地进行综合评估。但高校绩效评价机制在理论与实践中存在问题，实施效果与预期相差较远。在发放《“三全育人”理念下学校课程思政建设路径研究调查问卷》时，当问及“目前您所在高校课程思政考核形式”时，30%的教师选择“督导评价”，40%的教师选择“学生评价”，而22%的教师表示并不清楚当前课程思政的考核形式，8%的教师表示没有考核（如图5-5所示）。综合数据情况表明，高校针对课程思政的评价制度未形成具体有效的方案，部分高校存在已有制度但是未能全面宣传落实的情况，因此绩效评价不能发挥最大优势以协助“三全育人”工作。

高校的“三全育人”教育机制存在问题。在实际教育中，高校未能连续性、全面性实施思想政治教育工作，在灵活性和系统性上存在多方面的问题，这直接导致高校未能建立健全的保障机制。从具体情况看来，部分高校在“三全育人”思想政治教育工作上，存在活动设计不足和实际教学薄弱的问题。一些高校难以建立全面的“三全育人”发展格局，使得课程思政建设工作缺少连贯性。同时，课程思政教学中缺少完备的监督机制，难以及时发现和解决存在的问题，阻碍了“三全育人”目标的有效实现。因此，当前亟须解决的核心问题之一是如何构建更为完善、切实可行的

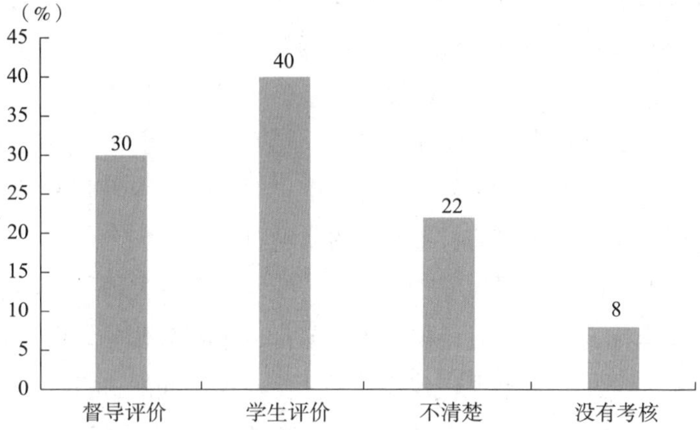


图 5-5　课程思政考核形式

“三全育人”相关保障机制。这不仅有助于提高思想政治教育的质量，还能确保整体工作有序有力地推进，从而更好地实现高校“三全育人”的教育目标。

## 三、高校“三全育人”资源欠缺，平台建设滞后

高校“三全育人”仍存在资源融合度不够、协同育人平台建设滞后、保障条件配置不足的问题。高校实践育人机制不健全，思想政治教育缺乏资源融合，未合理运用新兴科技载体，是导致实效性欠佳的原因所在。

### （一）“三全育人”资源与平台不完善

其一，资源融合度欠缺，协同育人平台建设滞后。资源融合的不足主要体现为高校党政领导、专业课师资以及辅导员团队之间缺乏良性互动，使得资源共享的机制不够健全。尤其在协同育人平台建设方面，辅导员和专业课教师之间的协作机制不足，造成了资源融合的不足，如各学科对教学资源的渴求导致出现不顾育人实际抢夺育人资源的情况，多数教师都更愿将课堂安排在多媒体教室。通常情况下，教育工作者往往只注重各自擅长的领域，而不能充分利用彼此的专业优势，形成更为全面的育人体系。同时，二级院系之间缺乏有效的协同沟通平台，导致信息传递不畅，新问题和情况无法得到及时解决。这种不完善的协同育人平台建设，使得辅导

员和专业课教师之间的合作相对薄弱，资源配置效益未能达到最优状态。此外，高校缺少对思想政治教育平台的完善，未形成囊括新生开学第一课、在校期间思想政治教育课程及毕业离校教育的统一的育人平台，缺少以“经典阅读”“理想信念”“初心讲堂”为特色的思想政治理论学习平台，在家校合作方面没有形成合力，在社会方面尚缺乏以“筑梦工程”为代表的育人平台。这些工作的欠缺导致对学生的思想政治教育产生了断层，未能坚定学生的理想信念和爱国主义情怀，不利于提高学生的思想品德。其二，保障条件不足。近年来，国家及各地方教育主管部门出台了保障思政课建设的《高等学校思想政治理论课建设标准》及相关文件。然而，在实施过程中，由于高校的办学理念和定位等因素的影响，思政课建设参差不齐。一些院校存在教学机构未独立设置、专项经费不充足、师资配置上师生比未达标、与思政课教师相适应的职称评聘制度未建立、课程开设数量和学时数被压缩或挪用、资料室与教学辅助平台等基础设施不完善的问题，这些都在一定程度上阻碍了平台设施和资源的完善。

### （二）育人的平台和渠道相对固化、联动性弱

受此前疫情的影响和学校办学资源的局限，学校的育人平台比较固化，大多依赖线上平台，线下育人相对薄弱，协调家庭、学校、社会三大育人场域形成育人合力尚有短板。在发放“全方位育人”视角下大学生思想政治教育现状调查问卷时，当问及“在学校、家庭、社会、网络以及自身等方面您认为新时代大学生的思想政治教育还存在哪些问题？您是否有更好的建议？”时，36.8%的学生认为学校虽然有课堂教学、网络媒体宣传、设计学生活动等基础性平台，但是平台之间联动不足。

### （三）科技载体运用不足

当前高校课程思政主要依赖于线下教学，对于线上网络媒体的宣传应用探索不足，或者仅限于互联网平台的浅层理论阐释，未能联系时代发展运用先进的创新技术进行教育。习近平总书记指出，“思想政治工作过不了网络关，就过不了时代关”①。当下新兴的新媒体、大数据等科技载体和

① 习近平．在全军政治工作会议上的讲话［N］．人民日报，2014-11-03（2）．

技术资源是高校“三全育人”理念可以实践运用的新手段，但对于这些技术手段的运用，比如 Ai、ChatGPT、Sora 等，仍面临不少挑战。实事求是地讲，师生之间在技术的熟知度上有距离。校园文化的育人功能没有充分彰显，相比较其他学校，被调查高校受办学经费与空间限制，没有 AR 空间体验馆，重大节日的仪式教育尚未形成制度，网络云课堂建设也尚处在起步阶段。其一，高校思想政治教育的宣传手段尚未跟上时代潮流。目前，大多数高校仍采用传统的教学形式，如课堂授课、讲座报告等，而对于新兴的思想政治教育途径了解不足。尽管一些高校已开始建设思想政治教育的新媒体平台，但仍过于依赖传统方式，导致学生失去兴趣，影响教育效果。其二，在运用新媒体等资源的技术方面仍存在明显不足。虽然新媒体已成为大学生获取信息的主要途径，但高校思想政治教育者未充分认识到新媒体在教育中的潜力。即便是使用新媒体的教育者，也可能缺乏对其特点和传播技巧的深刻理解，未能熟练掌握必要的图文编辑技术，影响了信息传递的效果。其三，需要对新媒体所搭载的教育内容进行整合和优化。高校网络平台的建设仍处于初级阶段，思想政治教育内容主要依赖国家政策方针，缺少新颖的元素。各高校平台内容重复，缺乏整体统筹，降低了信息的影响力，也制约了思想政治教育的传播效果。因此，需要在内容方面进行更为系统和有针对性的整合，以提升思想政治教育在新媒体时代的影响力。

### （四）实践育人机制不健全

马克思在《德意志意识形态》中指出，“这种历史观和唯心主义历史观不同，它不是在每个时代中寻找某种范畴，而是始终站在现实历史的基础上，不是从观念出发来解释实践，而是从物质实践出发来解释各种观念形态”①。高校“三全育人”思想政治教育层面的育人工作应从实践的方式入手。当前，高校“三全育人”实践机制仍面临一系列问题。其一，基础设施不健全，其中包括实践平台和资源的匮乏，这限制了学生在实践中的深度参与和体验。网络思政平台与传统育人平台各自为营，缺少协同，造成了基础设施运用方面的阻碍，使高校实践育人长期有效性受到挑战。此

① 马克思，恩格斯．德意志意识形态（节选本）［M］．北京：人民出版社，2018：9.

外，由于缺乏科学的评估和跟踪机制，无法对新兴的网络育人平台进行评估，其育人实效性有待考证。其二，高等教育存在“消费时代”趋向。当下学生更注重教育体验和实际感受，这可能导致实践育人机制变得过于形式化，缺乏深度和实质性的培养。学生更多地被视为教育的消费者，而非真正的参与者。其三，责任制度不够明确，缺乏有效的领导层推动和监督，导致实践育人机制在执行层面可能存在不同程度的偏差和不协调。同时，学生的理论素养大于实践操作能力。思想政治教育最终应回归实际，将实践与思想政治教育理念相融合，以确保理论与实践、知识与能力的有机结合。综合而言，高校“三全育人”实践机制面临的问题涉及基础设施、长期有效性、学生参与度、责任制度和理论融合等多个方面，需要系统性地改进和完善。

## 本章小结

本章通过定性和定量相结合的方法，较为系统梳理了“三全育人”推进过程中的瓶颈、发展堵点。从多个维度、多个视角梳理发现：当前理论与实践之间存在一定程度的脱节。这一问题所诱发的“孤立化、中梗阻、碎片化、系统化”问题在实际运行中较为突出，进而造成了“三全育人”的协同性不足、耦合性不强、联动性弱和实效性欠佳的情况，这些亟待解决的现实问题和深层次的理论难题都成为高校“三全育人”高质量发展的阻碍。

# 第六章 高校“三全育人”大思政格局的完善路径

党的二十大报告提出，“用社会主义核心价值观铸魂育人，完善思想政治工作体系，推进大中小学思想政治教育一体化建设”[①]，这为新时代培育时代新人提供了理论指引和实践指向。习近平总书记极为关注育人工作，将高校思想政治教育置于教育活动的首位，大力推进全员、全过程、全方位育人，使之成为当代育人工作的重要价值遵循。“三全育人”重点在育人，关键是不同育人主体协同为育人共同体，实现“三全”协同推进。推动高校“三全育人”工作走向完善，需要直面高校贯彻“三全育人”理念过程中所遇到的难题，进行困境梳理，针对性地提出解决策略。具体来说，实现“三全育人”，首先需要统一认识，凝聚“立德树人”思想共识，在正确价值观念引领下树牢育人队伍的思想旗帜。“立德树人”不仅是口号，更是育人的旗帜与目标，唯有用好这一思想武器，全方位挖掘“立德树人”的文化资源，才能解决思想观念问题，达成育人共识。其次，完善制度体系，建立全方位育人、深层次激励、多维度监督、全方面考评的长效机制。在统筹各方面育人要素、调动各方面积极性的实践中，逐渐形成各部门齐抓共管的育人格局，并不断完善激励制度，激发全体教职工的主动担责意识，在监督与考评的过程中，实现“三全育人”的稳定运行。再次，重点聚焦“十大育人体系”内容，全面探索“十大育人体

① 习近平．高举中国特色社会主义伟大旗帜　为全面建设社会主义现代化国家而团结奋斗：在中国共产党第二十次全国代表大会上的报告［M］．北京：人民出版社，2022：44.

系”中各子体系的育人功能，不断构建各子体系良性运转、协同发力的育人格局，优化“三全育人”整体建构路径。最后，从创新驱动的视角出发，提出思想政治教育的完善路径，通过搭建网络育人平台，充分发挥新媒体在育人方面的独特优势，并在创新教学手段、营造育人氛围、关注衔接教育上下功夫，不断彰显思政教育的创新性，发挥“三全育人”的联动性，推动育人实践行稳致远。“三全育人”大思政格局的构建非一日之功，需要绵绵用力，久久为功。

## 第一节　目标驱动：力求实效，聚焦育人价值目标

习近平总书记指出，“磨刀不误砍柴工，思想是行动的先导。在思想认识上的收获，比我们在发展上的收获更有长远意义”。①凝聚“立德树人”思想共识可以加速育人群体精神力量的形成，不断汇聚育人合力，激发全员育人的动力，为“三全育人”提供精神支撑和力量源泉。

### 一、强化育人队伍“立德树人”的思想观念

党的二十大报告从教育之于立党立国的极端重要性出发，指出：“培养什么人、怎样培养人、为谁培养人是教育的根本问题。育人的根本在于立德。全面贯彻党的教育方针，落实立德树人根本任务，培养德智体美劳全面发展的社会主义建设者和接班人。”②构建“三全育人”大思政格局并实现良性运转，必须紧紧围绕“立德树人”这一目标，强化育人队伍的思想共识。

#### （一）全面理解“立德树人”的内涵

“三全育人”的工作重点是“育人”，只有将立德树人确立为工作目标与价值指向，才能促进全社会育人目标的实现，为此，需要全面理解立德树人的内涵，明确育人队伍在高校思想政治教育中的育人目标。具体而

① 习近平．之江新语［M］．杭州：浙江人民出版社，2007：83.

② 习近平．高举中国特色社会主义伟大旗帜　为全面建设社会主义现代化国家而团结奋斗：在中国共产党第二十次全国代表大会上的报告［M］．北京：人民出版社，2022：34.

言，可以从“立什么德”“树什么人”两个维度把握其思想内涵。“立德”首先要确立并坚定共产主义理想信念，用远大目标指引当下生活与学习，在小事中立德、在工作和生活中立德，用一往无前的拼搏推进个人理想和远大理想，树立为实现理想追求不懈奋斗的旗帜和标杆。其次坚定社会主义核心价值观。社会主义核心价值观是对共同认可的核心价值体系的高度升华与凝练，不断印证着中国的理念与智慧，充分彰显了中国特色社会主义的价值指向。“它的提出，有力地回应了西方价值观的冲击与较量，坚实地确立了提升了我国文化软实力和竞争力的战略支点”①。改进与强化大学生思想政治教育，是关系到国家长治久安的一项战略工程，对提升我国的文化软实力、推动文化强国战略实施、增强国家文化安全具有重要的实践意义。强化社会主义核心价值观的传播，用社会主义核心价值观引领思想，提升我国的文化软实力，已成为时代发展的必然要求。最后要传承中华民族传统美德，厚植传承千年的民族精神，实现民族精神与时代精神的有机融合，扎稳传统文化的根基。高校在课堂教学中，应充分挖掘传统美德故事，使之融入办学治学全过程，体现于思想政治理论课、通识课、专业课的教学始终，在科研工作、教学工作、服务工作、管理工作的各方面贯彻美德教育，实现传统美德代代传承、育人理念与时俱进，从而充分展现新时代中国精神风貌，更好坚持文化领域自信自强，不断充实“立德”的思想内涵，为“三全育人”明晰“立德”方向。

“树人”旨在培养致力于民族复兴的时代新人，倡导培育社会主义建设者和接班人。为此，首先应树牢学生的爱国之心。习近平总书记高度重视爱国情怀的养成，在 2018 年 5 月 2 日北京大学师生座谈会上的讲话中，他对广大青年寄予殷切期望：“要爱国，忠于祖国，忠于人民。”② 在当代，培养具有高度爱国主义精神的时代新人，必须用好育人主渠道，不断夯实学生的爱国情怀。高校可以充分利用传统节日、国家重大节日的浓厚爱国氛围对大学生进行家国教育，唤醒他们内心深处的国家观念，在踊跃参与重大节日举办的各项活动中厚植爱国情怀。其次要锻造时代新人的报国之

① 范洁波．大学生社会主义核心价值观教育的困境及对策［J］．高教探索，2014（2）：168-171.

② 习近平．在北京师生座谈会上的讲话［M］．北京：人民出版社，2018：11.

能。“立德”就是立志报效祖国，为祖国发展贡献青春力量。使当代大学生的“德”最终落实到“能”，才是“三全育人”大思政格局的根本价值指向。对广大青年学子来说，爱国是发自内心的朴素情感，强国是自始至终的理想抱负，因而报国自然成为广大学生的主动选择。在“三全育人”实践中，应不断增强学生的学习之能，引领学生掌握学习技能，学会学习，通过学习增长见识，成为社会主义建设的贡献者、推动者，自觉运用所学知识进行理论与实践创新，将学习之能、创新之能转化为实实在在的力量，为国家事业发展做贡献。在“树人”的过程中，必须始终牢记以生为本的育人理念，明确育人的根本出发点和落脚点，尊重学生、爱护学生，以德树人、以德立学。

### （二）科学把握“立德树人”与“三全育人”的本质联系

将“立德树人”贯穿于教育实践中，需要全体教职工协同发力，在学生学习、生活各个方面善用“三全育人”的教育方法，把握二者的本质联系。首先，“立德树人”与“三全育人”都落于育人环节，二者最终指向一致。“立德树人”旨在以德行感化学生，强调“德”“育”并行、协同发力；“三全育人”凸显以不同的环节和方法教导学生。二者的实施环节各异，但最终都指向“育人”这一核心理念。教学方法、育人体系、育人环境成为育人的关键，是“立德树人”与“三全育人”在教育实践中必须首先思考和回答的重大问题。学校、家庭、社会应协同发力，创造教学共同体中的各环节优势，打造育人的联动空间体系，实现由人人都能接受教育向人人全面接受教育转变，达到最终指向的育人目标。在教育环境之外的就业环节，也要有明确的育人意识，做到既工作又育人，不断打通教育与就业之间在育人方面的连接，不论身处何职始终不忘育人之责，从而形成全社会育人、全行业育人的良好风尚。在党的教育方针引领下，政府、社会、学校创造多维度育人渠道，发挥育人合力，不断贯彻“立德树人”与“三全育人”，促进学生身心健康全面发展。其次，“立德树人”是育人的目标指向，“三全育人”则是实现目标的具体方法。“立德树人”从国家发展需求层面出发，统筹谋划和培养推动国家繁荣、民族复兴的时代新人，成为我国教育的根本任务，属于目标层面的价值追求，不断指引具体的教育实践。"三全育人"从方法论的角度出发，成为贯彻我国教育方针的一项具体安排。"三全育人"正是在"立德树人"的目标引领下采取的具体工作方法，能够为缺乏育人理念的家庭、学校、社会提供一套系统完整的育人方法，从而成为现阶段我国大力提倡并着力构建的思想政治教育方法。最后，"立德树人"与"三全育人"交织，二者具备固有的联系。教育始终朝向"立德树人"的目标发力，这也是"三全育人"的价值导向，从这一点看，二者的教育追求不谋而合。而在具体的实现过程中，大中小学校、社会各行各业，甚至各个家庭成员都要有"立德树人"的思想认识，在实际生活与工作中引导学生形成正确的价值观念、学习方法、品德修养。这一过程内在地包含了全员育人、全过程育人、全方位育人的实质，即举全员之力，在社会上形成立德树人的风气，健全德育的学校环境、用好育人的亲情环境、培育教育的社会环境，实现教育过程的高效畅通，将德行修养培养真正落实到大中小学教育中，实现基础教育与高等教育的协同共进，这正是"三全育人"的内涵要义。只有深刻把握"立德树人"与"三全育人"的本质联系，才能凝聚育人队伍的智慧与才能，全面掌握党的教育方针，下大气力推进"三全育人"大思政课理论体系的构建，在家校共同努力下，持续推进育人工作，实现育人要素协同发力，从而使"立德树人"贯穿"三全育人"始终，帮助学生德智体美劳全面发展。

### （三）凝聚"立德树人"思想共识的重要方法

育人队伍树牢"立德树人"价值共识，才能在育人实践中始终铭记教育的初心和使命，推动"三全育人"大思政格局的构建。首先，凝聚育人主体的德育共识。从立德树人主体层面分析，当前高校内教师队伍及各类组织共同组成了育人主体。教师队伍在教学理念、制度安排上较为合理，能够集合教师优势进行德育教育，因而，要更为关注学校组织的育人共识。长期以来，学校各类组织，如党组织、学生组织，在管理层面不断下功夫，为大学生创造了科学的管理体系、良好的育人环境，推动教学按照既定目标进行。由于他们在分管领域上的区别，形成了各异的组织章程、管理职责、管理目标，而缺乏育人方面的共通性，难以凝聚管理和育人的合力。因而，应注重管理人员德育理念的强化，使“立德树人”的观念贯穿于各类组织的管理活动中，形成管理与育人并重的协调局面。为此，需要加强管理组织的制度构建，在管理条例、育人方案、职责落实、总结汇报等各环节突出“立德树人”的德育观，在制度层面明确“立德树人”的建设要求。各类组织可以根据自身管理职责设定教育职责，形成自己的管理育人经验，并通过定期举办德育交流论坛，交流管理心得和育人成果。德育交流论坛要广为邀请教师队伍交流育人经验，实现包含各类学校组织在内的集体能力的提升。其次，将立德树人落实到践行过程中，实现理念向实践的转化。注重用科学的世界观培养学生，用正确的价值观引领学生，用积极的人生观引导学生。不仅要选出值得学生学习的优秀人物，还要从重要事件中提炼出思政元素，使知识点得到巩固，重难点得到强化，思想点得到深化。不仅要讲授党的理论知识，还要引导从中华优秀传统文化中汲取营养，帮助学生树立正确的世界观、人生观、价值观，深刻感受时代赋予的历史使命与责任担当，引导青年学生坚定不移听党话、跟党走，汇聚起青年建功新时代的磅礴之力。

## 二、挖掘全方位立德树人的文化资源

### （一）立德树人是中华优秀传统文化的传承体现

在文化传承发展座谈会上，习近平总书记着眼于新的文化使命，明确提出：“在新的起点上继续推动文化繁荣、建设文化强国、建设中华民族现代文明。”[①] 聚焦文化建设的使命任务，唯有传承立德树人这一自古以来确立的育人目标，才能充分挖掘立德树人的文化资源，更好构建“三全育人”的大思政格局。立德树人作为新时代“三全育人”的价值目标和理论指向，带有文明发展之意，能够从传统文化中窥得其内在的育人气息。从历史脉络看，“立德”与“树人”并非当今时代的产物。“立德”一词最早可以追溯到《左传·襄公二十四年》中：“太上有立德，其次有立功，其次有立言，虽久不废，此之谓不朽。”意为最受人崇敬的是树立德行，

① 习近平．习近平在文化传承发展座谈会上强调：担负起新的文化使命　努力建设中华民族现代文明［N］. 人民日报，2023-06-03（1）.

即使是战功赫赫或著书立说都不及德行重要，德行是永远不会被废弃的高贵品质。孔子强调“仁”，倡导“仁者爱人”，并提出了“为政以德，譬如北辰，居其所而众星共之”“君子和而不同，小人同而不和”“见贤思齐焉，见不贤而内自省也”等治国理政及为人处世的名句，成为古代“立德”的准则。从那时起，“立德”便在中国人心中生根发芽。“先天下之忧而忧，后天下之乐而乐”“天下兴亡，匹夫有责”这些耳熟能详的德行名句，反映了自古以来人们对于“立德”的不懈向往和追求。“树人”一词出自《管子·权修》中的“一年之计，莫如树谷；十年之计，莫如树木；终身之计，莫如树人”①。在传统文化中，圣人是兼具优良德行与渊博学识的象征，自然也成为古代教育中“树人”的典型标杆。在古代，“树人”即是培育“立德”“立功”“立言”之人，培育“言必信，行必果”之人，培育“人生自古谁无死？留取丹心照汗青”之人，他们是古往今来人们追求的理想化人格。在当代，“树人”被赋予了新的时代意蕴，旨在不断培育为民族复兴贡献青春力量的时代新人。

五千年文明塑造了中华民族立德树人的文化秉性，凝聚为华夏儿女不懈的向往和追求，传统文化也衍生为中华民族的精神命脉，成为涵育民族价值观的重要源泉。一个国家、一个民族的兴盛，总是以文化繁荣发展为条件，与文化兴盛息息相关。我国是世界文明古国，中华文化历经千年未曾衰亡，五千年的文化底蕴影响和培育了一代代中华儿女，形成了独具中国特色的文化。我国是一个不缺文化底蕴厚重的国家，从“仁者爱人”“舍生取义”“天人合一”等流传至今的优秀传统文化到革命年代形成的以理想信念为引领的革命文化和红色文化，以及以创新为核心的时代文化，中华民族在代代传承中实现了文化形式与内涵的日益丰富。新时代要做好高校立德树人工作，就要始终围绕民族文化传统，传承民族文化精神，用传统文化增强立德树人的文化底蕴，构建学生拥护、教师认同的立德树人课程，使育人队伍更加自信、更为有力地开展立德树人工作，增强教育的认同感与亲和力。

---

① 黎凤翔．管子校注［M］．上海：中华书局，2004：55.

### （二）立德树人要以民族文化传统为底色

习近平总书记全面认识中华优秀传统文化的丰富内涵并充分肯定了其对当代文化发展的历史贡献，指出，“中华民族具有5000多年连绵不断的文明历史，创造了博大精深的中华文化”①，并强调“要加强对中华优秀传统文化的挖掘和阐发”②。高校“三全育人”工作的顺利开展需要充分挖掘传统文化的历史底蕴，明确立德树人在教育教学方面的重要职责，理顺立德树人对于“三全育人”的引领作用，逐步明确“三全育人”的正确出发点。对于开展和落实“三全育人”的育人队伍来说，必须找准工作着力点，适时将“三全育人”纳入日常工作和生活中，实现育人目标。高校教职工有效地开展思想政治工作，将立德树人确定为育人出发点，需要充分挖掘并利用传统文化的丰富资源，借助传统文化的育人魅力，以民族文化传统为底色。只有将独具传统智慧的优秀文化资源充分调动起来，使之与高校“三全育人”工作相契合，并作为立德树人的载体，才能实现育人目标，培育出利于国家发展、社会进步和个人成长的现代化人才。从纵向看，立德树人工作的贯彻落实离不开我国自身的文化传承，即对中华优秀传统文化、革命文化以及社会主义新文化中立德树人相关文化资源的深度挖掘和赓续传承。个人、社会乃至国家，凡是能够提升个人品行修养、推动社会和谐稳定、促进国家发展进步的优秀道德资源，都可以用于当代高校立德树人工作，实现对优秀文化资源的吸收利用。从横向看，外国优秀文化资源与本民族的优质文化资源同为世界文化宝库中的珍宝，对其中合理的成分可以加以利用，如对耳熟能详的公正理念、理性信念、遵守契约等品质兼收并蓄，把握中西方价值取向的异曲同工之妙，不断拓展我国立德树人的丰富内涵。兼具历史底蕴和时代特性、兼顾国家使命与国际思维、兼得道德素养与智慧涵养的新时代人才，才是立德树人实践中渴望造就的高素质人才。此外，立德树人与新时代“四个自信”的要求不谋而合，从而为大学生思想政治教育厚植民族文化底蕴。“立德”事实上被确

---

① 习近平．习近平在第十二届全国人民代表大会第一次会议上的讲话［M］．北京：人民出版社，2013：2.

② 习近平．习近平著作选读（第1卷）［M］．北京：人民出版社，2023：480.

立为“做人”的最高价值目标和终极精神追求……中国古人在对“德”的理解逐渐世俗化的过程中，却赋予“立德”某种独特的终极性价值。[①] 如孔子的“仁”，不光指古代的某种特殊德行，它已经演化为当代的普遍价值追求，指引大学生不断提升文化自信。在四个自信的形塑过程中，“立德”在兼收古代德行的基础上，逐渐融入现代社会奋斗目标，成为无产阶级意识形态培育的一环，并立足我国实际，不断培育和践行当代中国之“德”，即社会主义核心价值观，实现了在这一价值观念带动和引领下，全体师生知识理论、德育修养、思想认识的全面推进，不断造就“以德立学”的新时代高校师生。在中华文化的浸润下，立德树人的育人底色更浓，理论内涵更为鲜明，为国家教育事业的发展奠定了深厚的文化内涵。

## 三、发挥立德树人的引领作用

### （一）实现立德树人与育人实践相结合

立德树人不仅强调知识和才能的跃进，更将德行修养作为高校育人的重要价值目标。高校的“三全育人”将培育能够圆满完成“四个服务”的综合型高素质人才从而取代单一的知识型人才视为育人之要，其与高校育人目标相贯通。新时代，高校在立德树人方针指导下，坚持和发展“育人为本，德育为先”的德育理念，对高校大学生进行德育、智育以及国家安全等多方面教育，从而不断提升当代大学生的综合素养，促使其自觉运用马克思主义理论发现问题、研判问题，并将中华传统道德及社会主义核心价值观作为评判事物对错的客观标准，从而自觉抵御西方错误思潮诱导，坚决摒弃奢靡浪费之风，成为合格的国家建设者和优秀的社会主义接班人。然而在高校教育教学实践中，由于部分高校对“三全育人”的认识具有局限性，在课堂育人中难免存在片面和不足，出现了课堂教学生动性不足、教师致力于提升自身科研能力而忽视提高学生创新能力、专业课程中德育内容衔接生硬以及德育不充分、为了德育而德育等各种问题。高校的教学育人实践亟须实现立德和树人的紧密结合，将立德树人融入高校育人

① 高地．立德树人：文化基因、世界经验与中国道路［J］．东北师范大学学报（哲学社会科学版），2018（1）：26-34.

全过程，实现二者协同。

1. 要用好课堂主阵地，增强思政课的有效性

习近平总书记反复强调，“讲思想政治理论课，要让信仰坚定、学识渊博、理论功底深厚的教师来讲”①。思政教师在高校立德树人中扮演着关键角色，其德育水平及教学能力直接影响立德树人教学目标的实现。因此必须培养优良的师资队伍，提高教师的专业性。新时代高校思政教师在知识的涵养上必须要突破原有专业的拘囿，广泛涉猎多学科知识，才能在教学中拥有“铸魂育人”的深厚功力。教师必须与时俱进，不断更新知识体系，广泛学习以充实自己，才能把晦涩的知识讲透彻，使抽象的道理具体化。② 此外，要注重课堂内容创新，深度契合地域特色。以河南高校育人实践为例，宏大的历史叙事要与河南丰厚的文化资源紧密结合起来，这样立德树人、“三全育人”的独特价值意蕴才会得到更好展现，才会让学生在知情意行中得到价值观的锤炼和升华。学校要充分利用与中国共产党人精神谱系相对应的河南红色文化资源，设计红色文化系列课程，开展相对应的立德树人主题教育活动，把悠久的中原文化和多元的红色文化原汁原味地搬进校园，如讲好焦裕禄亲民爱民、艰苦奋斗的故事，使之成为立德树人融入高校思政课的鲜活案例。正如习近平总书记指出的：“思政课的本质是讲道理，要注重方式方法，把道理讲深、讲透、讲活。”③ 唯有创新育人方法，才能将立德树人巧妙融入育人实践中。

2. 要注重隐性课程建设，强化立德树人思想在隐性课程中的重要地位

在课堂教学中要不断融入校本元素，增强全方位育人的针对性和主动性。通过参观校史馆，深入挖掘本校丰富的德育文化资源，学习优秀教师在立德树人实践中所采用的策略和方法，用之于当代课堂教学，引领广大师生自觉接受思政教育，并以校本文化为载体，推动立德树人目标实现。课后也可以组织学生走出校园，参观红色圣地和红色文化纪念馆，通过

① 习近平．论党的青年工作［M］．北京：中央文献出版社，2022：55.

② 范益民．新媒体时代大学生思想政治实效性研究：基于社会主义核心价值观视角［M］．北京：中国经济出版社，2023：54.

③ 习近平．坚持党的领导　传承红色基因　扎根中国大地　走出一条建设中国特色世界一流大学新路［N］．人民日报，2022-04-26（1）.

“行走课堂”的方式，对学生进行实地教学，让学生亲身感悟革命先辈在战争年代的德行修养。置身于红色文化之中，学生能够亲身体会先辈们为革命事业作出的贡献，整合校内外党史文化资源，加深对课本内容的理解，实现理论与实践的有机结合。在课堂之外，要注重校风校纪建设，将立德树人作为全体教师和学生共同的理念，发挥其对学生日常生活的规范作用及正确价值观的养成作用。制定严格的校规校纪，不仅能够塑造学生良好行为，而且能够凸显立德树人对学生的约束作用，从而营造健康向上的良好校园文化氛围。

### （二）完善育人队伍立德树人的运行机制

贯彻落实党的教育方针，需要在指导观念上明确育人理念，以立德树人为根本统筹谋划各项德育活动，这是大学生成长成才的迫切要求，是培育全面发展和全面进步的社会主义接班人的现实之需。将立德树人这一育人理念全面融入高校教育教学活动中，发挥立德树人的引领作用，需要构建全员立德树人的主导机制。这一主导机制的建立是从立德树人的主客体要素出发，在党的统一领导下，各高校形成责任明晰、齐抓共管、专职兼职相结合的全员育人机制，因而具备一定的整合性和导向性。在构建“三全育人”大思政格局的实践中，高校首先要树立立德树人的育人理念，将德育置于教学活动的第一位，发挥德育的引领性和先导性作用，促使教师在正确育人理念的激励下实现全员育人、以德育人。党政一把手抓德育，从学校层面不断营造立德树人的大环境。党委班子把能否提升育人水平当作高校思政课质量提升的关键标准，以推动德育水平的显著提升。立德树人既受外在因素的影响，又有自身独特的运行规律。在育人这项复杂工程中，只有将德育充分融入“三全育人”体系全过程，贯穿于育人工作的方方面面，才能真正贯彻落实立德树人的“德”。高校育人工作是一个自上而下的连贯体系，从顶层设计开始就要将德育工作放在首要位置。在做好总体任务规划、明确实现立德树人战略目标的实施方案后，才能使育人活动更具有可行性、有效性。因而既要瞄准当下高校思想政治教育工作的实际来制定德育方案，也应立足长效、着眼未来，实现立德树人工作的全面和可持续发展。其次要弘扬师德师风，形成全体教师齐抓德育的良好氛围。立德先立师，树人先正己，唯有教师自身品行端正、刚正不阿，才能充当学生的楷模，用自身的学高和身正不断感染学生。要做好教师队伍的选拔，以德量才，坚决惩处德行不端的教师行为，造就一支高素质的育人队伍。班主任、辅导员是高校育人的直接实施者，最贴近学生群体，他们在立德树人方面起直接作用，因而必须给予特殊关注，实现教师队伍职业化、科学化，使其成为立德树人的骨干力量。在“三全育人”的推进过程中，要有目的、有计划地将立德树人各项工作分配和渗透到具体育人环节中，教师、辅导员、班主任紧密协作，完成育人目标。最后要以立德树人成效作为学生成长和发展的标准。在立德树人的育人目标指引下，对学生成长的评价摒弃以往只注重学习成绩、课堂成果的单向思维，将德育纳入评价体系中，使其与课程设计、教学过程等相结合，逐步形成注重德育的评价标准。课程设计要紧紧结合现实，顺应当前“以人为本”的教学理念，在教学实践中关注学生心理诉求，以把学生培养成完整的人作为教学之要，并把学生品德修养的提升视为课程设计的起点和归宿，实现以德育人、以德化人，对学生进行价值观、生命观教育。立德树人归根结底是为了实现学生学习成绩和自我发展能力的综合提升，因而要不断提升学生思想道德素养和伦理道德水平，促使学生坚守内心信仰，在自觉向党靠拢的实践中，抵御错误思想渗透，提升道德水准，以此作为立德树人成效考核标准。

## 第二节　机制保障：完善顶层设计，构建育人长效机制

系统完善的育人长效机制为高校“三全育人”提供坚实保障，是确保“三全育人”大思政格局构建的重要物质基础和人员基础。建立学校“三全育人”制度体系，包括育人联动机制、育人激励机制、育人监督机制、育人评价机制等，四者协同作用，明确各部门育人理念，强化各主体育人动力，为育人活动设定明确职责和权限，不断化解育人过程中的突出问题，物质激励和精神引领双管齐下，推动“三全育人”工作落到实处。同时，通过科学合理的监督和评价机制，不断推动育人工作走向深入。

## 一、构建育人联动机制

### （一）发挥思政课教师的育人核心作用，鼓励思政课教师争当“大先生”

在全国思想政治理论课教师座谈会上，习近平总书记语重心长地指出，“办好思想政治理论课关键在教师，关键在发挥教师的积极性、主动性、创造性”①。高校应在提升思政课教师的育人素养上用心、用力，不断培养拥有超前育人理念、能够主动汲取育人经验、具备内化吸收能力的高素质教师，着力打造政治强、素质高、品行好、作风正、能力强、有担当的“铸魂”之师，带动高校思政队伍向着全面、健康的方向发展，主动担当起育人核心的职责。

1. 教师应不断提升政治素养

思政课教师具有怎样的思想政治素质，直接地决定着相关育人理念、育人要求以怎样的形态落到实处，直接地决定着能否做好学生健康成长的指导和引路工作。思想政治教育的学科属性为德育工作规定了明确目标指向，也对高校教师的政治素养提出了确切要求。在大学生心中，思政教师、思政课堂、思政教材有其不可取代的神圣地位，是大学生道德品行提升的关键，唯有三者协同发力，才能完成德育任务。思政教师是解读教材、掌控思政课堂的关键人物，如果思政教师的政治素养不够，必然无法满足大学生对政治认同、理论认同的渴求，无法解答大学生关注的理论和现实问题，无法契合大学生对社会主义核心价值观的认同，进而影响整个课堂走向。试想，如果教师政治素养不够，在面对大学生对哲学内容无法理解及对党的理论方针困惑时，便无法给出确切的理论阐释，势必影响理论落地，也会降低教师在大学生心中的理论影响力，对思政课及思政教师的自身形象产生负面影响。思政教师必须“真懂”，对思政教材、最新时事、理论政策了然于胸，才能系统阐释其内涵和逻辑，将道理“讲透”。思政教师必须“真信”，对远大理想毫不动摇，坚定为共产主义奋斗的信

① 习近平．用新时代中国特色社会主义思想铸魂育人 贯彻党的教育方针 落实立德树人根本任务［N］．人民日报，2019-03-19（1）．

念，才能将思政课“讲活”，为大学生树立良好的榜样。思政教师必须“真用”，在课堂上广泛引用马克思主义理论及党的最新理论成果阐明道理，用理论联系实际并指导实践，实现思政课与生活相契合，引导学生将课堂内容如哲学理论、品行道德、法律知识等用于课堂之外，才能实现课上课下联动，发挥思政课的育人实效。唯有如此，大学生才能做到“真学”，不断感悟思政课的理论魅力，将思政课视为一门务实的理论学科。实践育人教师队伍要以政治素养过硬为前提，不断夯实自身理论基础，努力在教育教学过程中丰富组织管理经验和加强协作沟通能力。①

2. 教师应不断提升育人能力

对思政课教师来说，政治素养提升之后，如何将之转化为实践育人能力是一门必修课。在育人能力提升过程中，教师必须注意思政课本身的理论性，认识到理论性与大学生接受能力之间的差异，并具有将理论转化为学生易于接受的生活化语言的能力，逐渐提升学生的学习兴趣，这是对教师育人能力的最大考验。教师要苦练基本功，扎实用“讲好思政课道理的七项基本要求”要求自己：讲准（要准确，不能讲错，也不能讲歪）、讲全（要完整、全面，不能断章取义，不能以偏概全）、讲清（要讲清楚，讲明白）、讲深（要讲得深入、深刻，体现用学术学理讲政治）、讲透（透彻、彻底，把道理展现得晶莹剔透，没有死角，没有晦暗，没有“夹生饭”）、讲实（要真实、踏实、接地气）、讲活（要生动活泼，不那么呆板枯燥）。② 教师要充分利用校内资源，善于学习其他教师的育人方式方法，不断向育人能力强的教师请教思政理论的转化方法，逐渐构筑起“交流分享—经验学习—总结反思”的思政教师学习和成长模式，并在学习交流后的一段时间内，组织青年教师以研讨课、公开课的形式进行展示，对思政课的效果及思政课能否深入大学生进行考核评价和经验总结，实现教师育人技能和水平的提升。思政课教师应主动更新育人内容体系，运用党的新思想、新方针充实教学内容，指导学生学习党的创新理论。强将手下

① 彭立平．“三全育人”视域下高校实践育人工作路径探究［J］．学校党建与思想教育，2022（22）：78-80．

② 刘建军．讲好思政课道理的七项要求［N］．中国教育报，2027-07-04（5）．

无弱兵，教师的育人能力提升必然对学生产生积极正面的影响，能够引领大学生坚定政治信仰，实现大学生道德素养和知识水平的同步提升。

在教学过程中，印象最深刻的就是著者带的2016级的一个土木工程班里的学生。她从大一开始一直跟随著者学习《毛泽东思想和中国特色社会主义理论体系概论》。在大一初期，她对自己的大学生活目标不是很明确，对毕业以后干什么没有清晰的目标和规划，课后经常和著者谈起对未来的迷茫和焦虑。著者鼓励她，作为一名学生，首先要认真学习，通过学习掌握丰富的理论知识，树立正确的世界观、人生观、价值观。同时，积极参加社会实践活动，培养自身兴趣爱好，尝试一步一步把理论知识和具体实践结合起来，并学会总结形成科学的方法论。经过一年的学习，她整个人的精神风貌发生了质的变化，变得更加自信笃定，对世界的认识也更加积极乐观，面对困难不再只是一味迷茫和焦虑，而是有更加科学的方法去指导自己渡过难关。2023年研究生顺利毕业，她如愿进入某地财政系统，实现了自己大学时定下的目标。2023年底，她联系著者，在入党介绍栏里面，把著者填为对她最具正面影响的人。作为老师，能够在她的成长关键期给予她正确的引导和帮助，就是对一名普通思政课教师最高的褒奖了。

### （二）强化辅导员的育人骨干作用

辅导员肩负着对大学生进行思政教育、课程培养、教学管理以及为大学生排忧解难等多重职责，因而在育人队伍中不可或缺，起到育人骨干作用。辅导员工作任务完成的质量和水平，在一定程度上决定了高校“立德树人”任务完成的质量和水平。①

#### 1. 辅导员是“三全育人”实现的重要主体

对任何一个大学生来说，辅导员都始终伴随其学习和生活，成为“家长式”的管理者。在学校，对学生的任何问题，包括德育和智育中出现的问题，辅导员都有义务进行解答。作为教师，辅导员担负对学生进行课业管理、人格养成、实践训练的重要职责，同时也是联结教师与学生以及学生与学生的重要纽带，对疏导师生关系、化解师生矛盾具有重要作用。辅

① 任少波．辅导员：高校立德树人的关键力量［M］．北京：高等教育出版社，2016：11.

导员在处理复杂的管理问题时，育人任务显得更为必要。面对多样化工作任务，辅导员必须明确自身育人职责，加强教育理论学习，将育人工作放在各项工作的首位。具体来说，辅导员要强化德育理念学习，通过召开全体会议、对问题学生个别辅导等形式开展育人工作，将德育思想贯穿于学期的全部工作中，教导学生正确对待生活、学术、科研，引领学生树立正确的价值观。唯有“引领者”始终保持正确方向，秉持育人理念，摒弃不顾学生实际情况开展教育的错误做法，始终立足学生群体，提升学生的智慧能力、文化素养，才能带动大学生共建“三全育人”的模式，为国家培养栋梁之才。担负育人骨干职责要求辅导员不断强化学习能力，提升自身素质，通过加强对教育学和管理学理论的学习，掌握扎实的教育和管理经验，用于高校育人实践中。

2. 辅导员居于管理者的位置，肩负思想引领和管理服务的重任，扮演着学生工作中“最后一公里”的角色

辅导员与学生密切接触，能够精准定位大学生的思想状况，把握其动向，因而要不断提升辅导员队伍德育工作的专业化、科学化水平。比如，注重入口关和培养关，打造辅导员综合能力提升平台，建立多层次、多形式、分门类的辅导员培训体系，不断提高辅导员的业务素质和解决实际问题的能力。辅导员可通过学习马克思主义基本原理及马克思主义中国化的重大理论成果，补足自身理论不足，用党的理论成果指导育人实践、推动高校育人工作顺利进行。再如，不断拓展发展关，建立辅导员队伍培养、考核、评价长效机制，制定辅导员学历提升计划，支持辅导员攻读思想政治教育及相关专业博士学位，建立辅导员行政职级聘任制度，为辅导员发展创造更大空间，促进辅导员队伍稳定良性循环和长足发展。又如，持续加强管理关，始终坚持培优人才队伍，建立党委教师工作部，按照 1 ∶ 200 的比例配齐辅导员队伍，配备新疆籍专职少数民族辅导员，出台思政工作者专业技术职务评聘办法，推动“双重身份、双线晋升”政策落地，提高辅导员职业化、专业化意识和能力。

### （三）提升专业课教师的育人协同作用

古语有云：“师者，传道授业解惑也。”这对教师的职责提出了明确要

求。无论是思政课教师还是专业课教师都要“传道”和“授业”，即教师授课要注重德育和智育同步进行。而在传统的教育理念下，高校课堂往往德育和智育相分离，思政课和专业课教师分别承担不同职责。应该认清，专业课教师不仅是本领域学科知识的“授业者”，更是思政教师的好帮手，在大学阶段的“传道”中承担重要使命，需与思政教师共同发挥育人协同作用。为此，应改变专业课教师育人理念，强化专业课教师在德育中的职能，为“全员育人”格局的形成添砖加瓦。德育不只存在于思想政治教育课堂，在工科、理科的育人过程中，同样存在着德育，如钱学森义无反顾归国的爱国精神、詹天佑修筑铁路的自强精神等，对全体大学生来说都是宝贵的思想政治教育资源，这些专业课中独有的道德教育资源对高校“三全育人”大思政格局的构建意义重大。首先，提升专业课教师的素养。高校极为重视思政课教师以外的专业课教师德育水平提升的问题，通过德育培训、旁听教学等形式，加大力度做好专业课教师队伍的素质培养工作。专业课教师在学科领域的专业性方面无可挑剔，但如何实现专业课与思政课的协调对接、如何在专业课中完美融入当前思政课的教学内容、如何让学生从专业课中习得道德素养成为亟待专业课教师回答的重要问题。对此，高校对专业课教师进行了专门训练，旨在强化其道德教育的意识和本领，有针对性地开展专业教学和思政教学。但在实践中，仍然出现了专业课与思政课衔接生硬、将专业课程视作思政课程的同义转换等问题。针对专业课德育现状，高校必须不断提升各学科教师的政治素养，以专业课视角挖掘各领域的思政元素，帮助大学生增强思政课的学习动力。其次，发挥管理人员的德育协同作用。管理人员与专业课教师同为“全员育人”中的重要一员，唯有拥有良好的管理环境才能够有序推动高校德育工作，因而管理育人同样重要。学校要将“德育为本”的理念贯穿管理人员、后勤人员的思想观念形成和管理服务全过程，提升他们的德育素质，在服务学生中量化评价标准。最后，引导学校教师联合发力，形成育人合力。强化管理、科研、服务人员的育人意识和责任担当，在“全员育人”的形势要求下，将所有能对学生的思想政治素质提升产生影响的因素都纳入思想政治育人工作环节。这些综合育人力量来自在教学环节发挥基础作用的教师和协调全校各个部门工作的行政管理、服务人员。需明确“育人”这一核心目标、根本指向，做好“同向而行”的顶层设计，构建合力育人机制，把各个部门、各项工作、各种力量统成一盘棋，做到统一思想、统一步调、互相配合，真正实现协同一致、同向发力，努力做到“学生走到哪里，思想政治工作就跟进到哪里”，真正让各群体、各岗位的育人元素充分发挥作用，切实做好育人大文章、奏响育人最强音，让教育教学更有温度、思想引领更有力度、立德树人更有成效，使高校思想政治工作更好地适应和满足学生成长诉求、时代发展要求、社会进步需求。

### （四）重视家庭教育的协同作用

习近平总书记在会见第一届全国文明家庭代表时强调：“家庭是人生的第一个课堂，父母是孩子的第一任老师。孩子们从牙牙学语起就开始接受家教，有什么样的家教，就有什么样的人。家庭教育涉及很多方面，但最重要的是品德教育，是如何做人的教育。”① 在“三全育人”的模式下，家庭成为了思政格局构建中不可或缺的一部分，家庭成员应归入“全员育人”的维度，家庭教育应归入“全方位育人”维度，与“三全育人”的其他方面协同发挥作用。家庭育人可以分为两种模式，一种是家庭成员内部的自我教育，另一种是家校之间的沟通。一方面，家庭成员的自我教育贯穿学生出生和成长过程始终，对其自我完善具有重要意义。家庭成员无时无刻不在进行着德育、智育等一系列育人活动，承担着课业之外的育人任务。家庭成员对大学生教育的重视程度，直接影响了学生的思想政治教育效果。因此，家长应努力提高家庭教育的意识，在育人方面多下功夫，为学生奠定良好教育的基础。另一方面，家庭在“三全育人”大思政格局构建中具有不可替代的作用，为此应畅通家校合作，构建家校协同育人共同体，最大限度发挥家庭育人功能。学校可以主导成立一个网上家委会，通报学校的发展、学生教育情况，尤其是德智体美劳的开展情况，引导家庭配合学校的“五育”工作。或者通过校长接待日、家校面对面等活动实现家校线下沟通，弥补线下家委会沟通的缺位。家庭应主动参与学生德育活动，变被动参与为主动参与，在发现问题时自觉与学校沟通，商量处理办法。学校要与家长进行深入沟通，将重点放在大学生育人情况交流中，

① 习近平．在会见第一届全国文明家庭代表时的讲话［N］．人民日报，2016-12-16（2）．

不断拓展交流面，改变以往对课业和成绩的单方面交流，引导家长关注学生的综合成绩提升，将德育成绩优良与智育成绩优良同等看待，实现大学生全面发展。在交流方式上，家长要一改传统“教育信息接受者”的身份，将家庭教育的困惑及时传达给教师，聆听教师的指导，不断提升家庭教育的水平、丰富家庭教育的内容。父母也要及时汇报家庭教育的成果，反映学生在家庭中的表现和思想动态，并如实汇报学生的安全情况，与学校教育紧密对接。针对毕业生的现实情况，家庭教育也要适应学校职业教育的安排，进行合理的就业指导，减少学生心理压力，实现家校合力共谋大学生的美好未来。此外，传承优良家风是塑造学生理想信念、道德意志、优良品格的重要途径，对学校立德树人工作发挥重要的推动作用。家长要在民主的教育理念指引下平等地对待孩子，尊重孩子个人选择，改变传统家庭中“重智轻德”的错误风气，营造民主平等的氛围。这种和谐融洽的家庭氛围是塑造学生性格、养成善良品行的重要方式，实现了立德树人与家风建设的完美融合，为高校育人奠定了坚实的基础。

### （五）引导学生自我教育、自我管理

自我教育就是指大学生在接受学校教育的过程中，逐渐增强对思政内容、时政信息的理解，从而主动寻求同类信息、主动接受思政教育，将自身视为“三全育人”的主体，实现育人主体与育人客体的有机统一，将受教育转化为自我教育。教师或辅导员进行育人活动时，学生自我教育体现为能够自觉接受、主动认同教师所传递的正确价值观念，形成良性互动，从而提升高校立德树人的成效。自我教育也表现为大学生在学习过程中萌发出的追求知识、渴望真理的欲望，从而自觉树立学习意识，即使没有外在压力的约束仍然热爱学习。为了弥补自我教育的不足之处，教师可以引导班集体开展批评与自我批评，让学生在展现自身闪光点的同时善于发现自己的不足之处，在互相学习借鉴的过程中树立自我学习意识，不断改进不足，实现自我完善。在自我教育、自我管理的过程中，逐渐形成自主学习的班风学风，营造浓厚的学习氛围，同学之间互相监督、共同提高。学生自我教育离不开高校学生组织，这些组织以学生综合素质提升为主要职责进行自我管理、自我服务，有助于学生互相监督、互相促进，实现全面

发展。同时，自我教育、自我管理依托于实践，应以实践提升学生自我教育能力，安排更多的实践教学活动，给予更多的同学机会，并在实践过程中优化展演方式，突出学生主体作用。但自我教育是育人环节的辅助过程，不能代替有计划的学校教育，否则会适得其反。教师应合理规划自我教育的方式、及时查阅学生自我教育的内容，起到一定的引导作用，防止出现过度自我教育而偏离思想政治教育主要内容的情况。自我教育需要形成课上引领课下、课堂教育指引自我教育的良性循环模式，根据课堂内容确定自我教育范围，形成学生主动接受思政课堂、乐于接受德育内容的氛围。

## 二、健全育人激励机制

### （一）明确激励的宗旨

高校立德树人工作是一项创新性、实践性较强的工作，全体教职工能否积极主动参与到育人实践中事关育人目标能否顺利实现。激励是构建“三全育人”大思政格局的重要方式，可以激发高校育人队伍的积极性和主动性，更高质量完成任务。因而，高校需要合理制定激励机制，通过物质奖励来激发育人主体的内在育人动力，从而在自我激励的作用下，实现立德树人与教学工作的紧密结合，主动创新德育工作的方式方法，形成良好的“三全育人”氛围。在健全激励机制的过程中，首先应明确激励的宗旨和原则，确保激励始终朝向正确方向。

健全激励制度是为了更好、更高效地完成立德树人工作，确保“三全育人”的顺利实现，因而应坚持育人的宗旨和原则，做到以生为本。高校应结合本校实际，切实制定奖励标准、方式方法、制度安排等，做到全体教职工能够在公开透明的激励机制下完成育人目标。也就是说，高校激励机制的确立要以“育人”为出发点，将育人视为奖惩制度制定的基本原则，在以生为本的理念指导下，激励全体教职工开展思想政治教育工作，完成“三全育人”的任务。在这一过程中，奖惩制度的制定和推行全部围绕育人这一核心任务进行，设定的各项规则要经过严格审查，避免出现偏离育人轨道的制度，确保奖惩有度，能够满足育人队伍和学生的现实需求，体现激励机制的公平性和有效性。育人主体的全员性要求激励主体的全员性，不能仅对全体教职工进行育人激励，也要注意到学生作为自我教育的主体，也是激励的对象，应对自我教育成效显著、品质德行突出的大学生进行奖励，由此激发“全员育人”的积极性。

**（二）加强育人的物质保障**

马克思指出，“‘思想’一旦离开利益，就一定会使自己出丑”①。“三全育人”大思政格局的构建需要一定的物质保障做支撑，离开物质支持，高校育人工作便无法顺利开展。为了圆满完成高校立德树人的育人目标，必须提升对高校思政课的重视程度，不仅从政策和文件上明确教育任务，更应仔细核算高校教育成本，将更多专项资金吸纳到高校育人过程中，做到思想上重视、物质上支持。高校应加大物质激励，确保育人全过程都能获得资金支持。对全体教职工，应依照思政课专职教师、辅导员、班主任等职务分工的差异，合理分配岗位津贴，确保育人队伍能够得到应得的奖励。除了直接的资金奖励外，育人队伍的蓬勃发展还要依靠其他形式的支持，如职称评定等。对一些全心投入立德树人实践的教师，应充分肯定其在育人实践中的重大贡献，根据育人成效进行职称评定，以此激发全体教职工育人的积极性。无论是资金支持还是职称评定，都要确保程序正当、结果公平，如果出现贪污腐败、以权谋私的不良行为，便会直接影响到高校教师投身育人工作的积极性，造成育人实效下降，形成恶性循环。对高校学生而言，部分大学生家庭条件较差，因而需要负担经济压力。若选择兼职打工，则会对其学习和生活产生一定影响，使其无法享受快乐的大学生活，也会在一定程度上影响思政育人工作的顺利进行。高校应牢固树立“以人为本”的理念，及时收集贫困学生的真实信息，合理安排资金投入，为其提供必要的生活保障。同时也应根据课程设计，安排勤工助学岗位，锻炼大学生的人际交往能力，使其在学习和生活中提升德育素养。对教师和学生的双向资金支持，能够推动育人工作顺利进行，全面提升育人成效。在加强物质保障的同时，也要加强精神激励，关注不同育人群体的心理诉求和真实意愿，综合运用多种激励方法调动立德树人的积极性。

---

① 中共中央马克思恩格斯列宁斯大林著作编译局．马克思恩格斯全集（第2卷）［M］．北京：人民出版社，2005：103.

### （三）合理配置育人资源

高校“三全育人”工作的顺利进行依赖于完善的软硬件设施。合理配置教育资源既是高校思想政治教育工作顺利推进的必然要求，又能够满足学生对教育的多样化需求，促进学生个人成长。高校要加强育人资源的供给，根据本校实际情况合理配置育人资源，保证育人资源全面、充足，将育人设施作为课堂教学的必要补充，形成资源整合态势，从而为大学生提供生动形象的育人环境。在配置育人资源的过程中：

1. 要遵循公平分配的原则，确保每个学生都能平等接触和享受共有的教育资源

学校应创造教育公平的学风校风，保证每个学生都能根据个体差异和需求，有针对性地使用软硬件设施进行自我教育，充分考虑个性化需求，提升资源利用率。要坚决避免部分学生依靠家庭背景或过分强调学习成绩而抢夺育人资源的情况，确保每个学生不论背景和能力，都能够享受资源配置带来的便利。各高校之间，也要根据各自实际情况，合理分配育人资源，对育人条件和设施较好的高校应相应减弱资源配置力度，对育人环境相对较差的高校应加大倾斜力度，防止因地域差异而出现高校之间育人资源差异较大的问题。

2. 资源配置要补足短板

通过资金和政策支持，向高校投入更多的育人设施，建设大学生心理咨询室、德育工作站、学校图书馆、学生活动室等具有育人功能的场所，并不断优化教室、宿舍、自习室、实验室的环境，为高校大学生营造良好的学习和研究氛围。同时，不断优化课程设置，根据学生实际需求和社会发展进步情况进行课程安排，合理配置公共课、选修课、专业课，深入挖掘各学科专业课程的育人功能，在各学科中贯彻立德树人的教育理念，培养高素质的人才。

3. 资源配置要突出重点，关注未来发展趋势，凸显思政新质生产力的作用

随着科学技术的发展，未来高校资源配置将搭上科技快车，迎接新的

机遇和挑战。信息化时代，高校思想政治教育也将顺应时代发展，开展数字化教育。学生可以随时随地利用手机和电脑进行学习，大大拓展了高校育人的空间。高校的思政课应积极利用新型教学技术，通过微课等在线教学形式实现学生课下的碎片化学习，通过 VR、AR 技术丰富学生的实践教学内容，建立思政课线上线下混合教学模式，使思政课的教育教学更加人性化、便捷化、高效化。[①] 但信息化发展也将给大学生带来一定负面影响，高校教师要注意引导学生甄别与思政育人内容不相符的错误观念，主动接收健康向上的育人内容。此外，高校也可以与社会组织、公司企业展开合作，实现资源共享，为高校大学生提供系统完善的育人资源，使大学生适应社会发展需求，实现个人成长。

### （四）落实奖惩激励机制

高校立德树人工作不能仅靠激励，也要加强惩戒，发挥奖惩机制的正反两方面作用。

1. 要加强正面激励，不断提供育人动力

作为高校育人主体的全体教职工，在育人全过程发挥了重要作用。如何广泛调动高校教师育人积极性，鼓励他们勇于承担立德树人的职责，是"三全育人"建设中迫切需要关注的问题。为此，可以打造名师育人工作室、设立网络育人工作室等，并给予资金支持，激励育人队伍发挥自身专业优势，加强立德树人工作。对起到模范带头作用的育人先锋，要及时进行嘉奖，给予物质和名誉奖励，以此调动整个育人队伍投身思政育人工作的积极性。

2. 要实施负面惩罚，保证育人正确方向

对部分不承担育人之责、师德师风不正的教师队伍，惩罚可以起到震慑作用。近年来，师德师风问题逐渐引起学生和家长的高度重视，成为破坏教师形象的重大问题。高校应加大监督力度，对于教师队伍中的"毒瘤"必须严肃处理，改进师德师风，重塑教师立德树人的良好形象。学术

---

① 车辉．"三全育人"视阈下高校思政教育工作有效路径探析［J］．广西社会科学，2020（12）：186-190.

不端问题也存在于教师队伍中，引起社会各界的广泛关注。教师作为高校科研的主力军，如果不注意自身言行，剽窃他人学术成果，必然会产生负面影响，对大学生的思想道德、学术态度、行为习惯产生不良影响。以上种种行为将严重影响思政育人效果，对社会和谐稳定造成一定冲击，是高校形象失范的典型事件。高校必须运用惩戒手段，加大对教师队伍的管理力度，严肃处理教师失德行为，向高校大学生和社会传递正确价值取向。

## 三、完善育人监督机制

### （一）明确育人方向，设立监督目标

“三全育人”大思政格局的构建需要完善的监督制度做保障，从而把握和了解高校育人过程中的实际问题，把育人工作做好。监督主体应明确高校育人方向，将“立德树人”作为监督目标进行监督。在监督过程中，“三全育人”这一格局相对宏观，需要对其进行微观划分，对高校教职工、课程安排、内容体系、奖惩机制等高校育人全过程进行监督，确保监督工作发挥实效。从监督对象角度来说，全体教职工肩负高校育人主要职责，对他们进行监督是育人监督过程的必要环节。思政课教师是否具有坚定的立场和思想方向、能否在课堂教学中做到立德树人、课程设计是否完备、物质激励是否合理等是监督的主要内容。对专业课教师的监督主要集中于监督他们是否具备明确的育人意识、是否具备将思想政治理论融入课堂教学的能力以及思想方向是否正确等。对其他育人主体，如后勤人员、决策部门等同样应该加强监督，及时发现问题、解决问题。只有明确监督方向，对育人活动进行全方位监督，才能掌握育人动态，推动立德树人顺利进行。

### （二）制定监督标准，细化职责权限

1. 明确监督标准、制定监督制度

为保证监督的有序和顺利进行，高校作为监督者本身不能出现思想偏差，要牢记高校立德树人的目标，根据育人工作实际规范性开展监督工作，保证公平正义。对于监督者出现的问题，必须公开处理，保证育人工作的严肃性。只有标准明确，才能为大众所接受。高校应在广泛听取思政教师、管理部门建议的基础上，围绕育人目标、育人职责、育人内容设定

监督标准，强化制度的约束作用。全体教职工、各部门都要不断提升自我素养，加强职业道德修养和行为习惯素养，自觉遵守监督标准，并承担起全员监督的职责。各个部门在育人过程中都承担着各自的职责，因而在监督过程中，监督标准要根据育人部门的分工进行细微调整，根据职责具体确定。制定监督制度后，必须要落到实处，不能简单化臆想为只要建立监督部门或明确监督职责就完成了监督任务。比如在监督育人主体是否落实立德树人职责的过程中，要避免盲目地进行形式上的监督，而应从育人内容、课堂呈现的价值取向等方面进行综合研判，以此确定育人队伍的落实成效。

2. 组建专业化的监督队伍

细化监督职责对于育人活动具有促进作用，应建立一支高素质、有能力的监督队伍，在明确监督标准的前提下，对教学、服务、科研、管理进行全方位监督。一方面，监督队伍由高校学生组成。“三全育人”大思政格局的构建必须遵循“以生为本”的育人理念，坚持学生主体地位。作为“三全育人”的对象，高校大学生应参与育人全过程，对课堂心得、思想态度进行全面总结。通过大学生反馈的信息，学校可以大致掌握高校教师的育人情况、育人态度，从而确定育人队伍是否落实了育人职责。另一方面，监督队伍由高校教师组成。高校教师具有较强的理论素养，对监督标准较为明确，有利于监督的落实。应将各岗位的工作人员纳入监督队伍，举全员合力制定监督细则，实现育人监督队伍完善、育人监督标准明确，推动“三全育人”的实现和监督工作的进行。

## 四、改善育人评价机制

### （一）评价务求客观公正

对育人效果如何、课程思政进展是否顺利等问题，无法依据表面情况判断其实效，唯有通过建立完善的考评机制，才能确保“三全育人”工作始终朝正确的方向运行。以往的教育评价体系强调对教师科研及教学能力进行评价，对育人能力的考评涉及较少，造成了教师注重自身发展而轻视学生心理健康成长的状况。在这种评价方式下，教师和学生将学习成绩、学习结果放在第一位，育人过程变成了育人流程，出现了评价偏差。新时代教育评价改革总体方案指出，要“坚持科学有效，改进结果评价，强化过程评价，探索增值评价，健全综合评价，充分利用信息技术，提高教育评价的科学性、专业性、客观性”①。这对教育评价体系提出了新要求，改变了过去片面追求结果性评价的错误倾向，将学习过程作为评价的重要方面。高校应坚持结果性评价与形成性评价相结合、育人主体自评与育人结果他评相结合、全面评价与重点评价相结合，实现对育人活动的多方面考评，将高校立德树人工作任务落到实处。评价理念的转变，使育人评价更为公正，对教师在育人的过程树牢立德树人思想发挥一定的引领作用。在育人评价实施过程中，应坚持客观公正的评价准则，使其贯穿思想政治教育工作全过程及“三全育人”实践全流程，争取全面、真实地展现“三全育人”成效，并主动反思育人过程中的问题，从而为高校日后的德育工作提供可参考的真实信息。要认清评价的真实意图，根据评价结果调整育人内容、育人模式，推动“三全育人”工作更加完善，不断落实高校教师的育人主体责任。在评价过程中，可以借助互联网，对大学生出勤情况、上课抬头情况、教师德育内容选择情况等进行系统分析，得出大学生对思想政治教育理论课的认可程度，从而对教师育人实效做出客观评价。

### （二）评价方法科学合理

“三全育人”作为长期系统性工程，在开展过程中必须逐步形成更加完善和科学的综合评价机制，真正发挥应有的指导和保障作用。②“三全育人”评价方法多种多样，可以从客体角度进行分类。

#### 1. 完善育人队伍评价体系

育人队伍整体素质直接关系到高校育人成效，必须要加强对教师、辅导员的系统性评价，完善评价体系。对教师和辅导员的评价应贯穿育人活动始终，在人才选拔、育人内容选择、课程设计、教学成果等各个环节严格考评。育人队伍的政治素质是考评的重要一环，对政治立场动摇、师德

---

① 中共中央、国务院．深化新时代教育评价改革总体方案［N］．人民日报，2020-10-14（1）．

② 陶辉．“三全育人”视阈下高校思想政治教育现实困境与实现路径研究［J］．湖北开放职业学院学报，2023（23）：90-95．

师风不正的教师必须严肃处理。应重新制定教师职位晋升的考核标准，摒弃只将科研成果视为重要晋升标准的评价体系，在考评中增加育人成果、职业素养的比重。

2. 强化学生评价体系

相比于高中时期，大学阶段的评价体系要适当增加实践课程的占比，做到理论和实践并重，不断提升大学生实践能力。在期末考核中要打破“唯分数论”，增加美育、体育、劳育权重，使大学生深刻认识到全面发展的重要性，实现大学生全面发展，完成高校立德树人目标。高校也应根据大学生的年龄特征、学业阶段构建具有针对性的学生评价模式，统筹规划五育的评分比重。

3. 深化管理部门评价体系

高校“三全育人”要求育人队伍和管理部门协同参与，共同完成育人目标。对管理部门进行考评时，首先，应评价其指导思想的正确性，判断其是否在立德树人及以人为本思想指导下制定育人方案、进行合理分工。其次，育人工作的顺利进行往往需要学院、教务处、团委多方协商，形成育人合力，制定育人方案，因而应对各个管理部门之间的协同性进行考评，在明确各个部门的独立责任的基础上，将部门之间能否互相配合、良好协作视为评价的重要指标，以此推动部门之间协商合作，完成育人目标。

## 第三节　支撑驱动：聚焦重点，锚定十大育人体系

为大力提升高校思想政治工作的质量，促进大学生思想发展，2017 年 12 月中共教育部党组印发了《高校思想政治工作质量提升工程实施纲要》（以下简称《实施纲要》），提出了构建“十大育人体系”的高校育人基本任务，成为新时代我国高校思想政治工作的发展方向，推动高校“三全育人”大思政格局的构建更加科学合理。《实施纲要》提出，要“充分发挥课程、科研、实践、文化、网络、心理、管理、服务、资助、组织等方面工作的育人功能，挖掘育人要素，完善育人机制，优化评价激励，强化

实施保障，切实构建‘十大’育人体系”①。

## 一、全面挖掘“十大育人体系”中各子体系的育人功能

### （一）统筹课程育人功能

在全国高校思想政治工作会议上，习近平总书记着眼课堂育人的重要性，指出：“要用好课堂教学这个主渠道，思想政治理论课要坚持在改进中加强，提升思想政治教育亲和力和针对性，满足学生成长发展需求和期待，其他各门课都要守好一段渠、种好责任田，使各类课程与思想政治理论课同向同行，形成协同效应”②。在大学所开设课程中，无论是思政课还是通识课，教学始终围绕着育人这一主题，使每一门课程都承担育人的职责，实现思想政治教育和专业知识内容的有机融合，让教学的每一个环节都带有育人功能，充分体现出高校课程思政的育人价值。要始终注意把握时代特征，紧扣学生成长规律，善于推动党的创新理论进教材、进课堂、进学生头脑。当前世界百年未有之大变局加速演进，中华民族伟大复兴进入关键时期，在吃准吃透习近平新时代中国特色社会主义思想的基础之上，紧跟世情国情党情新变化，随时关注习近平总书记最新重要讲话精神，及时调整和更新教学内容、阅读材料、拓展资源，让青年学生在时代脉搏的同频共振中了解新思想的创新发展。在宽广的理论视野下，把学生置身于当今中国的巨变中，让学生了解中国、知晓世界，引导青年大学生胸怀天下、志存高远。

### （二）发挥科研育人功能

科研和学习是高校师生的重要任务，高校教师和学生共同参与科研任务，承担科研的主体责任，因而需要不断加强科研育人，培养高素质的人才。科学能够拓展个人视野、增强大学生的思辨能力。具备科学精神不仅能够使大学生顺利完成学业任务，更是推动社会发展的关键。高校思政教育不能仅限于课堂教学中，也应在科研过程中加强思想政治教育，引领学

① 中共教育部党组．高校思想政治工作质量提升工程实施纲要［Z］．2017-12-04．

② 习近平．把思想政治工作贯穿教育教学全过程 开创我国高等教育事业发展新局面［N］．人民日报，2016-12-09（1）．

生树立正确的政治方向、学术导向和价值取向，实现大学生思维方式、思想理念、行为习惯向好发展。科研育人要求教师在进行科学实验和理论探寻的过程中，将立德树人贯穿始终，引领学生在科学研究方法的指引下，获得真实的实验数据，得出正确的科研结论，从而不断提升大学生的综合素质。科研成果的取得离不开团队的协作努力和锲而不舍的奋斗精神，这些科学精神和科学道德必然影响参与其中的高校大学生，使他们加深对科学、真理、道德的敬畏之心，在潜移默化中实现高校思政育人工作。高校教师要充分发挥科研育人功能，借助科研活动这一载体进行育人工作，为大学生创造良好的科研机会，鼓励大学生积极参与其中，营造师生共同科研、协同育人的良好局面。

### （三）重视实践育人功能

大学阶段是学生从学校走向社会的最后阶段，在多年的理论教育的基础上，适当地开展实践育人活动能够提升大学生的实用技能，搭建起学生走向社会的桥梁。实践育人作为高校思政育人工作的重要方面，为大学生提供了丰富的实践条件，能够锻炼、提升其个人技能，实现大学生理论和实践能力同步提升。实践育人要求“高校要坚持理论教育与实践养成相结合”①。要养成实践思维，不仅要加大高校在实践活动方面的重视力度，更要促进大学生心理上的转变，实现理论和实践的双重提高。高校育人的渠道主要包含课堂理论教学和课外实践活动两种形式，只依赖于课堂育人功能并不足以构建高校“三全育人”大思政格局，因而需要不断丰富课外实践方式，重视实践育人功能。课外实践活动必须牢记立德树人的思政育人目标，鼓励大学生在课余和假期空闲时间积极参与社会调研活动、乡村支教活动、志愿活动等。实践活动成为了大学生增强服务意识、服务能力的重要方式。在此过程中，大学生将才智奉献于基层，实现了大学生群体与特殊群体的双向提升。尤其是伴随互联网的发展，实践活动搭上了互联网的快车，实现了实践类型多样化、实践渠道便捷化。高校应顺应网络时代社会实践的热潮，鼓励大学生投身实践活动，利用互联网中的海量数据，开展创业创新活动。在课外实践中，应充分发挥学生主动性，鼓励大学生

① 中共教育部党组．高校思想政治工作质量提升工程实施纲要［Z］．2017-12-04.

成立群团组织，引导他们自主开展实践活动，设定活动目标、活动内容及预期成效等。在课外实践中也应发挥教师的示范引领作用，形成课堂教学与课外实践、教师指引与学生活动的互动教学模式，保证大学生在课外实践活动中能够实现自我道德素养的提升。在开展实践育人的过程中，高校相关部门应加强策略研究，支持大学生的自主实践并进行有效管理，保障实践活动的安全，确保活动具有实践意义，防止实践育人形式化，让大学生融入其中并有所收获。

### （四）明确文化育人功能

我国文化资源丰富，包括优秀的传统文化、光荣的革命文化、先进的社会主义文化等，具有鲜明的育人功能与属性。必须充分挖掘文化中的育人元素，用之于当代思想政治教育工作全过程，以文化启迪人心。文化具有育人功能，人民在接受优秀文化熏陶后，能够不断增强自身精神力量，迸发出社会创造创新活力，不断坚定理想信念，提升志气、骨气、底气。强化文化育人功能，构建文化育人工作体系，是落实党和国家“三全育人”工作的重要内容。[①] 高校应注重文化的渗透力和感染力，优化校风学风，营造育人文化氛围。在日常学习生活中，高校要发掘传统文化，在教室、走廊、校园等多个场合广泛引用浸透书香气、弘扬主旋律的优秀文化，不断凝聚育人向心力、提振学生精气神。要开展社会主义核心价值观的教育活动，引领学生价值导向，将校园建设为精神文明高地。进入新时代，以习近平同志为核心的党中央将文化建设摆在治国理政的重要位置，围绕中国特色社会主义文化建设提出一系列原创性观点、论断，形成了习近平文化思想。习近平文化思想能够传承中华民族伟大精神、增强中华文化的吸引力和感召力，对于提升全国人民的文化自信和自觉，提升文化软实力意义重大，具有强大的文化育人功能。

### （五）活用网络育人功能

新时代是信息化迅猛发展的时代，为育人提供了更为便捷的网络传播手段。习近平总书记指出：“要运用新媒体新技术，推动高校思想政治工

---

① 高慎波．新时代高校文化育人实践路径研究［J］．才智，2019（33）：99.

作传统优势同信息技术高度融合，增强时代感和吸引力。”[①] 对教师来说，网络实现了资源传输的便捷化，推动了育人内容、育人资源的共享，有利于教师之间彼此学习、共同进步，实现了教师综合素养的提升，拓展了育人方式。对学生来说，网络是育人内容形象化的重要载体，通过播放网络视频，学生能够全身心投入到思政课堂中，加深对理论知识的理解。网络也能够穿越时空界限，即使是在家中学习，只要学生上网，便能够处于学校营造的网络思政环境之中，自觉接受思政内容渗透。高校应积极加强校园网络思政建设，优化校园网络平台，丰富育人资源和内容，向大学生传递正确的价值观。通过各级各类网络平台和各式各样的宣传载体，不断推进信息技术融入高校思政课堂，及时推送包含正能量的网络图文和感悟，强化网络平台的思政育人功能，交流思想，启迪心灵，提升网络育人质量。

### （六）提升心理育人功能

心理健康教育注重育德与育心相结合，加强对大学生的心理疏导，培养学生乐观、健康的心理状态，促进学生心理健康水平、思政素质、文化水平的同步提升。心理健康教育从隐性的育人模式出发，在师生之间的言语、眼神的交流中，分析学生心理和生理变化情况，并进一步分析变化产生的诱因，引导学生正确对待坎坷。心理育人通过全方位了解大学生的思想动态，制定出极具针对性的心理健康教育方案，从而纾解学生的抑郁情绪，实现学生心理素质的稳步提升，以此达到高校思想政治教育的育人目标。当前，受外部环境、自身能力的影响，不少大学生面临着来自学业、人际、就业、生活等多方面压力和挑战，心理状况或多或少会发生一定的变化，从而产生厌学、焦虑、失眠等极端状况，阻碍大学生人格完善和心理健康成长，因而完成心理育人任务刻不容缓。高校心理健康教育以大学生心理健康素质水平提升为关注焦点，旨在增强大学生抗压能力和挫折承受能力，教会他们接受现实，做好情绪管理，在不断提升自身学习能力上下功夫，树立自我价值感。高校应建设心理健康教育工作室，组建专业心

---

① 习近平．习近平在全国高校思想政治工作会议上强调：把思想政治工作贯穿教育教学全过程　开创我国高等教育事业发展新局面［N］．人民日报，2016-12-09（1）．

理教师队伍，根据不同教育学段学生面临的实际心理压力和问题，开展心理健康教育工作，不断提升学生心理素质，保障高校“三全育人”工作的顺利开展。

### （七）发掘管理育人功能

高校“三全育人”大思政格局的构建要求发挥管理部门的协同育人功能，规范制度体系，实施有效管理，担负育人的管理职责。对学生进行科学有效的管理关系到教育教学工作的顺利进行，需要形成各部门联动的育人机制，加强“三全育人”队伍建设，加强部门与部门之间的协同，在集思广益中不断完善规章制度，通过管理工作解决当前高校教师育人过程中出现的实际问题，不断强化管理对思政育人的保障功能。大学生无论学习、交往、生活都需要遵守学校管理制度。管理育人通过约束大学生的行为，让大学生明确生活在集体中必须遵守的行为准则，为高校教育活动的开展营造外部管理氛围。违反学校管理规定是对个人、集体的学习和生活权益的侵害，对大学生学业发展和人际交往产生负面影响。反之，良好的管理方式能够促使大学生自觉遵守规划，逐渐形成集体生活意识，因而在踏入社会后，能够自觉遵守国家和社会管理规定，实现个人和社会发展。高校管理者应在全面考察本校管理现状、育人目标的基础上，进行综合研判，出台针对性管理举措，为学生、教师的发展提供明确的管理规范，促进大学生遵纪守法意识的树立。

### （八）拓展服务育人功能

管理部门在履行管理职责的同时，也应不断拓展服务育人功能，在服务学生、帮助学生、关心学生的过程中教育学生、引导学生。服务育人要求关注和回应学生在学习、生活方面的合理诉求，发现和解决学生面临的急事、要事、难事，增强学生的幸福感。服务育人突出学生为本的理念，旨在通过关怀和服务促进学生全面发展，这与高校思想政治教育中的“人本思想”高度契合，强调为学生发展服务。高校思政育人工作的开展应该改变之前“以事为本”或“以任务为本”的理念，向着“以人为本”转变。[1] 在服务过程中，高校应高度重视学生诉求，突出服务与引导相结合，将思想政治教育中的育人理念融入服务工作全过程，凸显育人服务的“人本思想”。同时借助课堂育人环境和育人服务环境，高校逐渐营造出一种关怀、服务的氛围，促使大学生形成良好的人文精神，在接受学校提供的育人服务的同时，也深受育人环境影响，树立服务他人的思想意识，自觉参与为班级、为同学服务的活动，成为班级中的服务榜样。

### （九）强化资助育人功能

资助是高校教育工作中的重要一环，能够缓解经济困难的大学生的生活压力。资助工作通过物质激励培养学生的感恩之心、奉献之心、自强之心，激发学生积极向上的生活态度，助推高校“三全育人”工作的顺利进行。资助在高校思政育人工作中的重要作用主要表现为以下两点：

第一，资助能够彰显精神鼓舞功能。高校在落实国家资助政策的过程中，不断加强资助宣讲活动，向学生及家长详细介绍资助条件、资助标准，宣传受资助学生的成长成才历程及乐于助人、健康向上、努力学习的优秀品质，从而在经济困难的学生中间形成奋发向上的气氛，加强对他们的精神鼓舞和激励。

第二，资助是社会公平的重要体现，为大学生创造了公平的教育机制，提供给大学生在大学舞台上平等绽放自我的机会。生活环境的不同，容易给家庭困难学生带来心理和情绪上的落差，并且长期经历教育资源、教育环境差异，会使他们对教育公平产生认知偏差。资助育人就是着眼改变教育差异、创造公平的学习起点的主要方式，从而培养大学生的自立自强精神，实现个人发展。

### （十）推进组织育人功能

高校具备完善的党组织和团组织，做好思政育人工作需要不断发挥党团组织的育人功能，充分利用各类组织的特色和优势，将组织的凝聚力与党团的引领力有机结合，推动高校“三全育人”工作的进行。高校党组织作为育人引导者，要将人才培养作为党组织的重要任务，发挥党的政治引

---

① 刘建军．新时代思想政治工作创新研究［M］．北京：中国人民大学出版社，2015：432.

领、思想引导功能。在推进组织育人的过程中，必须重视对党员的教育，发挥好学生党员、教师党员的模范带头作用，使之成为其他学生和教师学习的榜样。唯有高校党组织承担育人的领导职责，在全体教职工和学生中不断弘扬爱党、爱国的思想意识，才能够推动高校发展、社会进步、学生成长。同时，各类组织也应发挥管理和服务功能，促进大学生正确价值观的培养。团组织要用好理论宣传、组织管理、工作带动的优势，积极举办具有显著时代特征、契合学生心理诉求的文体活动，增强团组织活力，在宣传教育中不断加强对大学生的思政教育，提升“三全育人”的工作质量和水平。

## 二、积极构建“十大育人体系”的协同育人格局

### （一）明确子体系的机理关系

“三全育人”不是一个群体或者一个部门的事情，而是一项协同发力的工作。“十大育人体系”构建过程中，十个子体系协同发力，统筹推进育人工作。我们要用系统性思维和整体性视野定位各子体系的功能和作用，厘清各子体系的关系（如图 6-1 所示）。

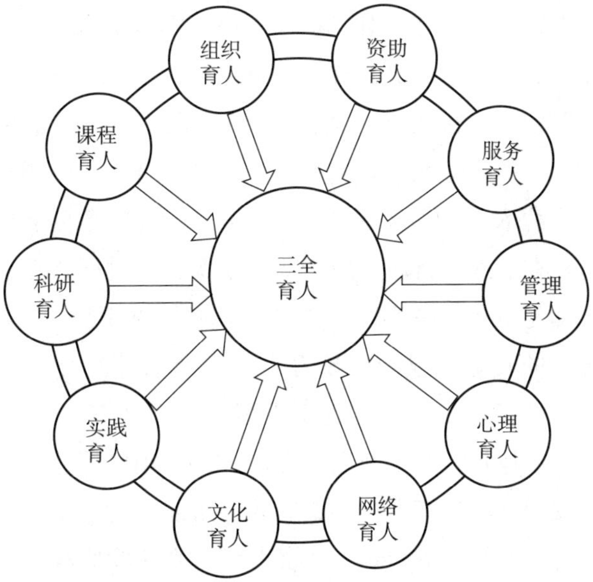


图 6-1　“三全育人”与“十大育人体系”逻辑关系

第一，从“十大育人体系”整体看，十个子体系都是其中的有机组成部分，它们互相补充，实现了完善和发展。从最初的课程、管理、服务“三育人”，逐渐增加实践、科研育人，形成“五育人”，再补充文化、组织育人，发展为“七育人”，最后发展完善为包含网络、心理、资助在内的“十育人”完整体系，实现了育人体系随着时代发展循序渐进的过程。“十大育人体系”中，虽然各子体系的提出顺序有先后之分，但不代表各子体系存在地位差异，各子体系同样重要，都要求相对平衡的资源和人力，都是“十大育人体系”中不可或缺的重要组成部分。“十大育人体系”各子体系尽管名称不同，但从实质来看都落脚于“育人”这一核心目标，它们准确指向高校思想政治教育的重大任务。因而可以说，“育人”揭示了各子体系的本质，成为各子体系的价值领航员和工作着力点。

第二，从各子体系担负的具体任务来看，各子体系在“十大育人体系”中分别承担了各自的育人功能。构建“三全育人”大思政格局必然依靠课堂教学，因而课程育人是高校思政育人的主渠道，也是“十大育人体系”的核心。高校完成育人目标以开设课程为主，通过课堂教学传授理论知识、传递价值导向，推动课程思政的发展，促使专业内容与思政教学深度融合，为其他育人体系工作的顺利开展奠定理论基础。科研育人和文化育人从完善育人资源的角度，对课程育人进行丰富发展，逐渐构建起集教学、引导、监督、惩戒于一身的科研规范体系，帮助大学生确立正确的学术导向和价值取向，并在充分挖掘古代和现代优秀文化资源的过程中，实现智育和思政育人的充分融合。实践育人、网络育人、管理育人、服务育人是高校“三全育人”的主要形式，从服务与管理的角度实现了育人过程的衔接和覆盖。在实践中将课堂理论变为现实，通过网络搜集多样化育人资源，并在管理与服务中渗透高校“以人为本”的理念，从而在潜移默化中实现隐性育人的目标，成为高校育人的重要载体。心理育人、资助育人、组织育人是高校育人模式的创新发展，成为“三全育人”的有益补充，尽管这三个子体系仍在不断探索形成中，但仍发挥着辅助作用，推动育人体系完善发展。心理育人从心灵对话的角度发现大学生心理和生理上的细微变化，有针对性地进行育人。资助育人则从物质激励的角度帮助大学生顺利完成学业，为育人实践提供有力保障。组织育人强调统一步调，有秩序有条理地开展育人活动，织密织牢高校育人网络。各子体系看似功能各异，但紧密相连、互为补充、交叉运行，共同推动“十大育人体系”发展。

### （二）整合“十大育人体系”

在“十大育人体系”中，各子体系可以单独使用，但只有全面整合教育教学各环节、统筹运用各子体系育人功能，才能综合利用各方面人才培养的资源，构建出紧密相连、彼此配合的育人体系。习近平总书记指出：“学校思想政治工作不是单纯一条线的工作，而应该是全方位的。”[①] 唯有“十大”子体系协调发力，朝向高校育人目标，形成“全方位育人”的格局，才能形成“十大育人体系”的整合优势，拓展高校育人工作思路。

第一，整合“十大育人体系”是应对思政育人工作发展不平衡不充分问题的最佳方式。我国社会的全面进步带动了思政教育领域的前进步伐，思政工作取得令人瞩目的新成就，但仍面临着发展不平衡不充分的现实之困，存在一些薄弱环节和重大问题。由于地域和省情的差异，高校在设定思想政治教育方法时会凸显地域差异、专业差异，同一高校中也会因年级和年龄差异呈现出思政教育内容的分化，因而高校所属地域、学生所在年级、学科属性不同等因素导致了育人工作不平衡现象的发生。此外，高校中存在着思政课程和课程思政协同育人体系尚未构建、“三全育人”格局尚未形成的问题。整合各子体系的育人功能，发挥“十大育人体系”的协同效应，就是要充分挖掘高校教学、服务、管理、资助等各个方面的育人元素，调动内部各群体、各部门、各岗位的育人主动性和积极性，将工作重心放在思想政治教育、“三全育人”工作上，围绕思政育人任务协同发力，切实化解制约教学资源平等分配的难点。在整合“十大育人体系”的进程中，需不断增强共同发展的思想意识，做到各子体系相互协作、优势互补，将之整合为一个全面、完整的育人体系。

第二，整合“十大育人体系”以强化顶层设计、消除育人盲区。高校作为“育人共同体”，全体教职工、各育人环节都要自觉肩负思政育人任务，消除一切在整合过程中的盲区。“十大育人体系”分别指向不同的育

---

① 习近平．思政课是落实立德树人根本任务的关键课程［J］．求是，2020（17）：4-16.

人方式，涉及高校工作的方方面面。长期以来，随着时代发展和高等教育逐渐普及，“十大育人体系”的发展呈现循序渐进的过程，体现了教育领域顶层设计的逐步完善。这次颁布的《高校思想政治工作质量提升工程实施纲要》在继承以往育人要求的基础上，增加了“网络”“心理”“资助”三大育人内容。可见，“十大育人体系”的发展尚不同步，早已明确的育人内容已经初步具备了完善的育人机制，新增加的育人内容仍待找准育人发力点、不断开拓育人新领域，十个子体系之间的配合方式和协同机制也尚待构建。这样就不可避免产生了育人盲区，出现了育人衔接不充分的弊端。整合“十大育人体系”，其目的在于建立连贯一致的体系，形成整合效应，有针对性地找准育人工作中的不完善部分，不断消除育人盲区，推动“三全育人”工作走深、走实。这一过程是在发挥各子体系的最大效能基础上，实现 1+1>2 的育人协同效应，提升“三全育人”工作水平。

第三，整合“十大育人体系”以提升全体教职工育人自觉性。受传统育人方式的影响，小部分高校教职工队伍育人理念不合理、育人方式不完善、育人能力不匹配，将科研任务、教学管理视为工作的首要任务，按部就班地进行教学工作，缺乏育人工作的创新性，导致立德树人的自觉性不高。小部分学校将“双一流”建设视为高校的办学任务，出现教学功利性现象，忽视了育人的职责。整合“十大育人体系”实际上就是从高校育人的方方面面强化其育人职责，提升教职工的育人意识。“十大育人体系”立足于教职工、大学生、管理部门等育人主体，充分挖掘各子体系的育人功能，凸显了育人在高校教学和管理工作中的重要地位，形成高校协同育人的良好氛围。

## 三、充分发挥党在“十大育人体系”中的引领作用

党的二十大报告指出：“党的领导是全面的、系统的、整体的，必须全面、系统、整体加以落实。”① 构建“十大育人体系”协同育人的格局要充分发挥党的领导作用，形成在党的统一领导下，各子体系相互配合、共

① 习近平．高举中国特色社会主义伟大旗帜 为全面建设社会主义现代化国家而团结奋斗：在中国共产党第二十次全国代表大会上的报告［M］．北京：人民出版社，2022：64.

同发力的育人格局。高校工作千头万绪，涉及教学、管理、服务等，往往会出现交叉管理、权责不清的现象。受长期以来工作模式的影响，个别部门认为部门职责就是做好本职工作，忽略了育人的任务，因而必须合理分配高校内部各部门在教育学生方面的责任，构建起党委领导、部门协同的全员育人体系。充分发挥党在“十大育人体系”中的领导作用，就是要牢牢抓住党对高校各部门的政治领导和思想引领，把握高校思政育人工作的主导权，始终用科学的理论武装广大师生头脑，保证高校“立德树人”的办学方向。

### （一）成立专门组织

高校党委要承担育人的领导职责，成立党委领导下的高校思政工作部，根据“十大育人体系”涉及的育人方面对思想政治教育工作进行统筹安排，全面领导、系统谋划本校的思想政治教育工作，从而分解育人职责，实现各部门、各岗位育人职责的分化细化，彻底扫除“全过程育人”的盲区，共同绘就各单位、全过程齐抓共管的育人图谱。全体教职工要积极响应党委育人号召，投身本职工作，寻找身边具有育人功能的事例，将育人理念贯彻到工作中，实现课上课下思政相结合、线上线下育人相促进的局面，构建“三全育人”的常态机制。

### （二）提升使命担当

高校党委要强化全体教职工尤其是教师队伍的育人意识，增强“全员育人”的使命担当。教师肩负传播知识、塑造灵魂的时代任务，全体教师都要以饱满热情投身育人工作，实现专业课教学与思政课教学共同朝良好的方向发展。高校中各项工作都围绕育人展开，但由于职位众多，承担管理与服务的部门往往以处理学生事宜为主，有的部门甚至不与学生接触，因而并不直接参与高校育人工作，造成了一些岗位的教职工育人理论缺失、育人意识淡薄、育人实践不足的情况。教职工无论身处育人链条的哪个环节，都承担着为国家培育优秀人才的责任，因而必须强化全体教职工的使命意识，促使其积极参与高校育人工作。高校党委通过发挥自身领导功能，创新育人模式，形成系统完善的育人工作考核体系，并对各岗位教师履职情况做出明文规定，帮助广大教师树牢育人意识、增强育人实践。

同时，要加强对教师履职情况的监督，设立奖惩机制，确保育人工作落到实处。

## 第四节　创新驱动：多措并举，探索特色育人模式

"三全育人"将思政育人、文化教育、实践教育贯穿于大学教育全过程，实现了全员、全过程、全方位育人的有机统一、相辅相成，形成了一种内涵式、可持续的高校育人模式。在新的时代条件下，高校"三全育人"工作顺利进行离不开育人模式的不断创新，应根据时代和学生发展特点，善用网络技术优势，创新教学手段，优化校园环境并建立衔接教育机制，从科学、理性的视角进行教育，不断提高"三全育人"的针对性和有效性。

### 一、发挥技术优势，加强高校网络育人

#### （一）搭建网络育人平台，打造网络教育环境

1. 搭建师生互动平台

网络育人平台是高校网络育人的重要载体，科学的育人平台对于拓宽育人渠道、提升育人实效意义重大，因而需要营造网络育人环境，搭建师生互动平台，实现便捷化交流。在开放性的网络空间中，师生之间完全是陌生的，甚至是虚拟的，因而可以就思政课堂中的问题进行平等交流，其互动的过程就是自我意见表达的过程。无论是教师还是学生，都拥有对教育资源的使用权、教学问题的参与权、意见看法的表达权，这极大提升了大学生自我教育的积极性。教师要不断提升新媒体使用能力，将网络技术运用于高校思政课堂，搭建师生互动平台。平台设计要具有科学性，增添课程回播、交流互动、课程答疑、自我测试等专栏，学生可以在师生互动平台上自主学习、提出疑问、发表观点、等待教师解答。教师对学生的问题进行归类，对简单性问题及时回复，对大多数学生存在疑问的地方，可以通过录制课程在师生互动平台上发布的方式进行解答。教师应以学生的难点为导向，通过网络平台实时关注学生的行为动态，及时掌握学生学习和生活中的需求和困难，尽早预防和解决。教师要用好"自我测试"专

栏，进行学生学习成绩测评，了解学生学习进度和学习情况，并在本栏中增添心理测试题目，帮助学生认识自己，帮助教师把握学生的心理诉求和情感变化。

2. 搭建思政育人平台

习近平总书记提出，“要运用新媒体新技术使工作活起来，推动思想政治工作传统优势同信息技术高度融合，增强时代感和吸引力”①。在“三全育人”指引下，高校应发挥新媒体优势，树立“互联网+”思维，努力打造融“思想引领、教育教学、生活服务”为一体、以“平台、数据、标准”为核心业务支撑的网络思政育人平台，做好学校思政育人工作。高校思想政治工作应不断与时俱进，开拓思政育人工作新平台，根据教育目的和教学需要以自建形式或加盟方式选择教育平台进行在线授课，改革教学方法，创新教学艺术，采用“微课”“慕课”“翻转课堂”等教学手段引领学生学习，以自主学习、统一授课等形式开展育人活动，促进学校思想政治教育多元化教学新形态的生成。同时，在网络思政工作中善用巧力，巧妙利用各种资源增强思政课程感染力，通过多媒体整合、主动议题设置和社交化传播互动等方式建设专题网页平台，加速教育内容的入眼、入脑、入心。通过线上虚拟教学班级、特色课程栏目设置等形式，将思政课程要点、教育教学案例、视频等资源融入线上思政课教学。通过加强学校核心评论员、专家网评员、网络文化志愿者等网络骨干队伍建设，切实发挥官方微博、校园微信公众号、抖音、小红书、微博超话等的网络育人功能。

### （二）净化校园网络空间，加强思想文化建设

伴随新媒体发展，网络空间已经成为大学生群体学习和休闲的重要场域，然而网络内容良莠不齐，深度净化校园网络空间、加强绿色网络建设已经成为高校“三全育人”的迫切要求。净化网络文化空间，需要对网络舆论进行分类把控，精准施策。充分利用大数据、云计算等技术手段，构建网络舆情监控机制，发现敏感信息及时研判，果断处理不良信息，营造

---

① 习近平．习近平在全国高校思想政治工作会议上强调：把思想政治工作贯穿教育教学全过程　开创我国高等教育事业发展新局面［N］. 人民日报，2016-12-09（1）.

清朗的网络空间。高校要加大网络文化监控力度，积极引入校园网络防护系统，从源头上屏蔽反动、色情、暴力信息，对各种违反法律法规、公共道德、社会发展的内容进行技术打击。通过安装“上网管家”等专业过滤软件，坚决抵制不良信息流入大学校园，全面阻断其对大学生的危害，为学生提供健康、绿色的校园文化内容，创造自主学习的健康网络空间。高校要对网络舆论进行引导，指引大学生自觉摒弃消极的思想观念，加强网络话语权建设，并不断更新话语模式，将思想政治教育话语转变为大学生更易接受的日常话语，与学生建立良好交流，解决大学生的思想困惑。同时，高校要加强对社会主流文化的引导，运用网络空间传递社会主义核心价值观，能够巧妙借助大众文化实现对于我国主流意识形态的内核——社会主义核心价值观的传播。文化的力量尤其是网络文化的力量正在变为推进教育发展的巨大动力。[①] 新媒体时代，校园文化正借着网络文化的东风，逐渐受到大学生的认同，成为传播社会主义核心价值观的媒介。“校园文化”立足本地区历史文化的天然优势及杰出校友们的突出贡献，伴随学校数十年甚至百年的建校历程不断充实完善，凝练独具道德色彩和红色品质的人物和事件，成为本校的优质文化资源，能够极大触动大学生的心灵。新媒体在拓展校园文化的空间视野、丰富校园文化的多样性以满足大学生不断提升的发展诉求中，发挥着不可估量的正向作用。在新媒体环境下，网络空间既是丰富校园文化展现形式、拓展校园文化传播范围的主要渠道，又是宣传社会主义核心价值观的关键载体。

## 二、创新教学手段，探索多元育人模式

### （一）优化灌输方式，推进课程育人

灌输是我国进行思政育人工作的内在要求，灌输理论是构建“三全育人”大思政格局的坚实理论基础和科学方法论指导。高校思政课往往以讲授、灌输等方式进行，这种教学模式在某种程度上缺乏灵活性、互动性和创新性，导致教学内容缺乏生动性。对于学生来说，他们更善于用自己的

---

① 张琼．网络境域下大学生社会主义核心价值观认同探析［J］．思想教育研究，2013（4）：21-25.

方式和语言来表达自己的感受和观点，而过于刻板的课堂教学内容往往会让学生产生抵触心理，使其对思政课产生厌倦感，难以达到入脑入心的良好效果，进而影响知识的积累。思政课要“坚持灌输性与启发性相统一”①。当前，思政课仍然要以灌输的方式进行，但这种灌输并非传统的“填鸭式”灌输，而是契合大学生心理的精准灌输。

1. 入脑入心并主动践行

思政育人理论要求教育者有目的、有计划、有组织地对大学生进行理论指导和宣传教育，将理论灌输给大学生，使大学生认识到自身肩负的历史使命，坚定中国特色社会主义信念，为实现共产主义理想而奋斗，实现大学生思想理念由自发到自觉的转变。

2. 做好调查研究，提升灌输的实效性

灌输不是走过场，应深入到大学生群体中去进行调查研究，避免形式主义。大学生对思政育人理论的接受能力不同，需要根据实际情况选择多种形式的宣传方式进行合理灌输，避免“一刀切”。对学生干部和党员等思想政治觉悟较高的群体应进行重点灌输，使其全面理解党的创新理论，并转化为具体实践。对部分理工科大学生，更应耐心讲解，引起他们的学习兴趣，帮助他们坚定社会主义立场。青年是祖国的未来、民族的希望，大学生正处在成长成才的关键期，是最具有思想活力的知识分子群体，必定为推动国家发展、促进社会进步和实现民族复兴贡献青春力量。教师应借助各专业特点实现精准灌输，实现专业内容与思政课堂的有机结合，将思政元素巧妙运用到专业教学中，采取启发式教学，循循善诱，指引大学生正确处理问题。

### （二）创新实践形式，开展实践育人

实践育人必须与理论教学相辅相成，② 高校“三全育人”工作的顺利进行，不仅要求教师在课堂教学中对大学生进行理论教学和思想教育，也

---

① 习近平．用新时代中国特色社会主义思想铸魂育人　贯彻党的教育方针　落实立德树人根本任务［N］．人民日报，2019-03-19（1）．

② 孔祥年．新时代高校社会实践协同育人机制研究［J］．学校党建与思想教育，2019（8）：86-88.

应立足实践，实现学生理论知识向实践活动的转化。

1. 学校应建设实践活动基地

学校应加强与企业、医院等的合作，建设校外实践活动基地。例如，职业学院采取与企业合作的方式，有针对性地为企业输送人才，实现学校就业率与企业专业性的双赢；师范类学校与中小学进行专业对接，将本专业学生派遣到各地中小学进行支教，锻炼大学生的语言表达和实践教学能力；医学院为提升人才的实用性与实效性，与医院合作建立实习基地，不断培养学生的实操能力。学校也可以结合地域特色，建立红色文化体验基地，增强大学生的理想信念。就河南高校而言，可以与安阳红旗渠、河南博物院、焦裕禄纪念馆等签约共建思政课实践教学基地，用于校外实践教学。高校也应注重校内实践基地建设，分不同专业建设特色活动室。对法学院来说，高校应投入资金建设模拟法庭，对法庭内的设施、场景进行还原，使大学生犹如置身法庭，增强对所学法律知识的理解和运用；教学学院应开设微格教室，在教室中开展形式多样的试讲比赛，从而不断提升大学生教学技能等。

2. 开展多种形式的社会实践活动

高校要鼓励大学生积极参与社会实践活动，结合思政课实践教学要求，开展主题教育、志愿服务、理论宣讲、社会调研等实践活动。学校要组织师生党员开展寒暑假社会实践活动，不断推动“大思政课”实践教学规范化。高校应号召各专业学生结合自身专业优势，开展各式各样的实践活动，提升理论知识转化为实践活动的自觉性。例如，法律专业学生利用假期在社区、乡村进行普法宣传活动，提升老年人防骗反诈意识和能力，依法维护自身合法权益；医学类专业学生下乡义诊，进行卫生安全知识宣传、疾病科普等活动，从而提升市民的防护意识。

3. 依照培养方案循序渐进

学校应遵循培养方案，参考马克思主义学院制定的《思政课实践教学指导意见》，创新性地将校外育人资源吸纳到实践教学大纲中，制定《思政课实践教学大纲》，统一编制《实践报告册》，切实根据大纲开展实践教学，让德智体美劳“五育”无缝融合、齐头并进。

### （三）聚焦育人目标，构建育人体系

“三全育人”需要以一定的目标体系为引领，以完善的教育体系做支撑，才能聚焦立德树人的目标，打造高质量育人体系，尽快构建起“三全育人”大思政格局。

1. 高校应构建完整的思政育人体系

实现“三全育人”大思政格局的构建，必然要以思政体系作为骨架支撑，不断完善各项育人工作。一是强化目标引领，将立德树人作为思政育人体系的核心理念，在思政课教师中进行“立德树人”的思想渗透，保证全体教师坚定“立德树人”的目标开展思政教学。二是强化使命担当，积极开拓思政课堂，注重向第二课堂和网络空间进行延伸，不断构建起思政课堂讲理论、第二课堂重实践、网络课堂把方向的良好局面，保证随时随地掌控学生的思想动态，为学生营造全方位思政大课堂。三是强化顶层设计，量身制定各学段思政育人改革方案，实现以政策引领教学实践，推动学生掌握知识、强化理论。

2. 高校应打造完善的教学体系

育人的强化不能仅局限于思政课堂，更应以各学科专业课程为着力点，不断完善教学体系，实现在课程思政中落实思政教学，在专业课堂上强化思政理论。“智育体系”主要是在各学科中挖掘思政元素，寻找二者的契合点，实现在课堂中融入思政教育，帮助学生树立学习报国的理想信念。“美育体系”不仅提升学生审美品位，而且培育学生对美的认知。学生通过音乐或美术体验，感悟艺术背后的道德伦理及思想品质，从而对社会上的“美丑”现象形成深刻认知，并根据美学体验，充分挖掘传统美育文化，结合各自的专业，不断感知美、创造美。“体育体系”旨在促进学生身心健康，从心理层面和身体层面多重发力，规定运动方式，注重学生健身习惯的养成，从而塑造良好的身心状态，为学生走向工作岗位、奉献自我价值打下基础，形成对思政体系的辅助作用。“劳育体系”是在劳动技能的形成中加强育人，突出感悟劳动、热爱劳动的特质，并将劳育与社会实践相结合，实现在劳育中促进奉献，在劳育中体现价值。

## 三、优化校园环境，营造良好育人氛围

### （一）打造高雅校园文化，发挥文以育人的作用

高校应发挥校园文化塑造思想文化的作用，“让每一面墙壁都会说话”，用“润物细无声”的方式教育人、影响人、感召人，推动高校“三全育人”工作顺利进行。高校应坚定文化自信，用先进文化赋予校园文化强大生命力，涵养校园文化的红色底蕴，实现中华优秀传统文化、革命文化、社会主义先进文化一体化融入高校文化建设中，使之成为校园文化中独具魅力的内容，成为处处可见的文化标识，同时也要用“三大文化”陶冶学生情操。

1. “三大文化”融入高校物质文化建设中，建设校园文化的宣传阵地

高校可以提取传统文化、革命文化中的独特文化元素，打造极具文化特色的标志性建筑，使校园内部建筑充满浓厚的文化气息。例如，在校园绿化规划中，要凸显人与自然和谐共生的理念，加强对绿色植物的保护；在教室中布置与优秀文化相关的名言警句，时时处处提醒大学生遵守传统道德；在校园内部摆放教育家和杰出人士的石像，让大学生感受他们的崇高品质；设立传统文化专栏，以图片或动画形式展出，增强大学生对传统文化的体验感。高校还应举办“三大文化”融入校园大赛，鼓励学生结合各专业优势踊跃参与，并对优秀作品进行展播，从而将传统文化与校园建筑有机融合，实现以物育人、处处育人，营造高雅的校园文化氛围。

2. “三大文化”融入高校行为文化建设中，实现优秀文化与学生生活的紧密关联

高校以特定的文化元素为主题，开设多样化的文化活动，推动学生积极参与，加深对优秀文化的了解。高校可以从传统歌剧入手，设立京剧社团、话剧社团等，在学校大型表演场合为传统歌剧社团提供登台表演的机会，以传统文化丰富校园文化。发挥高校社团在学生自我管理、自我服务中的作用，不断推出具有校园特色和时代特色的文化活动，举办校园文化分享会、用典育人等活动，以此凸显本校悠久的历史底蕴，为传统文化的传承发展储备人才资源。以校园文化为载体，在高校物质文化和行为文化

中强化思政育人工作，使大学生在潜移默化中不断增强对优秀文化和思政育人的认同感，为高校“三全育人”工作营造良好的外部条件。

### （二）加强校风学风建设

伴随高校教育改革，高校在校人数日渐增多，高校分校与合并的现象更为普遍，却在一定程度上忽视了校风建设。加强校风建设强调高校师生心往一处想，凝聚全校师生之力完成立德树人的教育目标，这与“三全育人”中的“全”高度契合，因而成为“三全育人”大思政格局构建的重要方式。校园风气关系高校发展方向、关系大学生成长成才，全校都应加强对校风建设的认识，强化对校风建设的管理，凝聚各部门、各岗位之力，制定校风建设方案，完善校风建设的管理制度。推动全校师生、全部岗位按照明确的制度要求规范自身行为，培养集体荣誉感。此外，生活条件的改善及家庭教育的缺失，对高校大学生的学风产生不良影响，大学生迟到早退、考试作弊、扰乱课堂纪律的行为时有发生。高校应加强学风建设，用社会主义核心价值观教育、引领广大学生，使学生自觉认识到良好学风对学习进步的重大意义。教师也要用心上好思政课，用自身的人格魅力感染学生，促使大学生端正学习态度，增强自律能力，从而在学校中形成爱学习、会学习的良好氛围，不断推进学风建设。

## 四、关注重要节点，建立衔接育人机制

“三全育人”大思政格局的构建必须重视“全过程育人”，既要看到育人过程的持续性，又不能忽视育人过程的阶段性，应关注重要时间节点，建立衔接教育机制，避免出现育人空白期，真正做到“全过程育人”。

### （一）开展入学时期心理教育

从高中到大学是人生的一个重要节点，面对学习方式、生活习惯的改变，高校应开展入学时期心理教育，将高校育人理念传递给大学生，使其顺利完成人生过渡。对于大学一年级新生的思政教育，重点是要做好引航教育和理想信念教育，包括爱国主义、集体主义教育，校纪、校规学习，

职业生涯规划以及心理健康指导等内容，使其能够早日适应新的学习生活。[①] 入学之后，部分大学生无法适应新环境，出现由自信到迷茫、由勤奋到懈怠、由兴奋到焦虑的心理变化，因而加强入学心理健康教育至关紧要。高校应设立心理咨询室，投入心理测试仪器，安排教师轮岗，使大学生能随时进行心理咨询，排解心中苦闷情绪。在各学院各专业开设心理健康课，进行心理健康教育，及时发现大学生的心理问题，从而加强对大学生的心理疾病预防。对部分出现心理问题的大学生，教师应引导学生正确看待落差，掌握科学的心理调控法，以积极的态度应对各种磨难。高校要用好军训这一门必修课，开展理想信念教育。军训作为大一新生必然经历的实践活动，不仅能够磨炼学生意志、锻炼学生吃苦耐劳的品格，而且能够渗透集体主义教育，形成良好的班风。要注重军训课程设计，实现训练程度由易到难的转变，不断提升学生身体素质，培养学生坚持不懈的品格。在军训期间，教官及辅导员要认真负责，及时发现学生队伍中存在的意志不坚定、心理不健全的学生，及时进行引导，做好心理教育。随着军训的开展，大学生的群体意识不断增强，能够为了集体荣誉坚持到底，树立正确的价值观，这会对高校思政育人工作起到推动作用，促进“三全育人”工作的顺利展开。此外，高校应组织各式各样的社团活动、举办新生联谊晚会、开展职业规划讲座等，消除大一新生对未来的恐惧，让新生对未来做出明确规划。

### （二）强化放假时期综合教育

假期思想政治工作是学校课堂教学过程的有效延伸，[②] 是加强思政育人工作的重要方面，必须强化假期的综合教育，弥补高校“三全育人”工作的空白。放假期间，大部分师生离校，导致育人内容和育人渠道缺失，成为高校育人工作的难点。

1. 强化德智方面的教育

假期中，一方面要强化智育、德育，要求大学生及时汇报作业完成情

---

① 杨琬．新形势下高校全员、全过程、全方位育人的内涵及路径研究［J］．北京教育，2018（10）：55-58.

② 张铁成，包慧君．“三全育人”理念对高职院校大学生暑期社会实践的指导与启示［J］．武汉职业技术学院学报，2018（5）：81-84.

况，做到学习和放松相结合，不断提升其学习能力和自我约束能力。另一方面布置与思想政治教育相联系的社会实践活动，严格把关社会实践活动心得、实践单位的评分细则等，将社会实践活动分数计入期末成绩，促使大学生认真做好社会实践活动，自觉将思政育人理论转化为实践活动。

2. 做好其他层面的教育

假期中要进行安全教育、亲情教育等综合教育。假期中，大学生相对自由，安全教育必不可少。教师应引导大学生正确使用电器，排查安全隐患，不用违规电器，告诫学生不去水库河坝游泳，将人身安全放在首位。以班级为单位组织大学生观看防诈骗电影，自觉警惕网络诈骗，避免落入传销组织的骗局，保护好人身和财产安全。高校也应教育学生正确待人接物，确立正确的消费观，加强感恩教育和亲情教育，倡导学生文明度假。强化假期的综合教育极为必要，但也应注意育人时间和育人方式，不可过度占用休息时间，进而高效率完成假期思政育人工作。

### （三）注重毕业时期就业教育

毕业是步入社会开启人生新篇章的时点，是对大学时期学习成绩的最终检验，也是加强思想政治教育工作的重要阶段。毕业年级的重点在升学和就业上，因而思想政治教育课程安排很少，课程育人的作用未能完全发挥。学校为学生发展考虑，忙于与企业合作办双选会，学生忙于投简历、面试或升学，因而从教育者和受教育者的角度看，都在一定程度上忽视了毕业季的思想政治教育，造成职业道德的缺失，使高校“三全育人”工作大打折扣。

1. 高校应开设就业指导课程，提升毕业年级学生的职业素养和道德修养

经过大学四年的知识储备，大学生的工作能力、职业素养得到提升，因而只需保持健康的就业态度，不必给自己设定太大的就业压力，但要铭记工作能力是一个不断提升的过程，就业后仍要具备不断提升个人能力的意识。就业指导课程应将重点放在道德修养提升上，谦虚谨慎、兢兢业业的工作态度与能力同等重要，这是大学生获得企业认可、赢得发展机遇的关键，因而需要开设职业道德课程，提升大学生职业道德，以自身良好修养融入工作环境。

2. 高校应为毕业生提供实习平台和就业指导平台

学校与用人单位加强交流合作，能够为毕业生提供实习场所，解决大学生实践经验不足和人际交往能力欠缺的现实问题，提升毕业生的就业能力。专业的就业指导平台对即将毕业的大学生来说同样不可或缺，高校应加强线上和线下就业指导力度，将招聘信息及时传递给大学生，保证就业信息通畅。大学生在就业中遇到问题也能够寻求就业平台教师的指导，弥补自身求职经验的不足。

3. 高校应组织毕业活动，开展情感教育

情感教育也是高校“三全育人”工作的重要方面，能够培养学生的情感素养和人际关系，帮助学生理解他人、尊重他人、关爱他人，形成友爱、合作、公平的社会品质。通过举办毕业晚会、毕业典礼等活动，增进同学之间和师生之间的情感交流，引导学生树立正确的价值观念。

## 本章小结

聚焦培育时代新人的使命任务，着眼构建系统完善的大思政格局，搭建全员化参与、全过程融通、全方位协同的育人体系，已然成为高校立德树人的新课题。构建高校“三全育人”大思政格局是一项涉及全体人员、多个群体、多个部门的复杂工程，需要付出艰苦努力才能实现。本章主要探讨了新时代高校“三全育人”工作的完善路径，从多方面、多角度进行创新，力求构建立体化的育人格局，多方发力，培根铸魂育新人。要实现大学生知识水平、思想品质、道德修养的同步提升，需要不断推进“三全育人”大思政格局构建，从价值引领、制度保障、聚焦重点、创新驱动四个方面入手，凝聚“全员育人”思想共识、搭建“全过程育人”大平台、开展“全方位育人”大课堂，从而推动高校思政课高质量发展，提升“三全育人”的实效。

# 附　录

**附录 1：**

## 思想政治理论课教学实效调查问卷①

为全面贯彻落实习近平总书记关于思政课教育教学的重要讲话精神，优化思政课教育教学，增强思政课的感染力、亲和力和针对性，提升思政课教书育人效果，开展本次问卷调查活动。本调查问卷是为了了解同学们的真实想法，找出问题，促进思政课教与学，请同学们如实填选。

1. 你的家乡所在地是（　　）。

A. 设区的市　　B. 县城　　C. 乡镇　　D. 农村

2. 你的性别是（　　）。

A. 男　　B. 女

3. 当前你是大学（　　）年级学生。

A. 一　　B. 二　　C. 三　　D. 四

4. 你所学的专业属于（　　）。

A. 经济类　　B. 管理类　　C. 法学类　　D. 其他

5. 你的毕业规划是（　　）。

A. 考研　　B. 就业

C. 创业　　D. 尚未考虑清楚

6. 【大思政课】关于思政课，你的认识是（　　）。

A. 思政课可以代替课程思政

B. 课程思政可以代替思政课

C. 思政课和课程思政育人方式不同，不能相互替代

D. 不清楚两者的作用，难以明确界定

---

① 感谢笔者所在单位就本问卷给予的学术资源支持。

7.【针对性】关于思政课的教学重点和难点，你的看法是（　　）。

A. 思政课教学重点和难点应放在理论阐述上，引导学生理解理论

B. 思政课教学重点和难点应放在教材变化上，突出新的理论讲解

C. 思政课教学重点和难点应放在国家大政方针政策解读上，引导学生关注国家大事，形成正确的世界观、人生观、价值观，增强“四个自信”

D. 思政课教学重点和难点应放在学生自身需求上，突出学生主体地位、破解学生思想困惑

8.【吸引力】根据你对本校思政课的体验，你觉得思政课的吸引力（　　）。

A. 很强，特别喜欢上思政课

B. 一般，没有上课的欲望也没有逃课的想法

C. 不足，偶尔想逃课，经常期待教师能提前下课

D. 非常缺乏，待不下去，每次都想逃课

9.【亲和力】关于学生学习思政课的积极性，你的看法是（　　）。

A. 思政课讲的都是大道理，跟学生目前的需要关系不大

B. 思政课亲和力特别重要，这样学生容易共情

C. 不太关注思政课有没有亲和力，能考试过关即可

D. 没有考虑过思政课亲和力这个问题

10.【感染力】关于思政课对大学生思想认识的影响，你的认识是（　　）。

A. 思政课特别重要，自己的思想认识发生显著变化

B. 思政课比较重要，自己的思想认识有所变化

C. 思政课仅仅是一门课程，自己的思想认识没发生变化

D. 对思政课没啥印象，也不知道是否影响自己的思想认识

11.【教学设计】如果不考虑时间与人数限制，你将优先选择以下哪个老师的课？（　　）

A. 赵老师强调知识讲授，按照教学大纲根据教材按部就班教学

B. 钱老师强调实践教学，经常安排学生参与实践教学活动

C. 孙老师比较年轻，容易与学生共情，常常关注学生热点话题

D. 李老师注重专业课和思政课结合，启发学生提升专业理论层次

12.【教师】你心目中的思政课教师，应该是（　　）。（多选）

A. 系统掌握思政课理论知识，能够深入浅出阐释教学内容

B. 深入调查学生现实困惑，有针对性授课，答疑解惑

C. 了解学生专业领域，能够把思政课教学与专业学习有机衔接

D. 中规中矩按照课本和课件授课，无须顾忌学生是否认真听课

13. 【教学内容】关于思政课教学内容，你的看法是（　　）。

A. 内容都很重要，且关乎研究生入学考试，应该全讲

B. 内容太多，根本学不完，应该选讲重点知识点或者进行专题式教学

C. 基本知识点都已经知道，自学即可，可不讲

D. 没考虑过这个问题

14. 【教学班班额】根据统计，2021 年全校思政课教学班人数在 100 人以上的大班额达到近 80%。对于思政课教学班人数，你的认识是（　　）。

A. 只要学生认真学习，班额大小影响不大

B. 100 人以上的大班上课更有气氛，可以开展更广泛的交流

C. 100 人以下的小班上课才更有效果，便于与教师更直接交流

D. 这是学校和教师考虑的事情，不太关注这个问题

15. 【实践教学】关于学校进行的思政课实践教学，你的感受是（　　）。

A. 听说很有意思，但没参与过

B. 老师布置过实践教学任务，但最后不了了之

C. 亲身参与过实践教学活动，很有意义

D. 现有教学条件不具备，没办法实际开展

16. 【思政课展演】关于思政课展演活动，你的印象是（　　）。（多选）

A. 大多数学生都很关注，很想获得参与展演的机会，主动性强

B. 大多数学生都是为完成学习任务，被动参与

C. 大多数学生没有表现自己的机会，感到很失落

D. 大多数学生希望优化展演方式，突出学生主体特色

17. 目前大学生思想领域存在的问题，你主要关注（　　）。（多选）

A. 法律知识不多，法律素质不强

B. 政治信仰迷茫，理想信念模糊

C. 价值取向扭曲

D. 社会主义和集体主义担当意识缺乏

E. 缺乏团结协作观念

F. 心理素质欠佳

18.【人生困惑】如果学习或生活中存在思想困惑、实际困难，你首先选择的解惑或求助对象是（　　）。

A. 辅导员，联系最多，最了解自己

B. 朋友圈里的同学或朋友，同龄人经验的借鉴意义大

C. 网上找到的专家，对该问题比较有研究

D. 思政课老师，感觉更像人生导师

19.【师生座谈会】如果学校召开思政课教学师生座谈会，你是否参加？原因是（　　）。

A. 积极参加，认真参加交流座谈，期待能够获得教师认同

B. 积极参加，混个脸熟，期待自己给老师留个好印象

C. 不愿参加，都是流于形式，不解决实际问题

D. 无所谓，对这种活动不感兴趣

20.【上课交流】教学过程中，学生对于课程内容主动和教师交流较少的原因是（　　）。

A. 不好意思，不想当众向老师请教

B. 课程内容学习不全面，担心无法理解教师讲授内容

C. 认为课程内容和自己关系不大，对课程内容不感兴趣

D. 完全理解所学内容，没有需要教师帮助解惑的问题

21.【课后交流】下课后有学生围着老师请教问题，你的看法是（　　）。（多选）

A. 学生可能有课堂知识问题需要老师解惑

B. 学生可能有个人其他问题需要向老师请教

C. 学生为了获得老师的好印象，下课后找老师表现自己

D. 非课堂授课时间，学生不该耽误老师课后时间

22.【师生关系】关于思政课老师与大学生的关系，你觉得最恰当的是（　　）。

A. 亦师亦友，相互信任，课内课外可交流的问题比较多

B. 相对陌生，互不认识，见面也不打招呼

C. 随便聊聊可以，对自己的专业发展帮助不大

D. 有点高冷，让人望而却步

23. 【收获】关于思政课的学习，你印象最深的一堂课是（　　）。

A. 结合学生所学专业对思政课理论的阐释和解读

B. 介绍某一位英雄人物事迹，解读中国精神

C. 学生自己上讲台以课堂展演形式开展课程内容专题讨论

D. 某节课上，教师播放的阐释思政课内容的短视频

24. 【学生评教】关于学校举行的学生评教活动，你的态度是(　　)。

A. 认真负责评价，内容和打分反映自己最真实感受

B. 老师也挺不容易，打高分只是希望老师进一步改善教学

C. 不太敢打低分，担心老师给自己和后续选课的同学不及格

D. 与大多数学生保持一致，避免被老师特别针对

25. 【课后作业】关于思政课的课后作业问题，你的看法是（　　）。

A. 以作业形式引导学生查阅资料，关注时事政治问题

B. 理论实践相结合，增进学生对思政课的印象，使学生能主动学习

C. 可以布置作业，取决于学生自愿，不必硬性要求都要完成

D. 思政课主要引导学生思考，没必要布置作业

26. 【考试成绩】关于思政课课程成绩，你认为最好的评定标准是(　　)。

A. 现有总成绩构成比例（平时成绩占30%，期末考试成绩占70%）很好，没必要改变

B. 适当增加期末考试成绩在总成绩中的比例，更公平体现学生学习成果

C. 适当增加平时成绩在总成绩中的比例，更能尊重学生课堂参与

D. 只要能及格，怎么评定无所谓

27. 【不感兴趣】有的同学总想在上思政课时逃课，你认为最大的原因可能是（　　）。

A. 该同学对思政课内容不感兴趣，内心认为该课程用处不大

B. 该同学对思政课老师有看法，认为讲得不精彩

C. 该同学对思政课教学方式不满意，认为该教学方式不适合自己

D. 该同学认为只要期末考试前突击备考即可，平时听课不听课无所谓

附录 2:

## “三全育人”视域下学校辅导员队伍建设状况调查问卷

为深入了解和把握“三全育人”视域下学校辅导员队伍建设情况，同时为“三全育人”视域下学校辅导员队伍建设提出可行的参考意见，制定此份问卷。本次调查采取无记名形式，保护您的隐私权，希望得到您的支持与配合。问卷大部分为单选，少部分可多选，已注明，请实事求是地填写这份问卷。感谢您的配合与支持！也希望学校辅导员队伍建设发展越来越好！

1. 您的年龄。[单选题] ○20~30 岁○30~40 岁○40 岁以上
2. 您的性别。[单选题] ○男○女
3. 您的政治面貌。[单选题] ○中共党员○群众
4. 您的最高学历。[单选题] ○本科毕业○硕士毕业○博士毕业○其他
5. 您的专业背景。[单选题] ○哲学○法学○教育学○其他
6. 您的工作年限。[单选题] ○1 年左右○2~5 年○5 年以上
7. 您所在的岗位是否有编制？[单选题] ○有○无
8. 您管理的学生人数。[单选题] ○200 人以下○200~300 人○300 人以上
9. 您认为，学校辅导员的日常工作分配是否合理？[单选题] ○完全合理○基本合理○完全不合理
10. 您是否了解“三全育人”？[单选题] ○非常了解○基本了解○不太了解○完全不了解
11. 您所在的学校在学生工作中是否很好地贯彻了“三全育人”理念？[单选题] ○全面贯彻○基本贯彻○几乎没有贯彻
12. 您所在的学校是否在积极推进“三全育人”综合改革？[单选题] ○全面推进○基本推进○几乎没有实行
13. 您认为，在“三全育人”视域下，学校辅导员的角色是否有所转变？[单选题] ○完全转变○有所转变○没有转变
14. 您觉得，在“三全育人”视域下，一名学校辅导员的主要职责是什么？

［单选题］○学生事务管理○立德树人○两者皆有，但学生事务管理大于思政育人○两者皆有，但思政育人大于学生事务管理

15. 作为一名学校辅导员，您觉得，“三全育人”视域下辅导员工作与以前的辅导员工作相比有没有变化？［单选题］○变化很大○有一些变化○完全没有变化

16. 您认为，在“三全育人”视域下辅导员队伍的建设与以前的辅导员队伍建设相比是否有创新？［单选题］○创新性很强○较为创新○有所创新，但创新性不足○完全没有创新

17. 作为一名学校辅导员，您的日常工作内容是否能平衡事务性工作和育人工作？［单选题］○完全能○基本能○完全不能

18. 您觉得在“三全育人”视域下您所在学校辅导员队伍建设存在的突出困难有哪些？［多选题］□辅导员队伍的人员配备不足□辅导员队伍的准入标准不一□辅导员队伍的培训效果不佳□辅导员队伍的评价考核体系不科学□辅导员队伍的保障激励乏力□视情况而定

19. 在贵校，作为一名辅导员，您个人的职称评定和晋升是否有一定的优势？［单选题］○非常有优势○有一些优势○完全没优势

20. 除承担专职或兼职辅导员职责之外，您还承担了哪些工作？［多选题］□形势与政策、职业规划等教学□专业课程教学□思想政治理论课教学□行政党政工作□没有承担其他工作

21. 作为一名学校辅导员，您日常工作范围主要集中在哪里？［多选题］□课堂上□课堂下□线上□线下□校内□校外

22. 您对自己从事辅导员职业的态度是什么？［单选题］○热爱辅导员职业，打算终生从事○担任辅导员期间，尽职尽责○把辅导员职业当作谋生手段○有适当机会就会转行○无所谓，干什么都一样

23. 作为一名学校辅导员，您认为，这份工作的缺点有哪些？［多选题］□工作任务太重，加班时间太多□工作职责界限模糊□学生教育管理难度大□工作没有得到应有肯定和尊重□工作条件和环境差□视情况而定

24. 您认为，影响辅导员工作积极性的因素有哪些？［多选题］□与学生、同事之间的关系□辅导员个人学术及工作能力□辅导员个人收入情况

□辅导员个人晋升空间及难易程度□社会各界对辅导员的期望□视情况而定

25. 您认为，现阶段您所在学校辅导员队伍还存在哪些问题？[多选题] □辅导员队伍结构不够合理□辅导员队伍的职业认同度低，队伍稳定性差□辅导员队伍整体素质偏低□辅导员队伍内部交流配合不够，团队能力不强□辅导员队伍的职业胜任力较弱□其他________________

26. 作为一名学校辅导员，您是否了解协同育人？[单选题] ○非常了解○基本了解○不太了解○完全不了解

27. 您所在的学校是否提供了专门的平台或专门机制支持辅导员队伍与校内其他各队伍的协同育人工作？[单选题] ○有○无

28. 作为一名学校辅导员，您在日常工作中是否注重与校内教师队伍、行政管理等部门的交流、沟通和协作？[单选题] ○偶尔○经常○完全没有

29. 您所在的学校在推进辅导员队伍和其他队伍协同育人方面是否实行了相应的激励措施？[单选题] ○较为丰富○基本有一些○几乎没有

30. 您所在的学校在推进辅导员队伍和其他队伍协同育人方面的相关激励措施是否取得了明显的成效？[单选题] ○成效明显○基本有一些成效○几乎没有成效

## 附录 3：

### “三全育人”理念下学校课程思政建设路径研究调查问卷（学生版）

亲爱的同学：

你好！

非常感谢你在百忙之中抽出时间来填写这份问卷。本次问卷仅用于学术研究，旨在了解学校课程思政建设的真实现状（课程思政是指构建“三全育人”格局的形式，使各类课程与思政课程同向同行，形成协同效应，把“立德树人”作为根本目标的一种综合教育理念），请你按照问题的提示客观作答。问卷采取无记名的方式进行，对于你的任何信息都将严格保密。

**（一）基本信息**

1. 你的性别是：

A. 男　　B. 女

2. 你所在的学校是：

A. 985 或 211　B. 普通本科　C. 高职高专

3. 你所在的年级是：

A. 一年级　B. 二年级　C. 三年级　D. 四年级

4. 你所学专业类型是：

A. 文史类　B. 理工类

C. 艺术、体育类　D. 其他

5. 你是否为中国共产党党员？

A. 是　　B. 否

**（二）调查内容**

6. 你是否听说过“课程思政”的概念？

A. 是　　B. 否

7. 对于通识课和专业课课堂讲授思政内容，你的态度是：

A. 很感兴趣　　　　　　B. 比较关心

C. 不太关心　　　　　　D. 不关心

8. 课堂学习中你比较期待教师讲解哪方面的内容？［可多选］

A. 专业相关内容　　　　B. 国内外时政话题

C. 社会生活类话题　　　D. 经济形势类话题

E. 其他

9. 专业课教师或通识课教师在教学过程中是否会表明自己的观点和政治立场？

A. 总是　　B. 经常　　C. 有时

D. 偶尔　　E. 从不

10. 教师在讲授专业知识时是否结合了中国的国情等？

A. 总是　　B. 经常　　C. 有时

D. 偶尔　　E. 从不

11. 你对所学专业职业道德规范的了解主要来自：［可多选］

A. 辅导员　　B. 专业课教师　　C. 学校领导

D. 思想政治理论课教师　　E. 学校行政管理部门某人员

F. 学校服务部门某人员　　G. 父母

H. 网红

12. 思想政治理论课程对你的思政素养和综合能力的提升是否有作用？

A. 非常有作用　　　　B. 比较有作用

C. 不清楚　　　　　　D. 比较没作用

E. 完全没作用

13. 专业课程对你的思政素养和综合能力的提升是否有作用？

A. 非常有作用　　　　B. 比较有作用

C. 不清楚　　　　　　D. 比较没作用

E. 完全没作用

14. 通识课程对你的思政素养和综合能力的提升是否有作用？

A. 非常有作用　　　　B. 比较有作用

C. 不清楚　　　　　　D. 比较没作用

E. 完全没作用

15. 除了习得专业知识外，你在专业课上最大的收获是：[可多选]

A. 认清国内外形势　　B. 坚定政治信仰

C. 端正专业态度　　D. 增强文化自信

E. 其他

16. 假如你的专业课教师在讲授专业课时融入了课程思政的元素（如果没有，该问题不用回答），一般是用什么方式？[可多选]

A. 示范引领教育，以自身信仰、校友经历、科学家精神等为例

B. 行业产业元素专题式教育，以专业伦理、职业道德为切入点

C. 时事讨论式教育，比如抗疫时期的逆行者、港区国安法实施生效等

D. 其他

17. 与思想政治理论课相比，你从专业课上讲的思政内容中的收获如何？

A. 理解更深刻　　B. 收获一样

C. 思政课收获更大　　D. 都没有收获

18. 对你思想形成影响最大的人是：

A. 辅导员　　B. 专业课教师　　C. 学校领导

D. 思想政治理论课教师　　E. 学校行政管理部门人员

F. 学校服务部门人员　　G. 父母　　H. 其他

19. 你是否会主动关注国内外形势、国家领导人动态及国家最新政策？

A. 总是　　B. 经常　　C. 有时

D. 偶尔　　E. 从不

20. 你是否自学过“习近平新时代中国特色社会主义思想”？

A. 是　　B. 否

21. 在专业课和通识课中，教师除了讲授专业知识外，还会做哪方面的价值引领？[可多选]

A. 热爱祖国报效祖国的爱国情怀

B. 吃苦耐劳自强不息的奋斗精神

C. 独立思考勇于探索的创新精神

D. 追求真理认真严谨的学术态度

E. 爱岗敬业精益求精的职业精神

F. 爱护环境绿色协调的发展精神

G. 遵纪守法和谐发展的法治意识

H. 专业课教师只讲授专业知识

I. 以上都没有

J. 其他

22. 对于你思想政治素养的形成和发展，以下哪个阶段影响最大？

A. 刚入学阶段　　B. 在校学习阶段

C. 寒暑假、节假日阶段　　D. 见习、实习阶段

E. 其他

23. 节假日期间，学校是否会举办相关教育活动（比如清明节前后组织班级给烈士扫墓，国庆举行主题征文或演讲比赛）？

A. 总是　　B. 经常　　C. 有时

D. 偶尔　　E. 从不

24. 在寒暑假，你的老师是否还会关注学生的思想发展、指导学习（比如关心大家最近状况，分享好的文章或学习资料等）？

A. 总是　　B. 经常　　C. 有时

D. 偶尔　　E. 从不

25. 你主要通过什么方式接受思想政治教育？

A. 课堂理论学习　　B. 课下实践活动

C. 线上理论学习　　D. 实地参观、考察学习

E. 自学　　F. 其他

26. 在课程思政建设中，你觉得哪些方面需要改进？[多选]

A. 教材　　B. 教学内容

C. 教学方式　　D. 教师感染力

E. 其他

27. 课程思政教学内容应该在哪些方面改进？[多选]

A. 多点案例比较分析　　B. 多点时政热点

C. 多点专业相关知识点　　D. 多点榜样素材

E. 其他

# 参考文献

## 一、经典著作类

[1]马克思恩格斯文集(第一卷)[M]. 北京：人民出版社，2009.

[2]马克思恩格斯文集(第二卷)[M]. 北京：人民出版社，2009.

[3]马克思恩格斯文集(第五卷)[M]. 北京：人民出版社，2009.

[4]马克思恩格斯文集(第九卷)[M]. 北京：人民出版社，2009.

[5]马克思，恩格斯．德意志意识形态(节选本)[M]. 北京：人民出版社，2018.

[6]列宁选集(第一卷)[M]. 北京：人民出版社，2012.

[7]毛泽东选集(第一卷)[M]. 北京：人民出版社，1991.

[8]毛泽东文集(第七卷)[M]. 北京：人民出版社，1999.

[9]周恩来选集(下卷)[M]. 北京：人民出版社，1985.

[10]邓小平文选(第二卷)[M]. 北京：人民出版社，1994.

[11]邓小平文选(第三卷)[M]. 北京：人民出版社，1993.

[12]江泽民文选(第二卷)[M]. 北京：人民出版社，2006.

[13]胡锦涛文选(第三卷)[M]. 北京：人民出版社，2016.

[14]习近平谈治国理政[M]. 北京：外文出版社，2014.

[15]习近平谈治国理政(第一卷)[M]. 北京：外文出版社，2018.

[16]习近平谈治国理政(第二卷)[M]. 北京：外文出版社，2017.

[17]习近平谈治国理政(第四卷)[M]. 北京：外文出版社，2022.

[18]习近平．论坚持党对一切工作的领导[M]. 北京：中央文献出版社，2019.

[19]中共中央文献研究室．习近平关于青少年和共青团工作论述摘编[M]. 北京：中央文献出版社，2017.

[20]中共中央文献研究室．十六大以来重要文献选编(中)[M]．北京：中央文献出版社，2006.

[21]中共中央文献研究室，中央档案馆．建党以来重要文献选编(一九二一——一九四九)(第十八册)[M]．北京：中央文献出版社，2011.

[22]中共中央文献研究室．十二大以来重要文献选编(上)[M]．北京：中央文献出版社，2011.

[23]十八大以来重要文献选编(下)[M]．北京：中央文献出版社，2018.

[24]中共中央关于坚持和完善中国特色社会主义制度　推进国家治理体系和治理能力现代化若干重大问题的决定[M]．北京：人民出版社，2019.

[25]中共中央关于党的百年奋斗重大成就和历史经验的决议[M]．北京：人民出版社，2021.

## 二、专著类

[1]王树荫，王炎．新中国思想政治教育史纲[M]．北京：人民出版社，2010.

[2]张耀灿，陈万柏．思想政治教育学原理[M]．北京：中国人民大学出版社，2013.

[3]刘建军．新时代思想政治工作创新研究[M]．北京：中国人民大学出版社，2015.

[4]骆郁廷．思想政治教育引论[M]．北京：中国人民大学出版社，2018.

[5]沈壮海．学术话语体系建设的理与路[M]．北京：人民出版社，2018.

[6]沈壮海．论文化自信[M]．武汉：湖北人民出版社，2019.

[7]刘建军．师说新时代思政课[M]．天津：天津人民出版社，2023.

[8]沈壮海．思政课的道理[M]．北京：中国社会科学出版社，2024.

## 三、译著及外文文献类

[1][美]艾格尼丝·史沫特莱. 中国的战歌[M]. 北京：北京出版社，2019.

[2][美]戴维·哈维. 后现代的状况：对文化变迁之缘起的探究[M]. 阎嘉，译. 上海：商务印书馆，2013.

[3][美]塞缪尔·亨廷顿. 文明的冲突与世界秩序的重建[M]. 周琪，刘绯，张立平，王圆，译. 北京：新华出版社，2021.

[4][英]安东尼·吉登斯. 现代性与自我认同：晚期现代中的自我与社会[M]. 夏璐，译. 北京：中国人民大学出版社，2016.

## 四、学术期刊和报纸类

### （一）学术期刊

[1]习近平. 思政课是落实立德树人根本任务的关键课程[J]. 求是，2020(17).

[2]戴艳军，张社争. 延安时期党的青年思想政治教育工作经验及当代启示[J]. 思想理论教育导刊，2013(3).

[3]郑永廷. 把高校思想政治工作贯穿教育教学全过程的若干思考——学习习近平总书记在全国高校思想政治工作会议上的讲话[J]. 思想理论教育，2017(1).

[4]杨晓慧. 高等教育“三全育人”：理论意蕴、现实难题与实践路径[J]. 中国高等教育，2018(18).

[5]佘双好. 习近平关于高校思想政治工作重要论述的发展过程及基本观点探析[J]. 思想政治教育研究，2020(2).

[6]佘双好，王军. 中国共产党百年征程中对思想政治教育的探索与创新[J]. 福建师范大学学报(哲学社会科学版)，2021(6).

[7]佘双好，张琪如. 中国共产党思想政治教育方法的百年演进[J]. 思想理论教育导刊，2021(5).

[8]冯刚，白永生. 中国共产党思想政治教育百年发展的经验与启示

[J]. 人民教育，2021(11).

[9]余嘉云.“三全育人”的生态主义理论阐释与实践路径探索[J]. 南京师大学报，2021(1).

[10]汪翠萍.“三全育人”的历史发展、现有成就与深入路向[J]. 内蒙古师范大学学报(教育科学版)，2022(4).

[11]杨增岽，赵月. 善用“大思政课”：深刻内涵、时代价值与建设理路[J]. 学校党建与思想教育，2022(3).

[12]赵春玲，逄锦聚.“大思政课”：新时代思政课改革创新的重要方向和着力点[J]. 思想理论教育导刊，2022(1).

[13]沈壮海. 学习习近平总书记关于思想政治理论课建设的重要论述[J]. 马克思主义研究，2022(6).

[14]刘同舫. 高校思想政治理论课的功能及其实现[J]. 思想理论教育导刊，2022(3).

[15]王学俭，李东坡，李晓莉. 新时代高校思政课教学协同创新的内涵、重点与对策[J]. 兰州大学学报，2022(3).

[16]于丽娜. 新民主主义革命时期高校思政课课程建设探究[J]. 河南科技学院学报，2023(12).

[17]吴增礼，李亚芹.“大思政课”视域下“社会大课堂”的多维阐释[J]. 马克思主义与现实，2023(4).

[18]沈壮海，刘灿. 多重视野中的大中小学思政课一体化建设及其突破[J]. 思想理论教育，2023(2).

[19]在时代发展中创建思想政治教育学科——访朱新均同志[J]. 思想教育研究，2024(3).

[20]刘树林. 思想政治教育学科设立40年的历史与现实考察[J]. 思想理论教育导刊，2024(4).

**（二）报纸**

[1]习近平在全国高校思想政治工作会议上强调：把思想政治工作贯穿教育教学全过程　开创我国高等教育事业发展新局面[N]. 人民日报，2016-12-09.

［2］习近平．决胜全面建成小康社会　夺取新时代中国特色社会主义伟大胜利———在中国共产党第十九次全国代表大会上的报告［N］．人民日报，2017-10-28.

［3］习近平在全国教育大会上强调：坚持中国特色社会主义教育发展道路　培养德智体美劳全面发展的社会主义建设者和接班人［N］．人民日报，2018-09-11.

［4］中共中央、国务院印发《关于新时代加强和改进思想政治工作的意见》［N］．人民日报，2021-07-13(1).

［5］“大思政课”我们要善用之(微镜头·习近平总书记两会“下团组”·两会现场观察)［N］．人民日报，2021-03-07.

［6］习近平．在庆祝中国共产党成立100周年大会上的讲话［N］．人民日报，2021-07-02.

## 五、网络资源类

［1］中共中央、国务院印发《深化新时代教育评价改革总体方案》［EB/OL］．中国政府网，http：//www.gov.cn/xinwen/2020-10/13/content_5551032.htm.

［2］教育部召开发布会，介绍5年来贯彻落实全国高校思政会精神工作成效——格局性变化历史性成就［EB/OL］．http：//www.moe.gov.cn/fbh/live/2021/53878/mtbd/202112/t20211208_585667.html.

［3］中国新一代人工智能发展报告2019发布——我国人工智能论文发文量全球领先［EB/OL］．http：//baijiahao.baidu.com/s?id=1634542618791206141&wfr=spider&for=pc.

## 六、学位论文类

［1］李沐曦．新时代高校“三全育人”理论与实践研究［D］．长春：吉林大学，2022.

［2］周艳红．“三全育人”视域下高校“大思政课”新格局构建研究［D］．南昌：南昌大学，2023.

# 后　记

习近平总书记指出：“时代课题是理论创新的驱动力。马克思、恩格斯、列宁等都是通过思考和回答时代课题来推进理论创新的”。如果说上一本专著《新媒体时代大学生思政教育实效性研究》，更多的是聚焦大学校园这个重要场域，立足于环境也是一种教育资源，紧扣社会主义核心价值观的培育，展开论述的话，那么这本专著在一定程度上实现了对上一本专著研究视域的拓展和延伸，对大思政格局展开了较为系统的阐释。两本专著虽有区别，但更多的是内在的联系或者补充，可视为姊妹篇。两本专著较为全面地呈现了党的十八大以来，高校思想政治工作所取得的实际成就和理论嬗变。2024 年 3 月 18 日，恰逢习近平总书记在学校思想政治理论课教师座谈会上的重要讲话发表五周年，意义非同寻常。刚刚过去的 5 月 11 日，习近平总书记对学校思政课作出重要指示，这为整合多方资源形成工作合力，构建“人人学思政，人人悟思政，人人讲思政”的“大思政”育人新格局提供了新思路。过去五年，思想政治工作、思想政治理论课建设发生了历史性巨变。思政课日渐有了温度，思政课教师更加有了热度，马克思主义学院建设更加有了高度，立德树人的举措更加有了力度，春天的气息是如此迷人！作为一个普通思政人，亲历了这样的巨变，以笔墨点滴记录这个伟大时代，不失为一件最美好的事情！

当然，一本专著的出版，更多融入了集体的智慧。衷心感谢著者所在单位给予的大力支持；非常感谢李树民老师、袁静博士对于框架的完善，给予的宝贵意见，尤其在书稿的多次校对过程中，两位老师以专业视角，不辞辛苦、精益求精，为本专著增色太多；也很感谢范迟、王妍骄、高明瑞对于文字润色所做的大量工作，难得的是高娄挺从专业视角对于图表设计做了很大程度的优化。

同时，向书稿中引用过著作的学者专家再次道一声感谢，没有他们前期的理论探索和丰富实践，很难想象对于这个话题的纵深研究是多么艰难！还有一些专家学者的观点，受撰写时间和研究视野所限，未能一一标注出来，也一并致谢！

最后把最诚挚的感谢送给中国经济出版社敬业的叶亲忠编辑，没有他对选题的严格把关和扎实审核，我也没有做出进一步探索的勇气。还要感谢其他编辑老师们，正是他们在文字上的精益求精、一丝不苟，才保证了专著的如期出版，这背后不知浸透了他们多少的汗水，感谢，再感谢！

这本专著能够付梓，既有前期对这个理论话题的实践探索，更是基于这个选题的理论思考，整体算是对于这个选题初步的系统思考，属于刚刚上路，仍任重而道远！借助伟大思想家、哲学家马克思的名言："在科学上没有平坦的大道，只有不畏劳苦沿着陡峭山路攀登的人，才有希望达到光辉的顶点。"作为结语，更作为自勉！

由于水平所限，书中错误在所难免，敬请各位专家学者指正！

2024 年 5 月